KB273467

브랜드
포트폴리오
전략

힐과 레더러의 브랜드 포트폴리오 전략

초판 1쇄 발행 • 2008년 2월 25일

지은이 • 샘 힐 · 크리스 레더러
옮긴이 • 윤경구 · 민민식
펴낸이 • 김건수

펴낸곳 • 김앤김북스
출판등록 • 2001년 2월 9일(제12-302호)
서울시 중구 수하동 40-2번지 우석빌딩 903호
전화 (02) 773-5133 | 팩스 (02) 773-5134
E-mail : knk@knkbooks.com

ISBN 978-89-89566-35-9   03320

힐과 레더러의

브랜드
포트폴리오
전략

샘 힐 · 크리스 레더러 지음

윤경구 · 민민식 옮김

김앤김
북스

CONTENTS

1 브랜드 포트폴리오의 이해

01 브랜드, 새로운 가치창출, 그리고 경쟁우위

02 새로운 모델의 구성요소들

03 브랜드 포트폴리오 분자

04 포트폴리오 다이내믹스

브랜드 포트폴리오의 최적화

브랜드 포트폴리오 관리의 실행

최근에 브랜딩은 전략적인 필수 과제가 되고 있다. 그리고 기업의 성공과 실패가 종종 브랜드를 구축하고 지원하고 강화하는 능력 또는 무능력과 연관되어 있음이 밝혀지고 있다. 그에 따라 어떻게 브랜드를 잘 관리해서 그 잠재력을 완전히 실현할 수 있을 것인가에 관한 많은 연구결과들이 발표되고 있다. 그럼에도 불구하고 우리는 여전히 그러한 노력을 고무시키고 안내하는 것에 관해 많이 배워야 한다. 『힐과 레더러의 브랜드 포트폴리오 전략』은 그러한 방향으로 나아가는 데 있어 매우 중요한 디딤돌이다. 이들 작업의 진정한 가치를 알려면 먼저, 브랜드 가치의 극대화를 추구하는 데 있어 기업들이 직면하고 있는 가장 중요한 브랜드 관리의 우선 과제들을 고려해 보아야 한다.

수익성을 개선하려면 우리는 브랜드 관리의 5가지 영역에 대한 더 깊은 통찰력을 필요로 한다.

첫째, 마케터들은 위로부터와 아래로부터의 브랜드 관리 활동을 더욱 효과적으로 결합해야 한다. 위로부터 혹은 거시적 관점은 브랜드 하이어라키(hierarchy)를 정의하고 브랜드 포트폴리오를 구성하고, 기업 내에서 브랜드 리더십을 제공하는 것과 같은 '대국적(big picture)' 활동들을 포함한다. 아래로부터 혹은 미시적 관점은 소비자 또는 조직을 심도 있게 이해하고 고객들과 공감대를 형성하며 브랜드 혁신을 촉진하는 등의 활동들을 포함한다.

둘째, 마케터들 그리고 기업들은 자신들의 가장 가치 있는 자산 가운데 하나인 브랜드를 중심으로 조직의 성격을 정하고 활력을 불어넣는 브랜드 사명선언문(brand manifestos)을 개발하고 채택해야 한다. 예를 들어, 기업들은 브랜드의 역사와 중요성, 브랜드의 가치와 핵심 및 포지셔닝, 그리고 마케터들이 어떻게 브랜드를 다루어야 하는지에 관한 일반적 지침과 같은 주요 브랜드 관련 정보를 요약한 짤막한 문서인 브랜드 헌장(brand charters)을 만들 수 있다. 브랜드 헌장은 기업들이 브랜드 철학을 체계적으로 정리하고, 브랜드 진단과 그 밖의 리서치 프로젝트로부터 브랜드 지식을 획득할 수 있게 해주며, 장기적인 전략적 브랜드 방향과 함께 단기적인 전술적 브랜드 지침을 제공한다.

셋째, 마케터들은 민첩하게 브랜드 파트너십을 지렛대로 활용해 여러 다양한 실체들(예를 들어, 다른 브랜드, 유명 인사, 장소 등)로부터 자산(equity)을 적절히 빌려와야 한다. 이러한 레버리징은 언제 브랜드가 자신의 이미지를 확대하기보다는 강화해야 하는지, 그리고 어떻게 자산이 다양한 유형의 실체로부터 브랜드로 전이되는지 아는 것을 포함한다.

넷째, 마케터들은 풍부한 시너지 효과를 창출하기 위해 그들의 브랜드 마케팅을 통합해야 한다. 즉 다양한 브랜드 커뮤니케이션과 유통 방식을 결합해야 한다. 그렇게 하기 위해 마케터들은 마케팅 프로그램의 종합적인 효과를 극대화하는 유통 범위와 비용, 획일화와 개성화, 공통성과 보완성의 균형을 고려해야 한다.

마지막으로, 마케터들은 이러한 모든 활동들을 정연하게 배치하고, 가장 중요하게는 마케팅 투자가 직접적으로 얼마나 브랜드 가치를 창출하는 데 기여했는지를 추적할 수 있게 해주는 브랜드 매트릭스를 개발해야 한다.

특별히 이 책『힐과 레더러의 브랜드 포트폴리오 전략』을 주목하는 것은 이러한 모든 이슈들을 다루고 있으며 그 프로세스에 대한 중요한 통찰을 제공해 주기 때문이다. 이 책의 기본 전제는 단순하면서도 강력하다. 그것은 우리가 다양한 형태와 원천을 가진 다른 브랜드들과의 결합을 통해 브랜드 가치를 창출한다는 사실이다. 따라서 브랜드 가치를 최대화하는 것은 브랜드 가치를 창출하기 위해 기업 내부와 외부의 모든 형태의 브랜드를 결합하는 브랜드 포트폴리오 관리를 포함한다. 힐과 레더러는 브랜드 가치가 명시적이고 암묵적인 브랜드 파트너들에 의존한다고 설득력 있게 주장한다. 다시 말하면, 한 브랜드의 가치는 그 브랜드가 어디에서 팔리고, 무엇과 함께 팔리며, 어떤 성분으로 구성되어 있는지 등등 다른 브랜드들과의 관계에 달려 있다. 브랜드 관리에 대한 이러한 확장된 관점은 대단히 획기적인 것이며, 현대 마케팅의 실행과 점점 더 네트워크화되는 경제를 정확하게 반영하고 있다. 요약하자면, 다른 모든 종류의 브랜드들이 브랜드 자산에 영향을 미칠 수 있다. 그리고 이는 브랜드 자산에 대한 대부분의 모델이나 접근방법들이 놓치고 있는 점이다.

소비자의 관점을 취하면서, 힐과 레더러는 현명하고 새로운 브랜드 포트폴리오의 개념화를 제공한다. 그리고 이와 함께 브랜드의 소유자가 포트폴리오를 관리하는 것을 지원하는 구체적인 도구들과 통찰을 제공한다. 저자들 이론의 핵심은 브랜드의 모든 구성요소들과 그것들이 브랜드 가치를 창출하기 위해 상호작용하는 방법을 나타내는 매력적인 모델인 브랜드 포트폴리오 '분자(molecule)' 이다. 저자들은 이 개념을 브랜드 포트폴리오 도구들로 보완한다. 이 도구들은 8가지 영역, 즉 확장, 리포지셔닝, 가지치기, 오버 브랜딩, 공동 브랜딩, 병합, 분할, 조정에서의 특정한 전술적 관심사를 위한 중요한 지침을 제공한다. 또한 저자들은 자신들의 아이디어를 더욱 강력하게 하고, 적용가능성을 증대시키기 위해 성공적인 브랜드 포트폴리오 관리를 위한 올바른 조직 설계 방향을 제공한다.

이 책은 3M, 캐딜락(Cadillac), 밀러 맥주(Miller Beer), 야후!의 심층 사례연구를 포함해 유용한 사례들을 담고 있다. 신선한 아이디어, 사려 깊은 통찰, 풍부한 적용 가능성을 통해 힐과 레더러는 오늘날의 기업들이 직면하고 있는 어려운 브랜딩의 도전들에 능숙하게 대처해 나간다. 혁신적이고 실제적인 이 책은 많은 이점을 가진 합리적인 조언을 제공한다. 특히 저자들의 원칙을 따르는 것은 위에서 언급했던 5가지 주요 브랜딩 과제들, 즉 위로부터 브랜드 관리의 최적 실행, 시간이 흘러도 변하지 않고 시의적절한 브랜드 헌장의 개발, 다른 브랜드 실체로부터 자산의 적절한 레버리지, 잘 통합된 마케팅 프로그램의 설계, 그리고 브랜드 가치를 추적하기 위한 브랜드 매트릭스의 활용에 기업들이 대처할 수 있도록 도움을 줄 것이다.

　이 책은 브랜드에 대한 우리들의 사고를 진화시키는 데 있어 중요
한 디딤돌이다. 또한 창의적일 뿐만 아니라 21세기에 브랜드 가치를
극대화하는 데 있어서의 현실과 도전에 올바로 기초하고 있다. 이 책
은 우리의 생각을 자극하고 행동을 유발하며, 그런 의미에서 그 자체
가 무한한 가치를 제공한다.

Kevin Lane Keller
미국 다트머스 대학 아모스 턱 경영대학원 마케팅 교수

브랜드가 넘치기에 모자라는 시대

우리는 '브랜드 과잉'의 시대에 살고 있다. 동시에 '브랜드 결핍'의 시대에 살고 있기도 하다. 글로리 칼버그(Glory Carlberg)란 광고인이 『Complexities of Choice』란 책에서 이런 얘기를 했다. "선택의 폭이 지나치게 넓어지고 혼란스러워진 오늘날, 고객들은 23가지광고 중에서 최고의 제품을 고르기보다는 그냥 예전에 쓰던 제품을계속 쓸지도 모른다." 여기서 같은 제품에 대해서 23가지의 광고가나온다는 것은 바로 23가지 이상의 브랜드가 난무하고 있다는 이야기이다. 그렇지만 소비자들이 고르는 것은 결국 자신들이 계속 쓰던소수의 브랜드이다. 그런데 놀랍게도 글로리 칼버그가 이 얘기를 한것이 1965년이다. 그 이후에 수많은 브랜드들이 출현하고, 그 중에극소수의 브랜드들만이 살아 남았다. 생성되는 브랜드의 수를 분모로 하고 소멸되는 것을 분자로 했을 때, 그 분수는 그 때 이래 계속작아지고 있을 것이다.

크리스 앤더슨(Chris Anderson)이 '롱 테일(Long tail)'이라는 단어를 가지고 얘기했던 예전에는 소멸될 수밖에 없는 브랜드들이 계속 생존하고 있고 닷컴기업의 경우는 매출의 80% 이상을 차지한다고 하는 현상도 다른 각도에서 보면 머리 부분에 해당하는 기업들의 점유율이 더욱 많아지는 것을 발견할 수 있다. 즉, 존재하는 브랜드의 수가 많아지기는 하지만 다른 한편으로 소수 브랜드에의 집중도는 대체적으로 높아지는 것이다.

이런 서로 모순적인 '과잉'과 '결핍'이 공존하는 브랜드 세상에서 새로운 브랜드를 만들 것인가, 기존의 브랜드를 확장시킬 것인가의 문제로부터 어떤 식으로 관리할 것인가를 결정하는 브랜드 포트폴리오(Portfolio)의 문제는 문자 그대로 재테크에서 어디에 투자를 할 것인가, 어떻게 투자 기업들을 구성할 것인가의 재무 포트폴리오만큼이나 어렵고 중요한 문제이다. 그런데 실제 기업에서 브랜드에 대한 논의가 이루어지고 실행으로 연결되는 모습을 보면 브랜드 포트폴리오는 부수적으로 여겨지는 경향이 많다. 그저 새로운 제품이나 서비스에 대한 이름을 붙이는 원칙을 세우는 정도에서 그쳐 버리고 만다. 우리가 브랜드를 하면서 소홀히 하는 대표적인 부분이다.

고객의 자리가 없어진 브랜드 세상

지난 수년간 브랜드에 관한 강의를 할 때마다 가장 자주 강조한 대목 중의 하나가 소위 'Internal branding(내부 브랜딩)'이라고 하여, 기업 내부에서의 브랜드의 방향과 목표에 대한 공감대를 형성하고, 그것들을 꼭 이루겠다는 의지를 구성원들에게서 끌어 내는 일련의 프로그램이었다. 덧붙여 그를 위한 조직의 구성과 기업 내 각 구성원들의 역할, 기업문화와 어떻게 접목시키는가에 관한 얘기를 많이 했다.

사실 브랜드 컨설팅의 성패는 바로 내부 공감대를 이끌어 내는 데 달려 있고, 거기서 컨설팅 기관들 간의 역량 차이가 나타난다. 브랜드의 의미를 설정하고, 그것을 뒷받침하는 브랜드 요소들을 디자인하고, 광고물을 비롯한 제작물을 만드는 것은 브랜드 컨설팅 기관 간에 우열을 가리기도 힘들고 직접적인 효과를 측정하기도 힘들다. 그러나 내부 커뮤니케이션 프로그램은 수치상으로 그 효과를 증명하기는 힘들어도 내부의 사람들이 바로 피부로 느낄 수 있고, 그로부터 파생되는 힘이 외부에도 바로 나타난다.

브랜드는 CEO가 직접 챙겨야 한다고 브랜드와 조직 구성의 얘기가 나오면 습관처럼 거의 모든 사람들이 얘기하는데, 바로 내부 브랜딩의 중요성을 강조하는 표현이다. 그런데 최고경영진으로부터의 일사불란함과 내부의 통일과 효율적 통제가 지나치게 강조되다 보니까 외부에 있는 고객들의 존재가 희미해졌다. 어느 식품기업의 경우 강력한 패밀리 브랜드(family brand)를 만들어 잘 키웠는데, 그 패밀리 브랜드와 아주 잘 어울린다고 생각하는 몇몇 제품들이 그 패밀리 브랜드와 아무런 연계도 없이 시장에서 고군분투하고 있어서, 배경을 알아 보니 패밀리 브랜드를 만들고 담당하고 있는 사업부와 다른 사업부에서 만든 제품이라서 쓸 수가 없다고 자연스레 얘기한다. 소비자들은 그렇게 느끼지 않을 것이다. 조직이 아니라 소비자의 관점에서 브랜드를 바라보아야 하지 않겠느냐는 얘기에 세상물정 모른다는 듯이 쳐다본다. 브랜드가 내부의 기준에 의해서만 철저히 문자 그대로 '관리' 되고 있는 사례이다.

사례를 통해 보는 브랜드 포트폴리오와 소비자의 자리 찾기

이 책은 브랜드 포트폴리오를 중심축으로 세워서 브랜드의 근원에 대한 진단에서 출발해 지속적으로 관리하고 측정하는 방법까지를 일목요연하게 보여 주고 있다. 위에서 지적한 것처럼 상대적으로 무시되어 왔던 브랜드 포트폴리오 분야에 대한 심도있는 지식과 함께 브랜드 전체를 바라보는 새로운 시각을 독자들은 얻을 수 있을 것이다. 그리고 브랜드를 떠나서도 어느 하나의 기준을 갖는다는 것이 얼마나 중요한가를 새삼 느끼면서 인생과 세상 전체를 조망하는 시각을 갖추는 계기로 삼을 수도 있다.

특히 이 책에서 자세히 설명되는 '브랜드 포트폴리오 분자(Brand Portfolio Molecule)' 모델은 아주 협의의 의미로 브랜드라고 부르는 것들이 제품 특성을 넘어서 기업 내외의 여러 요인들과 어떤 관계를 맺고 있는가를 입체적으로 보여 주는 방법이다. 세부적인 부분에서 약간 차이가 있기는 하지만 제일기획 브랜드마케팅연구소에서도 브랜드 진단과 방향 설정에서 아주 주요한 방법 중 하나로 쓰고 있다. 이 브랜드 포트폴리오 분자 그림은 이 책에서 언급하는 브랜드 포트폴리오가 단순하게 조직 내에서 여러 등급 브랜드들의 집합만을 가리키는 것이 아니라 기업 브랜드를 포함한 기업 내의 다른 브랜드들과 그것들을 구성하고 있는 이미지와 기능적인 요소들 그리고 사회 트렌드 등까지 엮여져 있는 '브랜드 우주(Brand Universe)'와의 종합적인 관계도임을 보여 주고 있다.

소비자의 시각에서, 소비자의 혜택과 그 느낌으로부터 브랜드 포트폴리오를 구성한다는 것이 이 책의 미덕이며, 너무나 원칙적이기에 새롭게 다가오는 부분이다. 소비자의 마음 속에 가까이 자리 잡고 있는 두 브랜드를 조직이 다르다고 하여 억지로 멀리 떼어 놓을 수는 없다. 브랜드에 대한 투자를 멈추면 자연스럽게 브랜드는 고사한다고 생각하는데, 사람 목숨처럼 브랜드 목숨도 질기다. 그리고 브랜드는 사람들의 가슴에 자리 잡고 있는데, 그것을 자연스럽게 없앨 수 있다는 그릇된 판단에 변명의 여지를 주지 않는 여러 가지 사례들이 이 책을 읽는 또 다른 재미를 안겨 준다.

3M이라고 하면 보통 '혁신(Innovation)'과 관련해서만 언급을 한다. 3M 내에서 어떤 브랜드들이 조직과 관련해 어떻게 구성이 되어 있고, 관리 원칙이 어떠한지에 관해서까지 얘기한 경우는 과문한 탓이기도 하겠지만 거의 보지를 못했다. 구체적으로 '스카치테이프(Scotch tape)'에서 유래한 'Scotch'를 7개의 서로 다른 사업 부문에서 공유하고 있고, 3M이 기업브랜드이자 제품브랜드로 작용하는 경우, 또 단순히 신제품을 위한 새로운 이름이 지어진 후 어떻게 그들이 브랜드로 서게 되며 그들에 대한 관리는 어떻게 되는지까지 상세하게 기술되어 있다.

전통적인 사례들과 함께 앞으로 더욱 잦아지리라 예상되는 합병뿐만 아니라, 특정 사업 분야나 제품을 분리할 때의 브랜딩은 어떻게 해야 하는지와 같은 흔히 브랜드 서적에서 접하지 못한 사례들이 정리되어 있다. 이들 사례만으로도, 그리고 사례를 새롭게 해석해 보여 주는 시각만으로도 충분히 가치가 있다고 생각하며 추천한다.

요약해 말하면 이 책은 브랜드 포트폴리오라는 기준을 세우고 그 기준에 따라서 브랜드를 정의하고 운용하는 방법, 자신이 파 놓은 우물에 매몰되지 않고 소비자의 존재를 통해 브랜드를 확인하고 점검하고 그에 맞추어 브랜드 포트폴리오라는 기준을 더욱 확고히 세우는 방법을 제시하고 있다. 소비자에 기초한 브랜드 포트폴리오 수립과 관리의 도도한 흐름 속에 독특하게 해석된 사례들을 통해 독자들 모두가 자신에 맞는 넓고 깊은 브랜드 세계를 만들어 나가는 데 이 책이 훌륭한 방향타 역할을 하리라 확신한다.

박재항
제일기획 브랜드마케팅연구소 소장

브랜드 포트폴리오의 이해　1부

01

브랜드, 새로운 가치창출, 그리고 경쟁우위

한때는 브랜드가 제품 및 서비스의 품질, 시장에서의 포지셔닝, 광고 캠페인의 호소력 등과 같은 브랜드 자신의 능력에 기초해 성공하거나 실패했다. 불과 얼마전까지만 해도 개별 브랜드(individual brand)를 성공적으로 관리하는 것, 즉 개별 브랜드 차원에서 복잡한 시장을 이해하고, 소비자를 유인하고, 지속가능한 가치를 창출하고, 수익성을 증가시키는 일은 충분히 가능했다. 하지만 이제 그런 시절은 지나갔다.

오늘날 그 기준은 더 높아졌다. 물론 많은 개별 브랜드들이 성공을 거두고 있다. 그리고 우리는 개별 브랜드를 위한 성공적인 가치 구축이 여전히 쉬운 일이 아니라는 것을 인정한다. 하지만 오늘날 이루어지고 있는 가장 중요한 브랜드 작업은 개별 브랜드보다는 다수의 브랜드들과 관련된 것이다.

기업들은 점점 더 새롭고 강력한 방식으로 브랜드를 결합함으로써 브랜드 가치를 창출한다. 폭스바겐(Volkswagen)과 트렉(Trek)의 예를 들면, 이들은 자동차와 오토바이를 같이 판매하기 위해 협력하고 있다. 아메리칸 항공(American Airline), 시티은행(CitiBank), 그리고 비자(Visa)는 공동으로 신용카드를 제공한다. 미국의 홈스타일 잡지 발행사 그루너＋자(Gruner＋Jahr)는 〈맥콜스McCall's〉 지를 유명한 TV 토크쇼 진행자인 로지 오도넬(Rosie's O'Donnell)과 함께 〈로지스 맥콜스Rosie's McCall's〉로 재출시했다. 필립스(Philips)와 리바이 스트라우스(Levi Strauss)는 옷깃의 안쪽에 휴대폰을 장착하고 한쪽 주머니에 MP3플레이어를 부착한 재킷을 공동으로 내놓기로 발표했다.

아이팩(iPaq) 인터넷 가전 분야의 마케팅 이사를 생각해 보자. 그는 대부분의 업무시간을 자신의 광고대행사나 브랜드팀이 아니라 모기업인 컴팩(Compaq)의 내·외부에 있는 다른 브랜드의 매니저들과 함께 보낸다. 그러한 관계는 마이크로소프트(Microsoft)와도 형성된다. 기술적으로 마이크로소프트는 아이팩의 소프트웨어 공급자다. 마이크로소프트는 아이팩의 마케팅 파트너이기 때문에 아이팩의 마케팅 이사는 브랜드 아이덴티티에서부터 네이밍에 이르기까지 모든 사항들을 그들과 논의하며, 마이크로소프트가 파트너임을 나타내는 마크를 붙인다. 최근에 아이팩은 모든 컴팩의 PDA에 마이크로소프트 포켓PC(PocketPC) 브랜드를 사용하기로 전략적이고 재무적인 결정을 내렸다.

마이크로소프트가 아이팩의 유일한 파트너는 아니다. 아이팩 팀은 캐나다에 있는 리서치 인 모션(Research In Motion)의 브랜드인 블랙베리(Blackberry)와 무선 이메일 장치를 개발하고 있다. 아이팩의 마케팅 디렉터는 얼마 전 아메리카 온라인(AOL) 회원들이 아이팩 블랙베리를 통해 이메일에 접속할 수 있도록 하는 계약을 아메리카 온라인과 체결했다. 컴팩과 아이팩 브랜드가 부착되는 많은 제품들이 개발 중에 있으며, 아이팩의 마케팅 디렉터는 각각의 프로젝트에 일정 정도 관여하고 있다.

게다가 그의 사무실 바로 아래에서는 별도의 팀이 아이팩 인터넷 컴퓨터를 판매하고 있다. 인근 빌딩에 있는 다른 팀들은 컴팩이 디지털(Digital)과 탠덤(Tandem)을 인수했을 때 딸려온 노트북 컴퓨터에서부터 기업용 서버에 이르기까지 모든 것들을 마케팅하기 위해 컴팩 브랜드를 사용하고 있다. 그리고 매달 20개 이상의 잠재력 있는 신규 파트너들이 컴팩과 접촉해 브랜드 합작 사업을 협의하고 있다.

이런 모든 내용들이 의미하는 것은 무엇인가? 간단하게 말하면, 우리는 마침내 브랜드의 진정한 잠재력을 이해하고 활용하기 시작했다는 것이다. 그리고 적절하게 활용된 브랜드는 새로운 가치를 계속해서 창조하는 무한대의 자산이 될 수 있다는 것을 의미한다.

이는 우리가 "판매자 또는 판매자 집단의 제품이나 서비스를 식별하고, 경쟁자의 그것과 차별화하려는 의도로 만들어진 이름, 용어, 기호, 심볼이나 디자인 또는 그것들의 어떤 조합"[1]이라는 필립 코틀러(Philip Kotler)의 브랜드에 대한 정의를 넘어서고 있음을 의미한다. 우리는 또한 브랜드가 오랜 시간에 걸쳐 구축하는 명성(신뢰마크)이나 문화, 기업 아이덴티티로서의 브랜드에 대한 보다 현재적인 정의를 넘어서고 있다.

예컨대, 스타벅스(Starbucks), 디즈니(Disney), 나이키(Nike)와 같이 오늘날 가장 활기찬 기업들조차도 브랜드를 구매, 그리고 사용자의 라이프스타일에서 제품의 역할과 연관된 총체적인 경험으로 생각한다. 심지어 이러한 관점도 오늘날 시장에서 브랜드의 진정한 잠재력을 포착하는 데 부족함이 있다.

사실 최고의 브랜드 가치는 이제 개별 브랜드들 간의 교차영역(intersection)에서 창출되고 있다. 케이마트(Kmart)와 마사 스튜어트(Martha Stewart)는 개별적으로 있을 때보다 함께할 때 가치가 증폭된다. 애플(Apple)은 개인용 컴퓨터 카테고리에서 가장 강력한 단일 브랜드 제안(proposition)이지만, 인텔(Intel), 마이크로소프트(Microsoft), 그리고 컴팩(Compaq)이 결합된 브랜드가 더 가치 있다. 미주리 주의 브랜슨(Branson)은 방문객들에게 앤디 윌리엄스(Andy Williams), 야콥 스미르노프(Yakhov Smirnoff)와 같은 12명의 정상급 엔터테이너들이 결합된 브랜드들을 내놓음으로써 라스베가스(Las Vegas)와 경쟁하는 여행지가 되고 있다.

정반대의 결과는 우리가 브랜드들 간의 공간에서 가치를 창출할 수 있다면 그와 마찬가지로 그 가치를 파괴할 수도 있다. 시장에서 브랜드들 간의 결합을 거부할 수도 있고, 파트너들이 방향에 대해 동의하지 않을 수도 있고, 심지어 브랜드들이 서로에게 치명적인 오점을 안겨줄 수도 있다. 아우디5000의 문제가 발생된 이후에 아우디 라인의 브랜드에 어떤 일이 생겼는지 보라.

아우디 자동차 소유자들은 1986년에 처음으로 비정상적 급발진으로 인한 사고를 신고하기 시작했다. 자동차가 스스로 급발진해서 차고 벽을 뚫고 나가거나 앞 차량과 충돌한 것이다. 텔레비전 프로그램 〈60 Minutes〉은 그 해 11월에 사고 경위를 방송했다. 연이은 사고 보도와 연방조사가 이어지자 아우디5000의 판매량은 급격한 하향곡선을 기록했다.

　시카고 대학의 메리 설리번(Mary Sullivan)은 1990년에 이 사건을 연구했다. 그녀는 일화적 증언이나 정성적인 소비자

아우디

조사를 배제하고, 아우디5000과 다른 아우디 브랜드에 대한 보도 내용이 미친 재무적인 영향을 측정하면서 화폐가치의 측면에서 그 영향에 대해 연구했다. 그녀는 아우디4000(Audi 4000)과 콰트로(Quattro)에 미친 효과뿐만 아니라 아우디5000의 가치 하락률에 미친 사고의 영향을 평가하는 데 있어 광고와 경쟁 활동을 엄격하게 고려했다. 그리고 방송보도를 통해 2년 이상 계속된 논쟁은 아우디5000의 구매가치를 논란이 없을 때보다 7%에서 12% 더 빠르게 하락시켰다고 결론을 내렸다. 더 중요한 것은, 그런 문제와 관련 없는 다른 차종들도 모두 유사하게 대접받았다는 데 있다. 아우디4000은 8.4%에서 11% 정도 가치가 하락했으며, 콰트로는 6.1% 가치가 하락했다. 설리번은 아우디4000이 콰트로보다 더 큰 타격을 입은 것은 아우디4000의 포지셔닝이 아우디5000과 가깝기 때문이라고 믿는다.

　모든 브랜드가 하나의 엄브렐러(umbrella) 브랜드 아래 존재하기 때문에 아우디는 명백한 예이다. 하지만 그런 위험성은 덜 명시적이고 덜 의도적으로 연결되어 있는 브랜드들의 경우에도 마찬가지이다. 2000년도에 많은 자동차 회사들은 파이어스톤(Firestone) 타이어의 리콜에 의한 부정적인 브랜드 후광효과를 극복하고자 고군분투했다. 하버드 대학은 포럼 파이낸셜(Forum Financial)이 그 대학의 전직 교수가 수행한 컨설팅 작업에 대해 소송을 제기한 사실로 인해 언론의 헤드라인에 올랐다.[2] 모든 브랜드 매니저는 이제 완전히 상이한

브랜드 영역의 또 다른 브랜드 매니저가 예상치 못한 방식으로 자신의 브랜드에 영향을 미칠 수 있는 현실세계에 살고 있다.

우리는 매니저들이 브랜드들 사이의 잠재적인 파워를 레버리지할 수 있으며 동시에 위험을 최소화시킬 수 있다고 믿는다. 그 답은 포트폴리오로서 브랜드를 관리하는 데 있다. 그리고 더 중요하게는, 브랜드 포트폴리오가 무엇이고, 어떻게 그것이 기능하는지에 대한 전통적인 관점을 새롭게 바꾸고 다시 생각하는 데 있다.

이것은 이전의 브랜드 포트폴리오와는 다르다

우리가 시스템으로서 브랜드 관리에 관한 첫 제안을 하는 것은 아니다. 이미 1980년대 후반 프록터 앤 갬블(Procter & Gamble)은 카테고리 매니지먼트를 시행한 바 있으며, 총괄 매니저들이 동일 카테고리에 있는 브랜드 그룹들을 관리하도록 했다. 1992년에 장 노엘 캐퍼러(Jean-Noel Kapferer)는 제품 브랜드(product brands), 라인 브랜드(line brands), 그리고 엄브렐러 브랜드(umbrella brands)들을 포함하는 6개의 브랜드 단위로 자신의 브랜드 계층구조(hierarchy) 이론을 제시하는 비범한 통찰력을 보여주었다. 그리고 1996년 데이비드 아커(David A. Aaker)는 브랜드 시스템에 관한 사고의 혁신적 틀을 구성하였고, '주도자(drivers)' '보증자(endorsers)' '파이터 브랜드(fighter brands)' 그리고 '실버블렛(silver bullets)'으로 브랜드의 역할을 특징지웠다.

우리들의 작업은 이러한 아이디어들에 기반한 것이지만 3가지 결정적 방식에서 차이가 있다.

1. 브랜드 포트폴리오에 대한 우리의 정의는 구성 요소를 한 기업에 의해 소유되는 브랜드들에 국한하지 않는다.(편의상, 우리는 그러한 유형의 그룹화를 '브랜드 시스템'이라 부를 것이다. 다시 말하면, 브랜드 시스템은 단일 기업이 다같이 소유하고 사용하는 브랜드들만을 포함할 것이다. 예를 들면, 휴렛팩커드HP와 레이저젯LaserJet이 그것이다.)

이와 반대로, 우리의 브랜드 포트폴리오는 소비자의 구매 결정에 일정한 역할을 담당하는 모든 브랜드들을 포함한다. 인텔(Intel)은 델(Dell) 컴퓨터의 신제품 전략에 중요한 영향을 미친다. 델 컴퓨터의 마케터들은 인텔을 델 컴퓨터 브랜드 포트폴리오의 일부분으로 생각해야 한다. 허츠(Hertz) 렌터카의 가격은 고객이 유나이티드 (United)를 이용하는지 또는 아메리칸 항공(American Airline)을 이용하는지에 달려 있다. 허츠 렌터카의 마케터들은 항공사를 허츠 포트폴리오의 한 부문으로 생각해야 한다. 미국 프로농구협회(NBA)의 마케팅 플랜은 나이키(Nike), NBC, TNT 등과의 계약에 달려 있다.

한편으로, 기업이 소유하고 있는 모든 브랜드가 포트폴리오에 포함되어야 하는 것은 아니다. 쾨흘러(Kohler) 수도꼭지 구매자가 쾨흘러의 골프리조트에 관심을 가질까? 아마도 아닐 것이다.[3]

2. 전통적인 브랜드 시스템의 매핑(mapping)은 우리가 정의 내린 브랜드 포트폴리오에는 맞지 않는다. 아커는 브랜드 시스템들이 "자연적인 계층구조(natural hierarchy)를 이룬다."[4]고 말한다. 예컨대, 브랜드 시스템 계층구조에서 필립모리스(Phlip Morris)는 자연적으로 밀러(Miller), 크라프트(Kraft), 말보로(Malboro) 같은 사업부문 브랜드들 상위에 위치한다. 크라프트는 맥스웰 하우스(Maxwell House),

젤 로(Jell-O), 필라델피아 크림 치즈(Philadelphia Cream Cheese) 위에 위치한다. 전통적인 계층구조는 한 페이지 위에 특정 기업 내의 브랜드 대부분을 정돈된 형태로 보여주고 내부로부터의 브랜드 매니저들의 서열 관계, 즉 브랜드 조직을 반영한다.

반면 우리의 브랜드 포트폴리오를 관리하기 위해서는 소비자의 관점 또한 반드시 고려해야 한다. 즉 우리는 각각의 브랜드들이 소비자의 구매 결정에서 얼마나 중요한지를 알아야만 한다. 예를 들어, 말보로 담배 구매자에게 필립모리스 브랜드는 거의 중요하지 않다. 그리고 말보로 담배를 위한 포트폴리오에서도 필립모리스는 페이지의 위가 아니라 맨 아래에 표기되어야 한다. 필립모리스라는 이름이 항상 밑에 와야 하는가? 반드시 그렇지는 않다. 이것은 우리의 브랜드 포트폴리오에 있어 또 다른 차이점이다. 그것들은 역동적이다.

3. 마지막으로 우리의 접근방법에서, 전통적인 브랜드 조직으로는 충분하지 않다. 더욱이 전통적인 '브랜드 시스템'은 단일 브랜드 관리에 초점을 맞춘다. 케빈 레인 켈러(Kevin Lane Keller)가 말한 것처럼, 심지어 기업이 카테고리 매니저를 두었을 때조차도 "개별 브랜드 매니저의 임무는 본질적으로 변하지 않는다."[5] 즉, 브랜드 매니저들은 자신들의 개별 브랜드들을 구축하기 위해 전력을 기울이고, 카테고리 매니저들은 사후에 그들의 행동을 조율하는 것이다. 분명 우리는 브랜드를 개별적으로 관리해야 한다. 하지만 그것은 새로운 가치를 창조하기에는 충분치 않다. 우리의 관점에서, 브랜드 포트폴리오 관리는 적극적이고 선제적이며, 그 무엇보다 중요한 것이다. 브랜드 포트폴리오 매니저들은 기업의 브랜드 시스템 내부와 그 너머에 있

는 브랜드 의제들을 설정하고 감독할 수 있는 전략적 활동가들이다.

브랜드 가치의 프런티어

이런 비유를 생각해 보라.(완전하지는 않지만 우리의 목적에 잘 부합한다.) 뮤추얼 펀드매니저는 펀드의 전반적인 목표와 개별 주식의 예상되는 위험과 수익에 대한 판단에 따라 주식을 선별해 자신의 펀드를 구성한다. 몇몇 펀드매니저들은 산업분야, 지리적 범위, 성장, 가치 또는 그밖의 요소들에 초점을 맞춘다. 펀드를 구성하는 주식들은 다양하고 각기 다른 것들이다. 개별적으로는 어떤 주식도 전반적인 펀드 목표를 충족시키지 못한다. 집합적으로, 즉 서로 상이한 위험과 수익 수준에 있는 주식들의 결합을 통해서 그것들은 목표를 충족한다. 전형적으로 주식의 포트폴리오는 기대 수익에 대한 위험도가 상대적으로 낮은 편이다. 펀드매니저는 개별적인 자산이 아닌 하나의 포트폴리오로서 주식을 운영함으로써 가치를 최적화한다. 마찬가지로 브랜드의 경우도 포트폴리오 차원에서 관리하는 것이 그 수익을 극대화하는 열쇠이다.

5년 안에, 가장 전향적인 사고를 하는 기업들은 그들이 오늘날 금융 포트폴리오를 관리하는 것처럼 브랜드 포트폴리오를 중시하고 관리할 것이라고 믿는다. 브랜드 포트폴리오 전략가들은 브랜드 구성의 효율적인 프런티어(frontier), 즉 현명한 투자가들이 하고 있는 것처럼 브랜드 매니저가 포트폴리오의 일정한 위험 수준에 대해 수익을 극대화할 수 있는 경계를 탐색할 것이다. 개별 브랜드들의 판매와 점유율 대신에 브랜드 매니저들은 전체적인 포트폴리오 성장률과 새로운 브랜드들을 추가하거나 제거함으로써 위험을 최소화하는 것과 같은 목표들을 논의할 것이다.

10년 안에, 브랜드 기반의 비즈니스 모델이 지배적인 기업활동 형태가 되는 것을 보게 될 것이다. 스타벅스에서 마케팅담당 부사장으로 있는 스콧 베드버리(Scott Bedbury)는 이미 브랜드가 "기업의 중심적인 조직 원칙"[6]임을 말한 바 있다. 성공적인 21세기 기업은 빌딩, 설비, 제품의 집합체가 아니라 브랜드와 브랜드를 지원하는 활동들의 집합체들이다. 다시 말해, 브랜드가 마케팅을 뛰어넘을 것이다.

이러한 도약을 위해서 우리는 우선 브랜드 포트폴리오 관리의 기초를 이해해야 한다.

새로운 모델의 구성요소들

우리가 직면한 중대한 문제들은 우리가 그것들을 발생시켰을 당시
가졌던 것과 동일한 사고의 수준에서는 해결될 수 없다.
_ Albert Einstein

브랜드 포트폴리오를 성공적으로 관리하기 위해서 기업은 다음의
3가지 사항을 필요로 한다. 1)모든 브랜드와 그들의 특성 그리고 그
들 사이 및 바깥 세계와의 관계를 묘사하는 전체적인 포트폴리오의
진정한 시각화 또는 그래픽 표현. 2)브랜드 포트폴리오를 관리하기
위한 일단의 도구들. 3)이러한 새로운 접근법에 기초해 설계된 조직.

포트폴리오 시각화

가장 성공적인 브랜드 포트폴리오 매니저들은 역동적이고 정량적인
전체 포트폴리오 지도를 활용한다. 우리는 이것을 '분자(molecule)'라
부른다. 왜냐하면 그것이 분자 구조처럼 보이기 때문이다.

우리는 그림 2.1에서 보는 것과 같은 브랜드 포트폴리오 분자

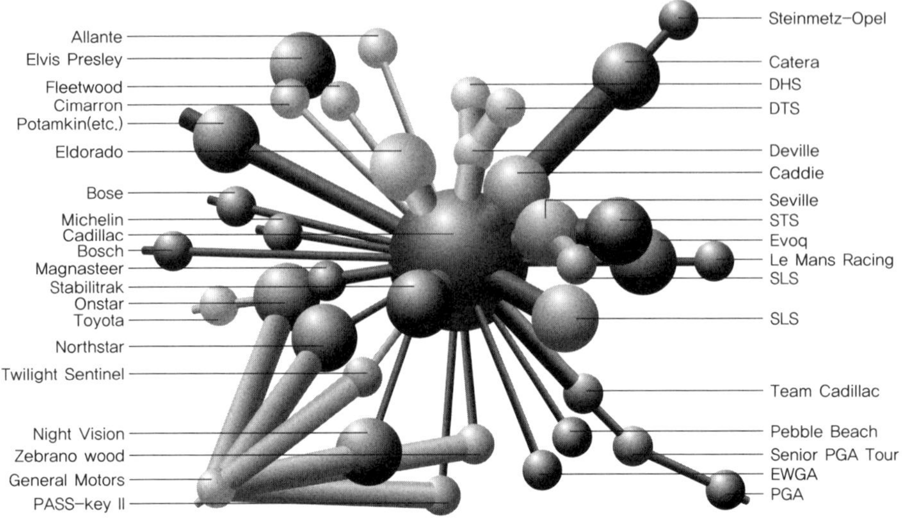

그림 2.1은 캐딜락 자동차의 브랜드 포트폴리오 분자(BPM)이다. 이 그림은 5가지 차원의 정보, 즉 구매자와 관련된 브랜드들, 그 브랜드들의 중요성, 그 브랜드들의 영향력, 그 브랜드들 간의 관계, 그 브랜드들을 통제하는 관리 능력을 나타낸다. 3장에서 더 자세하게 설명할 것이다.

(brand portfolio molecule : BPM)를 구성하는 데 3장을 전부 할애하고 있다. 여기서는 전체적인 개요만 설명할 것이다. 브랜드 포트폴리오 분자를 구성하기 위해서는 기업의 내부와 외부에 있는 브랜드의 모든 구성요소들에 대한 상당한 통찰이 요구된다. 브랜드 포트폴리오 분자가 완성되었을 때, 제대로 된 브랜드 포트폴리오 분자는 가치 창출과 파괴의 잠재적 영역들, 보다 큰 수익을 위한 기회요소들, 그리고 위험요소들의 취약성을 보여준다. 분자 모델의 사용자들은 포

트폴리오를 3가지 차원에서 바라볼 수 있다. 먼저 그들은 상이한 소비자 그룹들의 관점에서 브랜드 포트폴리오 분자를 살펴볼 수 있다. 둘째, 경제적 가설과 마케팅 가설, 그리고 소비자 행동이나 경쟁의 기초에 있어서의 변화를 테스트하기 위해 기본 가정을 변경할 수 있다. 셋째, 새로운 전략, 상이한 브랜드 라인업, 신규 제휴 등을 테스트하기 위해 데이터를 변경할 수 있다.

대부분의 대기업들은 수백 개의 브랜드를 보유하고 있고, 그만큼의 전략적 파트너십을 맺고 있다. 애완동물 사료 업체인 아이엠스(Iams)와 같이 제한된 제품 라인을 갖고 있는 소규모 회사들조차도 100개 이상의 브랜드를 보유하고 있다.[1] 우리는 수백 개의 브랜드로 구성된 거대한 중합체(polymer)와 같은 분자를 만들 필요는 없다. 단지 집합적으로 관리해야 하는 일군의 브랜드 지도를 그려내야 한다. 여기에는 세분시장의 고객들에 대한 완전한 가치 제안을 나타내는 30에서 100여 개의 브랜드들이 포함된다.

캐딜락의 브랜드 포트폴리오 분자는 모든 브랜드 포트폴리오 분자에 의해 공유되는 5가지 핵심 차원을 보여준다.

첫째, 이 분자는 기업이 브랜드 의사결정을 할 때 고려하는 모든 브랜드들을 정의한다. 이 분자에서, 우리는 캐딜락 브랜드뿐만 아니라 캐딜락의 전략에 영향을 미치는 연계 브랜드들 역시 볼 수 있다.

둘째, 목표 시장의 구매 결정에 영향을 미치는 각 브랜드의 기여도 측면에서 포트폴리오 내 다양한 브랜드들의 상대적인 가치를 쉽게 파악할 수 있다. 구(sphere)의 크기는 가치를 암시한다. 구가 크면 클수록 그것은 목표 고객들에게 더 중요한 것이다. 예를 들어, 최고급 자동차 카테고리에서는 대개 브랜드 네임(nameplate)이 고객들에게 가장 큰 영향을 미친다. 한 자부심 넘치는 새차 주인은 "나는 방금 막 캐딜락을 샀어."라고 말한다. 그래서 캐딜락의 구는 포트폴리오에서 가장 크며 '캐딜락'은 우리가 '선도 브랜드(lead brand)'라고 말하는 것이다.

선도 브랜드들은 구매 결정과 충성도를 이끌어낸다. 카테라(Catera)와 같은 '전략적 브랜드(Strategic brands)'들은 특정 목표 고객들에게 기술, 또는 사용 이유에 대해 말해 준다. 온스타(OnStar)와 같은 '지원 브랜드(Support brands)'들은 전반적인 가치 제안에 대한 증거를 제공한다. 분자에서 전략적 브랜드와 지원 브랜드는 선도 브랜드보다 구의 크기가 작다.

온 스타

셋째, 브랜드는 그것의 구매 결정에 대한 영향력을 나타내기 위해 색상(검정색, 회색, 흰색)에 의해 분류된다. 모든 브랜드가 구매 결정을 돕는 것은 아니며, 특히 성숙한 브랜드 포트폴리오에서는 그렇다. 긍정적으로 기여하는 브랜드는 검정색으로 나타낸다. 중립적인 브랜드는 회색이고, 부정적으로 기여하는 브랜드는 흰색이다.[2] 예컨대, 드빌(DeVille) 자동차는 나이 많은 고객들이 좋아하지만 검정색이다. 하지만 브랜드 포트폴리오 상에서 주요 목표 대상인 젊은 고객들은 흰색으로 나타내어지는 STS나 에스칼레이드(Escalade)를 선호한다. (컬러 버전에서는 녹색, 청색, 빨간색으로 구분하는 것이 효과적이다.)

넷째, 분자는 포트폴리오의 브랜드들이 어떻게 또 다른 브랜드와 연결되고 관련되는지를 잘 보여준다. 예컨대, 제너럴 모터스(GM)는 지금은 사브(Saab)와 도요타(Toyota) 차종에도 이용할 수 있는 온스타(OnStar)를 보유하고 있다. 캐딜락의 브랜드 포트폴리오 매니저는 아마도 다른 자동차 회사들과 온스타처럼 가치 있는 차별화 요소를 공유하기를 바라지 않을 것이다. 하지만 그는 그 문제에 관해 발언권이 거의 없다. 그래서 온스타와 GM 구의 연결은 굵지만 캐딜락과의 연결은 가늘다.

또한 브랜드 관리 그룹의 집합적인 통제권 너머에는 캐딜락과 오랜 연관을 갖고 있는 시니어 PGA투어가 있고, 자신만의 브랜드와 광고 예산을 가지고 있는 딜러들이 있다. 그리고 중고차 보관 부지를 제외하고는 먼지 쌓인 부품 창고는 물론 가망 고객들의 기억 속에조차 존재하지 않는 알란테(Allante)와 시마론(Cimarron) 같은 브랜드들이 있다.

마지막으로, 각기 다른 브랜드들은 각기 다른 시장 포지셔닝을 갖고 있다. 그래서 분자에서 각 브랜드의 위치는 그것의 시장 포지션을 반영한다. 예컨대, GM은 항상 드빌 자동차를 핵심 캐딜락 가치 제안과 충성도 높은 시장 매우 가까이에 위치시킨다. 다른 가치 제안과 다른 목표 시장을 가진 카테라 자동차는 훨씬 떨어진 곳에 위치한다.

각 분자는 고유한 것이며, 그 사이즈와 구조는 산업 환경과 기업의 축적된 브랜드 전략의 결과이다. 그러므로 각 기업은 시장조사 자료와 축적된 조직적 통찰을 활용해 자신의 브랜드 포트폴리오 분자군을 직접 만들어야 한다.

브랜드 포트폴리오 분자(BPM)는 브랜드 포트폴리오 관리의 추측적 부분을 상당 정도 제거한다. BPM이 정량적인 기초 위에 있기 때문에, 브랜드 포트폴리오 지도는 많은 브랜드 의사 결정으로부터 감정을 배제시킬 수 있다. 그리고 그것은 계속 업데이트되기 때문에 다양한 가정의 브랜드 포트폴리오 시나리오를 모델링하는 데 사용할 수 있다. 브랜드 포트폴리오 분자는 독특하게 가치 있는 방법론이며, 포트폴리오가 더 복잡하고 역동적이 될수록 브랜드 포트폴리오 분자는 더욱더 큰 가치를 갖는다.

도구

브랜드 포트폴리오 분자는 매니저가 개별 브랜드 차원이 아니라 전체적인 포트폴리오 차원에서 한번에 작업할 수 있게 한다. 즉 매니저는 이렇게 접근한다. "만일 내가 카테라 차종과 캐딜락 차종 사이에 포지션된 신차를 출시한다면, 포트폴리오 가치는 어떻게 변할까? 나는 캐딜락 브랜드와 나이트 비전(Night Vision) 중 어디에 광고를 집중해야 하는가? 나는 어떻게 딜러들의 브랜드를 레버리지할 수 있을까?" 금융 포트폴리오 매니저가 위험과 유동성을 관리하기 위해 풋(put), 스왑(swap), 스트래들(straddle)을 사용하는 것처럼, 브랜드 포트폴리오 매니저 역시 전반적인 포트폴리오 성과를 강화하기 위해 자신의 브랜드를 조정할 수 있다.

브랜드 포트폴리오 매니저는 3가지 유형의 도구를 필요로 한다. 모든 포트폴리오는 다음의 것들을 갖추어야 한다.

- 창출하고자 하는 가치에 대한 비전과 명확한 실행 목표
- 전반적인 포트폴리오에 대한 전략적 가이드라인

- 포트폴리오의 성과를 향상시키기 위한 전술적 접근방법, 즉 특정한 작업 도구들

금융 포트폴리오는 위험, 수익, 유동성, 그리고 금융 상품들의 믹스의 측면에서 그 목표를 표현한다. 브랜드 포트폴리오는 위험, 수익, 브랜드 에쿼티 창출, 전략적 유연성, 그리고 성장의 측면에서 그 목표를 표현한다. 그러나 우리는 이런 유사성을 너무 강조해서는 안 된다. 만일 금융 포트폴리오 매니저가 주식을 좋아하지 않는다면 그는 그 주식을 매각하면 그만이다. 그러나 브랜드 매니저가 성과가 빈약한 브랜드를 매각하기는 훨씬 더 어렵다. 금융 포트폴리오에서 개별 주식들 간의 상호작용은 주로 통계적인 것이다. 브랜드 포트폴리오에서는 모든 종류의 상호작용이 일어난다. 금융 포트폴리오 매니저는 전체 포트폴리오를 2개의 축으로 해서 지도로 나타낼 수 있다. 그러나 브랜드 포트폴리오에서는 우리가 보유해야 하는 정보를 포착해내기 위해 더 복잡한 브랜드 포트폴리오 분자가 있어야 한다. 그래서 금융 포트폴리오는 브랜드 포트폴리오의 완벽한 비유가 아니다. 하지만 그것은 브랜드 포트폴리오가 단순히 포트폴리오 내 개별 브랜드들의 총합이 아니며, 자신만의 가장 중요한 목표들을 가지고 있어야 한다는 점을 강조하기에는 충분히 유사한 것이다.

일단 브랜드 포트폴리오 매니저가 목표들을 설정하면, 그 다음에는 포트폴리오의 전략적 방향을 결정하는 펀드 매니저의 투자철학과 유사한 일련의 지침을 만들 수 있다. 대부분의 브랜드 가족은 아이덴티티에 관한 기본적인 지침을 가지고 있다. 그러나 전략적인 지침은 훨씬 더 많은 것을 커버해야 한다.

1980년대 초에 월트 디즈니(Walt Disney)사는 아주 적은 브랜드 포트폴리오 통제권을 가졌다. 월트 디즈니의 브랜드 라이선스 전략은 디즈니 트레이드마크의 전면적이고 무차별적인 활용을 강조했다. 그 결과 디즈니사는 기저귀, 자동차에서부터 세제, 마루용 왁스에 이르기까지 사실상 모든 제품을 생산하는 기업들과 수백 개의 라이선스 계약을 체결했다. 디즈니사는 이들 마케팅 파트너들에게 디즈니 브랜드를 사용하는 데 있어 폭넓은 자유를 부여했다.

그로부터 10년이 지난 후, 디즈니사는 이런 광범위한 브랜드 사용에 대해 고객들이 어떻게 생각하고 있는지에 관한 조사 작업을 진행했다. 그 결과는 확실히 부정적이었다. 디즈니 캐릭터들에 대해 개인적인 유대감을 갖고 있는 고객들은 사랑스런 아이콘들을 값싸게 만드는 광범위한 상업적 사용에 대해 실망감을 나타냈다. 어떤 고객들은 디즈니에 분노를 표시하기까지 했다. 고객들은 라이선스 제품들의 홍수가 아이들을 너무도 어린 나이에 소비자로 바꾸어 놓고 있다고 여겼다. 결론적으로, 고객들은 디즈니가 단지 자신의 브랜드뿐만이 아니라 그것과 고객들과의 관계를 착취하고 있다고 생각했다. 고객들은 회사와 브랜드 모두를 덜 좋게 생각했다.

소비자들의 반응을 파악한 결과, 디즈니사는 라이선싱 정책을 강화했으며 새로운 기준에 맞지 않는 라이선스 계약 건은 물리치기 시작했다.[3] 이제 디즈니 월드의 경영진은 할로윈 데이(Halloween Day)는 경쟁사인 유니버설 스튜디오에게 기꺼이 양보하고 있다. 그들은 디즈니사의 지침이 디즈니 브랜드가 '어린이와 진정으로 어린이의 마음을 가진 사람들을 위한' 것임을 분명히 강조하고 있기 때문에 그렇게 하고 있다. 그들은 "우리는 항상 우리의 이미지에 대해 알고 있어야 한다."[4]라고 분명하게 말한다. 디즈니사는 이를 잔혹하거나 폭력적인 주제들은 적합하지 않음을 의미하는 것으로 해석한다. 다시 말해, 10대 청소년들을 겁주는 미친 어릿광대가 있을 곳은 유니버설 스튜디오이지 디즈니가 아니라는 것이다. 이런 방침에 따라, 디즈니사가 Toysmart.com에 투자했을 때, 디즈니는 '파괴적인 성격의 장난감'을 판매하는 것을 거부하였고, 대신에 자신이 '좋은 장난감(good toys)'이라 부르는 장난감을 광고하는 데 2천1백만 달러를 지원했다.[5]

모든 브랜드 포트폴리오는 아이덴티티 매뉴얼을 가지고 있지만 제휴와 제품 범위 같은 것들을 규정하는 분명하고 일관된 지침을 가지고 있는 것은 극소수일 뿐이다. 결과적으로, 너무나 많은 것들이 과도하게 관리되거나 소홀하게 관리되고 있다. 제대로 된 브랜드 포트폴리오 지침은 잡지 광고에서의 활자 규격 같은 세세한 사항들뿐만 아니라 공동 브랜딩의 원칙, 허용할 수 있는 브랜드 확장 범위, 포트폴리오의 규모 등과 같은 주요 사항들을 규정하고 있어야 한다. 그리고 지침은 명확하고 단호해야 한다.

물론 비전과 전략적 지침만으로는 충분하지 않다. 모든 브랜드 포트폴리오 매니저는 확장(extensions), 리포지셔닝(repositioning), 가지치기(pruning), 오버 브랜딩(over-branding), 공동 브랜딩(co-branding), 병합(amalgamation), 분할(partitioning), 조정(scaling)이라는 8가지 유형의 포트폴리오 전술을 사용할 수 있는 방법을 알아야 한다. 이 도구들 가운데 일부는 친숙해 보일 수 있다. 왜냐하면 그것들이 개별적인 브랜드 매니저들에 의해 사용되는 도구들과 유사하기 때문이다. 그러나 주의해야 한다. 우주 공간에서 해머를 사용하는 것과 지상에서 해머를 사용하는 것은 다르다. 친숙하지 않은 방식으로 친숙한 도구들을 사용하는 것은 새로운 학습과 실천을 요구한다. 우리는 2부에서 각각의 도구들을 차례로 살펴볼 것이고, 언제 그리고 어떻게 그 도구들을 사용하는지 논의할 것이다.

새로운 조직

마지막으로, 브랜드 포트폴리오 어프로치를 적용하는 데는 새로운 유형의 조직형태가 요구된다. 첫째, 그와 같은 조치는 조직에서 새로운 역할의 창출, 즉 브랜드 포트폴리오 매니저를 필요로 한다. 그는 로고를 사용하는 방법에 관한 사업 부서들 간의 분쟁을 조정하는 것 이상의 활동을 한다. 브랜드 포트폴리오 매니저는 브랜드 포트폴리오의 구조와 크기를 적극적으로 설정할 수 있는 전략적 활동가여야 한다.

둘째, 새로운 모델은 브랜드 매니저의 역할을 높여주고 변화시킨다. 오늘날 브랜드 매니저들은 종종 전반적인 포트폴리오 전략과 갈등하고 있는 자신을 발견한다. 폰티악(Pontiac)을 보자. 폰티악의 브랜드 포지셔닝은 '흥미진진한 주행(Driving Excitement)'이며, 포트폴리오에 있는 각각의 브랜드들은 'Excitement'라는 테마를 반영해야 한다.

하지만 개개의 매니저들이 순응하는 방식은 매우 다양하다. 예를 들어, 1998년에 폰티악 자동차는 'Excitement Well Built'라는 광고 문구 아래 신차 그랜드엠

폰티악

(Grand Am)을 시장에 알리는 데 100만 달러 이상을 투입했다. 이 광고 문구는 어느 정도 테마를 지원하는 것이지만, 광고 카피의 대부분은 폰티악의 기술력이 라이벌인 도요타(Toyota)나 혼다(Honda)보다 열등하다는 목표 고객들의 인식을 바꿔놓기 위해 차체의 견고함에 초점을 맞췄다. 그렇다면 문제는? 이러한 강조는 즉각적으로 그 차가 그다지 흥미진진하지 않다는 메시지를 전달했다.[6]

폰티악 라인에 속하는 또 다른 차종인 본네빌(Bonneville)은 'Excitement' 이면에 있는 전반적인 아이디어를 지원하는 것 같지만 그 광고 통일성이 조금 부족하다. 본네빌은 'Luxury with attitude'라는 광고 문구를 사용한다. 폰티악의 인터넷 웹사이트는 본네빌 차종을 '전통적인 고급 세단의 새로운 대안'으로 칭찬을 아끼지 않는다. 브랜드 광고와 브랜드 포트폴리오 전략이 일치하지 않는 것이다.

우리는 이 문제가 본네빌이나 폰티악, 또는 GM에만 해당된다고 보지 않는다. 대부분의 조직들은 전략을 브랜드 수준에서 단편적으로 개발하며, 그 다음에 그것들을 조각그림 맞추기처럼 짜모은다. 그리고 전체적인 그림은 나오지 않는다. 신뢰성 제고를 위해 폰티악 브랜드팀은 포트폴리오 문제를 정면으로 다루려 했다. 그러나 그들은 실패하고 말았다. 그들은 그 문제에 대해 그들이 출발했던 지점과는 정반대 방향에서 접근했어야 했다. 브랜드 포트폴리오 관리에서는 개별 브랜드 매니저들이 처음부터 전반적인 포트폴리오 전략에 중대한 영향력을 행사한다. 그들은 먼저 자신들의 계획이 포트폴리오 차원에서 강력하게 실행되도록 노력한다. 개별 브랜드 차원은 그 다음이다.

브랜드 포트폴리오 관리는 또한 브랜딩이 마케팅 부서의 벽을 뛰어넘을 것을 요구한다. 앞에서 우리는 확대되고 있는 브랜드의 정의를 예로 들었다. 일단 브랜드의 정의가 제품을 초월하고 전체적인 구매 경험과 다중 브랜드(multiple brands)를 포함하기 시작하면, 조직의 모든 구성원들은 브랜드가 무엇을 대표하며 어떻게 그것을 전달할 것인지에 대해 정말로 이해해야 한다. 왜냐하면 모두가 그것에 책임이 있기 때문이다.

자동차 메이커 새턴(Saturn)은 다른 자동차들에 대한 그들의 품질 우위를 강조한다. 새턴의 기본적인 품질과 안전 보장은 더 넓고 더 따스한 어떤 것의 주요 부분이다. 그것은 바로 새턴 가족의 일원이 되는 것(membership)이다. 새턴은 새턴 소유자들이 차를 구입한 것을 운전하는 내내 결코 후회하지 않게끔 한다. 새턴은 자동차 소유자들에게 우편물을 보내 그들이 자동차를 구입한 날을 기념해 주고, 딜러 판매점이나 지역 새턴 매장에서 할인된 가격에 점검 서비스를 받을 수 있도록 한다. 그리고 각 지역별로 열리는 ‘새턴 패밀리’ 바비큐 파티에 새턴 소유자들을 초대한다. 1994년 6월, 미국 테네시 주 스프링힐에 있는 새턴 자동차 공장에서의 ‘새턴 홈커밍’ 행사에는 약 4만 4천 명의 새턴 소유자들이 참석했다.

새턴에게 있어서 브랜드는 기업이 무엇을 하는가에 국한되지 않는다. 그것은 기업 그 자체이다. 새턴 브랜드는 새턴이 사업의 다른 모든 구성 요소들을 조직화할 때 그 중심이 되는 지적 뼈대가 되었다. 스타벅스의 스콧 베드버리(Scott Bedbury)는 “기업과 고객들, 심지어 직원들에 대해 잘 정의되고, 잘 표현된 브랜드가 바로 새턴이다. 직원들은 자신들이 일하는 회사를 사랑하고 싶어하며, 만약 그렇게 된다면 그들은 훨씬 더 일을 잘하게 될 것이다. 내가 나이키에 근무할 때, 나이키가 대변하는 것을 믿기 때문에 리복이 제안한 것의 4분의 1밖에 안 되는 금액을 받고도 나이키를 선택한 운동선수들이 있었다. 어느 새, 브랜드는 마케팅 이상의 것이 되었다."[7]

컴퓨터 회사인 게이트웨이(Gateway) 같은 기업은 모든 직원들이 고객의 편지, 전화, 그리고 이메일에 직접 답변하도록 요구함으로써 마케팅 활동에 참여하게 하고 있다. 스타벅스의 최고경영자인 하워드 슐츠(Howard Schultz)는 3만7천 명의 직원들을 '브랜드 대사(Brand ambassadors)'로 생각하며, 심지어 '파트너'라 부르기까지 한다. 직원들은 매일 스타벅스 매장의 문을 열고 들어오는 사람들과 직접 얼굴을 맞댄다. 그들은 고객들이 다시 찾아오게 만드는 기분 좋은 경험을 제공한다. 스타벅스는 직원들에게 자신의 이국적인 메뉴에 관한 상세한 지식을 가르치며, 그럼으로써 그들이 고객의 기호와 분위기에 맞는 메뉴를 제안할 수 있게 한다.[8] 브랜드 포트폴리오 접근을 사용하는 브랜드 기반의 비즈니스 모델에서는 전체 기업이 마케팅 부서이다.

이 책의 나머지 부분에서 우리는 이 세 가지 요소들, 즉 포트폴리오 접근, 도구들 그리고 그것이 이루어질 수 있도록 조직과 문화를 운영하는 것에 대해 논의한다.

03

브랜드 포트폴리오 분자

브랜드 포트폴리오 분자의 지도를 그리는 것은 힘든 작업이다. 왜냐하면 그 작업을 제대로 하는 것은 여러분의 브랜드와 어떻게 그 브랜드가 포지션되어야 하는지에 대한 대부분의 고정 관념을 내던져버리는 것을 의미하기 때문이다. 당신은 새롭게 시작해야 하며, 소비자의 관점에서 브랜드를 생각해야 한다. 다시 말하면, 당신의 브랜드, 현재의 포지셔닝, 브랜드 매니저들 간의 조직내 업무영역에 대해 여러분과 여러분의 회사가 생각하는 방식과 거리를 두어야 한다는 뜻이다.

그 첫 단계는 목록을 만드는 것이다. 어떤 브랜드를 당신의 브랜드 포트폴리오 분자에 포함시켜야 하는가? 어떤 브랜드가 당신의 제품이나 서비스를 구매하려는 고객의 결정에 영향을 미치는가?

할리 데이비슨(Harley-Davidson) 오토바이를 생각해 보자. 만약 당신이 크롬 도금된 대형 오토바이를 찾고 있다면, 아마도 할리 대리점에 가보아야 할 것이다. 당신이 그곳에 가면 할리는 할리대로 있고, 매끈한 윤곽, 낮은 손잡이의 몸체를 한 부엘(Buell) 오토바이를 파는 것을 알게 된다. 더욱이 당신은 할리가 단지 하나의 브랜드만을 갖고 있는 것이 아니라는 것을 알 수 있을 것이다. 할리 데이비슨이라는 이름 아래 수많은 개별 브랜드들이 존재하며, 더 많은 브랜드 확장이 이뤄지고 있다. 당신은 꼭 할리를 구입할 필요는 없다. 당신은 Dyna, Sofitail, Sportster, Touring 제품들 중에서 선택해도 된다. 이들 목록 가운데 Dyna로 결정했다면, 당신은 또 Dyna FX, FXDXT, FXDX, FXDL, FXDWG, FXD 중에서 어느 하나를 결정하게 된다.

할리 브랜드 포트폴리오는 실제로 제품을 부각시키지 않으면서 많은 종속적인 개별 브랜드를 채택하고 있는 전형적인 특징을 보인다. 실례로 HOG는 Harley Owner's Group(할리 소유자 그룹)을 의미한다. 할리 데이비슨 카페는 맨해튼 중앙에 있는 레스토랑이다. 할리는 의류 액세서리 라인을 설명하는 모터클로씨스(Motorclothes)라는 상표권을 갖고 있다. 그리고 라이더스 엣지(Rider's Edge)라는 할리 데이비슨의 공식 주행학교가 있다. 또한 할리 오토바이의 약 6백여 딜러들은 일정한 방식으로 할리와 연결되면서 그것에 긍정적이거나 부정적인 영향을 미친다. 그리고 그들은 할리 브랜드에 자신의 풍미를 더하는 각자의 브랜드를 갖고 있다.

그러나 이것이 전부가 아니다. 핵심적인 할리(Harley) 포트폴리오와 마구 퍼져 있는 포드(Ford) 포트폴리오 간의 가교 역할을 하는 새로운 할리 포드 트럭을 생각해 보라. 그리고 또 다른 부류에는 무엇이 있는가? 아메리칸 아이론호스(American Ironhorse) 오토바이는 할리가 공급하는 파워트레인과 프레임으로 자사의 오토바이 제품을 생산하기 시작했다. 상표로 보호받는 웹사이트 할리 맘(Harley Mom)이 존재함으로써 할리 오토바이를 타는 사람들을 찾아볼 수 있고, 할리 오토바이를 타는 사람들과 교류할 수 있다. 너무나도 많은 클럽들, 준공식적인 단체들, 그리고 할리 브랜드와 다소의 연관성을 갖는 간행물들이 있다. 더욱이, 과다하게 많은 또 다른 회사들이 사실상 할리 이름과 일부 연결 관계를 갖는 의류, 포스터, 오토바이 부속물을 제작하고 있다. 또 당신이 할리에서 회사의 브랜드 포트폴리오 목록을 점검하는 사람이라면 당신은 위에서 언급한 모든 내용을 알고 있어야 한다. 제품, 회사, 클럽 등 우리가 언급했던 모든 단일 브랜드는 할리의 핵심 목표 시장에 중요하기 때문이며, 더욱이 포트폴리오에 포함시킬만큼 중요하게 다뤄지기 때문이다.

단순히 어떠한 포트폴리오에서 브랜드의 목록을 만드는 것은 정말로 힘든 작업이다. 그 목록을 만드는 것이 그렇게 어려울까? 브랜드 포트폴리오는 너무나 포괄적이고 복잡해서 그 전체적인 목록을 줄줄 외울 수 있는 매니저는 많지 않다. 또한 당신은 등록상표 목록을 움켜쥐고 있을 수만은 없다. 등록상표 목록은 종종 중복되거나 쓸데 없는 것들을 포함하고 있으며, 중요한 마케팅 파트너들의 이름을 거의 포함하고 있지 않다. 예컨대, 아메리칸 아이론호스 오토바이는 할리 데이비슨이 보유한 등록상표의 목록에서 드러나지는 않았지만 아메리칸 아이론호스 오토바이는 분명히 광범위한 브랜드 포트폴리오의 일부분이다. 우리는 또한 할리에 관한 잡지인 〈어메리칸 라이더 American Rider〉를 간과할 수 없다.

사실, 포트폴리오에서 한 위치를 차지할 수 있는 모든 브랜드를 파악하고, 각각의 브랜드를 넣을지 뺄지를 결정하는 일은 일주일이면 할 수 있다. 목표 고객이 구매 결정을 내리는 데 기여하는 브랜드는 넣고, 그렇지 못한 브랜드는 빼게 된다. 그러나 우선순위를 결정하는 것은 쉽지가 않다. 흔히 예전의 시장조사 자료를 활용하거나 새로운 조사 의뢰를 통해 최종적으로 가려내는 작업이 이뤄지곤 한다. 그 목록을 정리하는 것은 반복되고 힘든 과정을 거친다.

어렵기는 하지만 그러한 작업은 실제적인 편익을 가져다 준다. 전통적인 브랜드 포트폴리오의 경계를 다시 생각해 보게 할 뿐만 아니라 모든 브랜드 활동이 어디서 시작되고 끝나야 하는지를 소비자의 관점에서 생각해 보게 한다. 결론적으로, 소비자가 생각하는 방식으로 당신이 생각하고 있다면 당신은 더 명확한 의사결정 방식을 갖게 될 것이다. 당신은 너무도 많은 기업들이 마케팅 활동의 방향을 결정하기 위해 의존하는 프로세스와 내부 인식의 내용을 고객 데이터의 형태로 대체할 수 있을 것이다. 마케팅의 '기술'이 과학에 훨씬 더 가까워지는 것이다.

분류

당신이 브랜드의 목록을 정리했다면 축하한다. 이제, 불행하게도 작업은 쉬워지는 것이 아니라 더 힘들어진다. 각각의 브랜드가 어떤 역할을 하는가? 어떻게 각각의 브랜드가 다른 브랜드에 영향을 미치는가? 특정 브랜드는 그룹의 다른 브랜드에 대한 구매 결정에 어느 정도의 영향력을 갖고 있는가?

2장에서 언급했듯이 당신이 모아놓은 브랜드들 가운데 어떤 것은 선도 브랜드가 될 것이고, 어떤 것은 전략적 브랜드, 또 어떤 것은 지원 브랜드가 될 것이다. 우리는 이러한 분류의 중요성에 대해 4장에서 자세하게 설명할 것이다. 핵심은 어떤 브랜드는 구매를 하도록 유도하고, 어떤 브랜드는 구매를 방해한다는 것이다. 어떤 브랜드는 전체에 긍정적인 영향을 미칠 것이다. 어떤 브랜드는 일부 브랜드들에는 긍정적인 영향을 미치지만 다른 일부 브랜드에는 부정적인 영향을 미칠 것이다. 어떤 브랜드는 중립적일 것이다. 당신은 이러한 내용을 알아야 한다.

이제, 어떻게 그것을 알아내야 하는가? 당신은 다양한 방식으로 브랜드의 역할을 살펴볼 수 있다. 업계에서 잘 알려진 브랜딩 언어를 사용하자면, 브랜드는 엄브렐러 브랜드(umbrella brand)이거나 마스터 브랜드(master brand), 또는 서브 브랜드(sub brand)이며, 독자적인 브랜드(stand-alone brand)이거나 독립적인 브랜드(free standing brand)이며, 주도자(driver)이거나 파이터(fighter) 또는 실버블렛(silver bullet)일 수 있다. 이러한 모든 관점들은 어떤 상황에서는 여러 모로 편리하다. 하지만 아주 상이한 브랜드 요소들이 소비자의 구매 결정에서 어떻게 평가되는지에 초점을 맞춰보자.

조사는 소비자들이 구매 결정을 할 때 활용가능한 모든 정보를 고려하지는 않는다는 사실을 보여주고 있다.[1] 한 연구에 의하면, 소비자가 구매 선택하면서 18개 정도의 정보에 직면했을 때 소비자는 그 가운데 4개를 이용한다고 한다. 치약 실험에서, 구매자들은 대다수가 브랜드를 언급했으며 가격이 두 번째, 그리고 제조업체명은 열두 번째였다. 게다가 구매자들은 첫 번째 기준을 두 번째에서 여섯 번째까지의 기준을 합한 것보다 거의 2배나 많이 선택했다. 그리고 구매자들이 선택한 마지막 열한 번째 기준은 두 번째 기준의 단지 절반에도 못미쳤다. 그렇다. 어떤 소비자들은 마지막 기준을 중요하게 생각하기도 하지만 대다수의 소비자들은 그러한 기준들을 주변적인 것으로 보고 있으며, 또 다른 많은 사람들은 완전히 관계 없는 것으로 치부하기도 한다. 사실, 그러한 정보 변수들은 3가지 층, 즉 '일반적으로 중요', '일부 사람들에게 특정 시점에서 중요', 그리고 '대부분의 소비자에게 일반적으로 중요하지 않음' 으로 분류된다.

우리의 클라이언트 경험은 소비자들이 브랜드를 계층적으로 위치시키고 있음을 확인해준다. 소중한 소수의 브랜드가 소비자의 선택을 이끌어내고, 수많은 다른 브랜드들은 그 선택의 정당성을 확인해주며, 그리고 여전히 더 많은 브랜드들이 특정 시점의 일부 소비자들에게 중요하다. 그러나 소비자들이 구매 결정을 하면서 포트폴리오에 있는 모든 브랜드들을 사용하는 경우는 거의 없다. 그리고 동일한 비중을 가진 모든 브랜드를 사용하는 경우는 결코 없다.

브랜드 포트폴리오 지도를 작성하면서 당신은 어떤 브랜드가 어느 정도의 비중을 차지하는지를 파악해야 한다. 모든 브랜드 포트폴리오에는 선도 브랜드(lead brand)가 있는데, 대개 하나뿐이며 원자핵 역할을 한다. 할리 데이비슨의 경우처럼 선도 브랜드는 종종 자명하다. 그러나 때로는 명확하지 않은 경우도 있는데, 예를 들면 Go.com, ESPN, ABC, ABC Sports, 그리고 은밀하게 디즈니까지 여러 나라 언어로 제공하는 espn.go.com 포트폴리오가 그렇다.

소비자들은 선도 브랜드를 간과하거나 무시할 수 없다. 선도 브랜드는 항상 소비

ESPN

자들의 결정에서 어떤 일정한 역할을 하며 소비자들은 일반적으로 포트폴리오의 어느 다른 브랜드보다도 2배 이상 중요하게 그것을 고려할 것이다.

전략적 브랜드(strategic brand) 또한 선택 과정의 다양한 지점에서 구매 결정에 상당한 영향력을 행사한다. 예컨대, 이러한 2차적 브랜드들은 종종 잠재적인 신규 사용자들을 브랜드 포트폴리오로 끌어들이는 역할을 한다. 카테라가 캐딜락을 운전할 생각을 해본 적이 없는 수많은 사람들을 자동차 전시장으로 유인했던 것처럼 말이다. 지원 브랜드(support brand)는 구매 결정을 굳히게 해주며, 프로세스의 말미에서 구매자가 구매 결정을 하도록 약간의 영향력을 행사한다.

지도

목록화와 분류화 과정은 완성하는 데 며칠 또는 몇 주가 걸릴 수 있다. 그 작업이 제대로 잘 되었다면 이제는 수많은 시장조사 자료를 면밀하게 검토하고, 분석하는 과정이 요구된다. 이렇게 철저한 준비를 한 이후에 당신은 실행 가능한 브랜드 포트폴리오 지도를 작성할 수 있을 것이다. 이 과정에서 당신의 비즈니스에 대한 많은 것들을 배울 수 있을 뿐만 아니라 그것을 운영하는 데 필수적인 정보와 통찰을 얻을 수 있다.

개념 지도로부터 다이내믹한 방식으로 포트폴리오 전략을 수립할 수 있는 능력이 나온다. 당신은 기존 전략들에 도전할 수 있고 제품 결함을 파악할 수 있으며, 마케팅 예산을 할당하고 이러한 하나의 분석적 중추로부터 우리가 생각할 수 있는 거의 모든 마케팅 과제를 수행할 수 있다. 브랜드를 통합적으로 관리함으로써 당신은 그것들을 개별적인 것에서 하나의 팀, 즉 단일한 일단의 목표들을 달성하기 위해 일하는 단일한 그룹으로 전환시킬 것이다.

브랜드 포트폴리오 지도라는 생각을 고안해냈을 때 우리는 실제로 그 지도를 작성하는 방법을 놓고 오랫동안 고군분투했다. 처음에는 일단의 좌표들을 가지고 정교한 그래픽을 만들어내는 컴퓨터 프로그램을 떠올렸다. 화학회사를 위한 CAD/CAM 소프트웨어를 만드는 영국의 한 회사는 실제로 작업에 착수하기 전까지는 "아무런 문제가 없다"고 말했다. 그러고 나서는 다시 돌아와 "죄송하지만 어렵겠다"고 말했다.

분자에 어떤 브랜드가 포함되는지의 문제, 브랜드의 서로 다른 역할들, 그리고 브랜드들 간의 관계를 결정하는 기초는 매우 분명하고 직접적이다. 그리고 그것이 지도의 80%를 차지한다. 그러나 도전은 당신이 다른 브랜드들에 견주어 가며 각각의 브랜드를 포지셔닝하려는 순간 나머지 20%에서 제기된다. 그것은 세 가지 차원을 따라 각 브랜드의 포지셔닝을 수량화할 것을 요구한다. 이는 결코 쉬운 작업이 아니다. 다음에서 우리는 2장에서 보았던 캐딜락의 개념 지도를 어떻게 창출해냈는지 논의할 것이며, 우리가 포지셔닝 도전에 어떻게 대처했는지에 대해 이야기할 것이다.

캐딜락 포트폴리오

먼저 캐딜락 브랜드 포트폴리오를 다시 살펴보자.

20세기 상당 기간 동안 캐딜락은 미국 최고급 자동차 시장을 지배

했다. 1994년까지 캐딜락은 21만 686대의 자동차
를 판매했으며 시장 점유율은 30%가 넘었다. 그
러나 그 이후 캐딜락은 급격한 하락세를 보였다.
1999년에 캐딜락은 메르세데스(Mercedes), 렉서
스(Lexus) 다음인 3위로 밀려났으며 링컨(Lincoln)과 BMW가 그 뒤
를 바짝 뒤쫓고 있었다. 시간이 가면서 50% 이상 커진 시장에서 캐
딜락의 판매량은 15% 감소했다.[2]

　　이 글을 쓰고 있는 현재, 캐딜락의 전반적인 포트폴리오 플랜은 더
오래되고 전통적인 고객층은 엘도라도와 드빌을 가지고 유지하면서
몇몇 현혹적인 제안들을 통해 신규 고객을 창출하는 것이다. 캐딜락
은 이러한 전략을 실행하기 위해 많은 시도들을 하고 있다. 첫째, 캐
딜락은 카테라와 에스칼레이드라는 두 개의 신차종을 내놓았으며 체
계적으로 나머지 라인들을 개편했다. 둘째, 브랜드의 이미지를 더 젊
게 만들기 위해 캐딜락 광고는 새로운 차종에 구현된 탁월한 기술을
강조하고 있다. 이러한 마케팅은 스타빌리트랙, 온스타, 노스스타, 그
리고 나이트 비전을 포함하는 일련의 속성 브랜드(branded feature)에
초점을 맞추고 있다. 마지막으로, 혁신과 반응성을 강화하기 위해 캐
딜락은 주요 제품 라인마다 별도의 마케팅 매니저들과 예산이 주어진
브랜드 관리 조직을 신설했다.[3] 그러나 캐딜락의 고객층은 나이들어
가고 있었고, 캐딜락이 보유한 브랜드는 메르세데스와 BMW 같은 경
쟁자들이 그러는 것처럼 새롭고 젊은 고객층을 끌어들임으로써 자신
을 일신할만한 능력을 아직까지 보여주지 못하고 있다. 고가에도 불
구하고 메르세데스와 BMW 운전자의 평균 연령은 캐딜락 구매자의
평균 연령보다도 젊었다. 그 결과 캐딜락은 심각하면서도 지속적인

점유율 침식에 직면하고 있다.

캐딜락 브랜드 포트폴리오는 GM, 캐딜락, '캐디(Caddie)', 세빌, 드빌, 엘도라도, 카테라, 에스칼레이드, 그리고 에복을 포함해 잘 알려진 약 12개의 브랜드를 포함하고 있다. 우리는 할리의 경우에서처럼 조금만 파고들어도 어떤 방법으로든지 핵심 브랜드 포트폴리오와 수많은 브랜드들이 연관되기 때문에 12개만을 언급한다. 예를 들면, 각각의 주요 제품 라인은 자신의 모델 메뉴들로 쪼개진다. 드빌의 경우는 DHS와 DTS가 있다. 세빌의 경우는 SLS와 STS가 있다. 이들은 판이하게 다른 차종이다. 카테라의 경우는 독일의 스타인메츠-오펠에 의해 설계된 주행 차종인 스타인메츠 카테라가 있다.

포트폴리오는 또한 온스타와 스타빌리트랙처럼 잘 알려진 속성 브랜드와 매그나스티어, 트와일라이트 센티넬, 노스스타, 나이트 비전, 그리고 패스-키II 보안시스템과 같이 캐딜락만이 가진 비교적 덜 알려진 '성분 브랜드들(ingredient brands)'을 포함한다. 이들 목록은 고급 인테리어 소재인 지브라노 우드(Zebrano wood)를 빼놓고서는 완전하지 않다. 포트폴리오에서 그밖의 여러 성분 브랜드들은 전적으로 GM이나 캐딜락에만 속해 있는 것이 아니지만 캐딜락 마케팅에서 노출된다. 보스(Bose) 음향시스템, 보쉬(Bosch) 브레이크, 미쉐린(Michelin) 타이어가 그 예이다.

캐딜락이 특별히 복잡한 포트폴리오는 아닐지라도 그 경계가 명확하지는 않다. 많은 다른 브랜드들이 캐딜락과의 강력한 연관성을 주장하고 있다. 뉴욕의 포탬킨(Potamkin) 같은 대형 딜러는 자체적으로 상당한 규모의 마케팅 커뮤니케이션 예산을 집행한다. 그리고 캐딜락은 자신의 마케팅 활동을 통해 다른 브랜드 포트폴리오와 상호 연계된다. 예를 들어, 캐딜락은 자신이 후원하는 시니어 PGA 골프투어, 개별적인 이벤트, 그리고 아놀드 퍼머(Arnold Palmer), 리 트레비노(Lee Trevino), 톰 왓슨(Tom Watson) 등의 골퍼팀과 사실상의 동의어가 되었다. 또한 고위경영자 여성골프협회(EWGA)뿐만 아니라 정규 투어에 출전하는 여러 골퍼들을 후원하고 있다. 캐딜락은 패블 비치(Pebble Beach) 골프리조트 공식 승용차의 위치를 차지하고 있다. 그와 같은 관계는 소비자의 마음속에 강력한 연결(linkage)을 창출할 수 있는데, 특히 캐딜락이 골프와의 연관성을 유지해 왔던 것처럼 장기간 지속되었을 때 그러하다.

그러나 그것이 전부는 아니다. 캐딜락이 자신의 새로운 기술을 광고하는 데 얼마나 많은 돈을 쓰든지 간에 과거 캐딜락의 유령이 항상 현재의 포트폴리오 주변을 어슬렁거리고 있으며, 이는 충분히 고려되어야 한다. 소비자들은 여전히 이미 단종된 플리트우드, 시마론, 그리고 알란테 등을 기억하고 있으며, 이는 그다지 좋지 않은 기억이다. 소비자들은 아레사 플랭클린(Aretha Franklin)의 '사랑의 고속도로', 브루스 스프링스틴(Bruce Springsteen)의 '핑크 캐딜락', 그리고 전설적인 캐디 소유자인 엘비스 프레슬리(Elvis Presley)와 같은 문화적 아이콘들과 캐딜락의 연관성을 기억한다. 이는 훨씬 좋은 기억이다.

확실히, 캐딜락 포트폴리오를 분석할 때 엘비스를 고려하는 것은 부자연스러워 보이지만 우리의 분자 주변부 어느 곳에 엘비스를 포함시키든, 포함시키지 않든 간에 그것은 인정되어야 한다. 사실, 지난 30년 이상 캐딜락의 주요한 마케팅 도전은 메르세데스에 대적해 어떻게 브랜드 포트폴리오를 포지션하는가보다 오늘날의 브랜드에 거대한 제약을 가할 뿐아니라 지금까지는 활용이 불가능한 것으로 판명난 자신의 유산을 어떻게 관리하는가에 있었다.

그 같은 포트폴리오를 목록화하는 것은 실제로 이러한 모든 요소들을 고려할 것을 요구하는 것일까? 표 3.1에서 볼 수 있는 것처럼, 대답은 물론 '그렇다' 이다. 이들 구성요소들의 일부는 최종 브랜드 지도에서 삭제될 수도 있겠지만 초기 단계에서는 전부 채워져야 한다. 소비자 구매 결정 과정의 요인이 되는 모든 브랜드가 포함되어야 한다는 것을 잊지 말아야 한다. 목록에 올려진 모든 브랜드들은 그 기준에 적합하게 보일 것이다.

그렇게 해서 포트폴리오의 최초 목록은 37개의 요소를 나타낸다. 이제 우리는 대부분의 포트폴리오 요소들을 포착했기 때문에(수용 가능한 수준의 완벽함에 도달하기 위해서는 최소한 4회의 반복을 거칠 필요가 있다.), 합당한 방식으로 서로 다른 요소들을 배열할 수 있다. 마케터들이 처음 브랜드 시스템에 대해 사고하기 시작했을 때 그들은 먼저 브랜드 아이덴티티 하이어라키(brand identity hierarchy)를 정의하는 것처럼 보였다. 마케터들은 그것을 브랜드 아키텍처 다이어그램(brand architecture diagrams) 또는 브랜드 트리(brand Trees)라고 불렀다. 기업 브랜드는 최상층부에 위치해 있고, 그 아래에는 제품 브랜드와 확장된 브랜드들이 놓여지고, 여러 가지 속성 브랜드들이나 성분 브랜드들이 하단부에 놓여진다.[4]

표 3.2에서 보는 것처럼, 단순한 하이어라키는 데이터를 체계화하는 유용한 방법이다. 우리는 세빌, 엘도라도, 카테라, 에스칼레이드, 드빌, 플리트우드, 알란테, 그리고 시마론이 모두 분명하게 라인 브랜드(line brands)라는 것을 알 수 있다. DHS, STS, 그리고 에복은 제품 브랜드(product brands)이고, GM은 기업(corporate) 또는 보증 브

	소유	비소유 분자
	Caddie Cadillac	Bosch Bose Elvis Presley EWGA Le Mans Racing Michelin Pebble Beach PGA Potamkin(etc.) Senior PGA Tour Toyota
	Allante Catera Cimarron Deville Eldorado Escalade Fleetwood Seville Team Cadillac	General Motors
	DHS DTS Evoq SLS STS	
	Magnasteer Night Vision Northstar Onstar PASS-Key II StabiliTrak Steinmetz-Opel Twilight Sentinel Zebrano wood	

표 3.1은 캐딜락 브랜드 포트폴리오 분자와 관련한 1차 브랜드 목록이다. 이 표는 캐딜락이 소유하는 브랜드들과 소유하지 않은 브랜드들을 보여준다.

	소유	비소유
보증자		General Motors
마스터	Caddie Cadillac	Bosch Bose Elvis Presley EWGA Le Mans Racing Michelin Pebble Beach PGA Potamkin(etc.) Senior PGA Tour Toyota
라인	Allante Catera Cimarron Deville Eldorado Escalade Fleetwood Seville Team Cadillac	
제품	DHS DTS Evoq SLS STS	
성분	Magnasteer Night Vision Northstar Onstar PASS-Key II StabiliTrak Steinmetz-Opel Twilight Sentinel Zebrano wood	

표 3.2는 표 3.1의 캐딜락 브랜드의 1차 목록을 가지고 전통적인 하이어라키로 카테고리화한 것이다. 브랜드 카테고리의 5가지 일반적 유형에는 보증자, 마스터, 라인, 제품, 그리고 성분이 있다.

랜드(endorser brand)이며, 스타빌리트랙은 성분 브랜드(ingredient brand)이다.

이 지점에서 비로소 우리는 가장 기초적인 차원에서 다양한 브랜드들 간의 관계에 대해 생각해 볼 수 있다. 캐딜락의 경우, 회사 조직 이외에 가장 분명한 관계는 캐딜락 브랜드 포트폴리오 매니저의 직접적인 통제하에 얼마나 다양한 브랜드들이 놓여 있느냐로 거슬러 올라간다. 대체로 캐딜락 포트폴리오에 있는 브랜드의 3분의 1은 캐딜락 브랜드 관리 그룹에 의해 전적으로 통제되지 않는다. 매니저들은 아큐라와 같은 경쟁 자동차 회사들과 보스 음향시스템 같은 속성들을 공유한다. 매니저들은 캐딜락 광고에서 내세우는 내장 항법시스템인 온스타를 다른 GM 사업부와 공유하며, 심지어 도요타와도 공유한다. 또한 캐딜락은 시니어 PGA투어처럼 캐딜락이 후원하는 이벤트나 딜러 네트워크와 같은 다른 요소들에 대해서 영향력을 행사할 수는 있지만 그것들을 통제하지 않는다.

그래서 목록 단계에서조차, 우리는 포트폴리오에 관한 통찰을 얻을 수 있다. 특히 포트폴리오 중 얼마나 많은 브랜드들을 통제하지 않고 있는지를 알 수 있다. 두 번째로, 캐딜락 포트폴리오는 GM, 시니어 PGA투어, 엘비스와 같이 주변적이지만 빅 브랜드인 수많은 브랜드들을 포함하고 있다.

캐딜락 포트폴리오를 할리 포트폴리오와 대조해 보라. (캐딜락 매니저들은 새로운 마케팅 아이디어를 모색하면서 할리 사례를 연구했다.) 캐딜락 포트폴리오와는 달리 할리의 포트폴리오는 그것이 통제하고 있지 않는 많은 수의 작은 브랜드를 포함하고 있다. 할리는 신경을 써야 할만한 크고 강력하게 연관된 파트너들을 거의 갖고 있지 않다. 표면

적인 유사성에도 불구하고 캐딜락 포트폴리오는 할리 포트폴리오와
는 확연히 다르다.

이제 분류 작업을 해보자. 다양한 브랜드들은 다양한 차원에서, 다
양한 방식으로 기여한다. 온스타와 나이트 비전은 둘 다 전통적인 하
이어라키에서는 성분 브랜드이지만 브랜드 포트폴리오 분자(BPM)에
서는 그것이 캐디의 구매자에게 얼마나 중요한가에 따라 하나는 지
원 브랜드가 되고, 또 하나는 전략적 브랜드 또는 선도 브랜드가 될
수 있다.

일단 우리가 이런 방식으로 브랜드 목록을 재편집하면, 그것은 단
순한 하이어라키에서 했던 것과는 훨씬 다르게 보인다.

우선순위가 재설정된 브랜드 포트폴리오 지도(표 3.3)를 보면, 단
순한 하이어라키에서는 정상에 위치해 있던 '제너럴 모터스'는 최하
단부로 떨어진다. 독특하고 강력한 포지셔닝을 갖고 있는 모델인
STS는 전략적 브랜드가 되었고, 반면에 자매 브랜드인 SLS는 지원
브랜드가 되었다. 나이트 비전 같은 일부 '속성 브랜드'나 '성분 브
랜드'는 실제로 전략적 브랜드가 되기 위해 대기중이다.

여기에는 주의가 필요하다. 이 사례에서, 우리는 단지 광범위한 연
구를 통해 얻은 캐딜락 브랜드 포트폴리오에 대한 우리의 지식을 바
탕으로 그 브랜드들을 분류했다. 그러나 강력하고 엄밀한 브랜드 포
트폴리오 지도를 구성하는 것은 브랜드 포트폴리오와 그 경쟁자들
그리고 구매자가 브랜드들과 모델들 간을 연결하는 결정을 내리는
방식에 관한 정량 데이터를 필요로 한다. 이것은 "편하게 작업하려고
하지 말라"는 경고가 아니다. 이 책의 주요 목표는 당신이 그것을 시
도하게 하는 것이다. 그러나 실행 가능하고 유용한 결과를 얻기 위해

| 표 3.3 | 캐딜락 브랜드 하이어라키 : 브랜드 포트폴리오 분자(BPM)에 입각한 목록

브랜드 역할	브랜드 통제의 정도		
	높음	중간	낮음
선도 전략적	Cadillac Caddie Catera Eldorado Escalade SeVille STS	Evoq Potamkin (etc.) StabiliTrak	Elvis Presley Night Vision Northstar Onstar Seville
지원	Deville DHS DHS SLS	Team Cadillac	Allante Bose Bosch Cimarron EWGA Fleetwood General Motors Le Mans Racing Magnasteer Michelin PASS–Key II Pebble Beach PGA Senior PGA Tour Steinmetz–Opel Toyota Twilight Sentinel Zebrano wood

표 3.3은 표 3.2에 나타낸 전통적인 브랜드 하이어라키를 가져다 그 브랜드들을 브랜드 포트폴리오 분자(BPM)에 입각한 목록으로 재카테고리화한 것이다. 특히, 각각의 브랜드는 역할을 부여 받았고, 그 다음에 그것을 통제하는 캐딜락 브랜드 매니저 능력의 측면에서 분류된다. 표 3.3과 표 3.1의 분류에서 그 중요한 차이를 주목하라.

서는 당신이 취득 가능한 모든 데이터와 정보를 필요로 한다는 점을 유념해야 한다.

역설적이게도, 캐딜락 브랜드 관리팀은 캐딜락 포트폴리오, 특히 브랜드 순위에 대한 우리의 판단에 동의하지 않을 가능성이 높다. 첫째, 브랜드를 선도 브랜드, 전략적 브랜드, 지원 브랜드로 지정하는 것은 언제나 논쟁거리다. 선도 브랜드 지정은 회사가 어떻게 예산을 할당하고, 위계 체계를 설정할지에 관해 분명 시사하는 바가 있다. 카테라의 개별 매니저에게 있어, 그것을 선도 브랜드로 관리하느냐 전략적 브랜드로 관리하느냐는 예산과 자율성이라는 측면에서 큰 차이를 가져온다.

하지만 그것은 소비자를 끌어당기는 주된 요소라는 선도 브랜드의 정의를 기억하기 쉽게 한다. 우리의 조사에서 고객들은 우선적으로 브랜드 네임(nameplate)을 보고 고급 자동차를 선택하는 경향이 있음을 보여준다. 즉, 사람들은 "나는 다임러 크라이슬러에서 나온 최고급 자동차와 제너럴 모터스에서 나온 최고급 자동차 중에서 선택하려 한다."라고 말하지 않는다. 또한 "나는 STS나 528i를 찾고 있는 중이다."라고 말하지도 않는다. 사람들 대부분은 먼저 캐딜락이냐, 메르세데스냐, 렉서스냐를 먼저 선택하고 나서 특정 모델에 초점을 맞춘다. 비록 STS 모델이 마음에 들더라도 사람들은 여전히 캐딜락을 모는 것에 대해 편안함을 느껴야 한다. 소비자에 관계 없이 캐딜락 브랜드는 구매 결정에서 중요한 역할을 한다.

이는 일부 다른 자동차 카테고리를 포함해 그밖의 다른 카테고리에서는 논란의 여지가 없는 문제이다. 예를 들어, 코르벳(Corvette) 브랜드 포트폴리오에서 코르벳은 선도 브랜드이며, 시보레(Cherrolet)는 지원 브랜드이다. "글쎄, 나는 시보레를 갖고 싶어. 임팔라 (Impala)나 S-10 픽업, 아니면 코르벳을 사야 할까?"라고는 아무도 말하지 않는다.

앞서 우리는 브랜드가 판매 과정에서 긍정적인 역할을 하는 유인 자가 될 수 있다고 말했다. 사실, 포트폴리오에 있는 모든 브랜드는 긍정적이거나 부정적 또는 수동적인 역할을 한다. 브랜드 매니저가 원하든, 원하지 않든 간에 브랜드는 정보를 전달한다. 거의 모든 구매자에게 시마론(Cimarron)은 부정적인 이미지를 내포하고 있다. 캐딜락에게 다행인 것은 시마론이 포지셔닝과 소비자 중요도 양 측면에서 주변부에 위치해 있기 때문에 비교적 수동적인 역할만을 한다는 것이다. 불행하게도, 수많은 잠재적인 구매자에게 있어 드빌 역시 부정적인 브랜드이지만, 그것은 수동적이지도 주변적이지도 않다.

우리는 브랜드의 역할에 관해 마지막 한 가지를 강조하고자 한다. 캐딜락 브랜드 포트폴리오에서 많은 요소들은 다른 포트폴리오들과 연결되어 있다. 그것을 '노드(nodes)'라 한다. GM은 포템킨이 그런 것처럼 다른 많은 포트폴리오에게 노드이다. 보스(Bose)는 비록 가장자리에 위치하고 있고 중요하게 간주되지 않을지라도 아큐라 (Accura)에게 노드이다. 온스타도 노드이다. 그것은 잠재적으로 위험한 노드인데, 왜냐하면 사브와 도요타 같이 캐딜락과는 전혀 다른 가치 제안을 가진 브랜드 포트폴리오와 연계되어 있을 뿐만 아니라 올즈모빌과 같은 잠재적인 경쟁자와 연결되어 있기 때문이다. 노드들은 어떤 수준에서도 존재할 수 있다.

지금까지의 우리의 작업을 요약하기 위해, 그림 3.1에 있는 브랜드 포트폴리오 분자 단면도를 생각해 보자. 최종 지도의 풍부함은 결여되

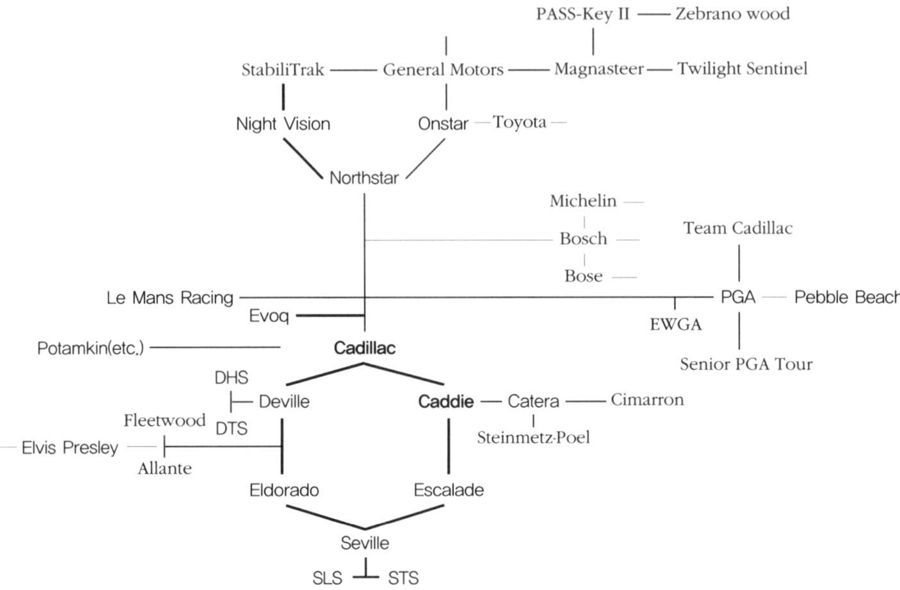

그림 3.1은 브랜드 포트폴리오 분자 단면도이다. 이것은 파워포인트를 이용해 만들었고 손으로 그릴 수도 있다. 이것은 그림 2.1에 있는 5가지 차원들을 더 단순한 형태로 나타내고 있다.

어 있지만 한 페이지에 모든 브랜드들을 나타내고 있다. 다양한 서체 크기와 거리를 이용함으로써 그것은 상이한 브랜드들의 상대적인 중요성과 한 브랜드가 다른 브랜드들과 관련되는 방식을 묘사한다. 이 단면도는 화학수업에서 나오는 어떤 것과 비슷하며, 여기에 중요한 포인트가 있다. 이 접근방법의 완전한 위력을 전달하는 분자를 개발하는 데는 한 달 가량 걸릴지도 모르지만 대부분의 매니저들은 일주일 안에 단면도를 완성할 수 있다. 그리고 이 단계에서도 배워야 할 것들이 많

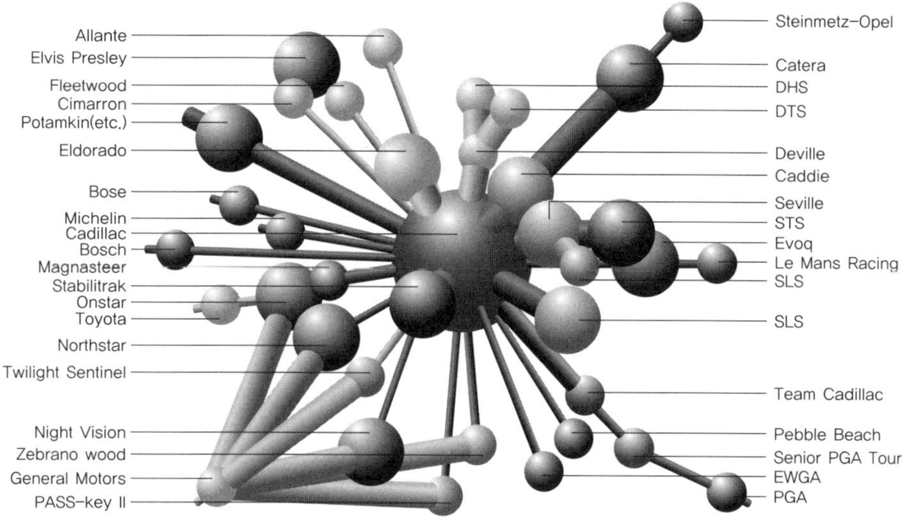

그림 3.2는 최종적인 브랜드 포트폴리오 분자(BPM)이다. 이것은 3-D 모델링 소프트웨어를 이용해 만들었다.

이 있다.

단면도를 만들면서, 우리는 그림 3.2에 보여지는 완전한 분자를 개발해 낼 수 있다. 앞서 우리가 이야기했던 것처럼 요령(trick)은 그 포지셔닝을 나타내는 것이다. 여기서 우리는 다양한 유형의 브랜드들에 분자의 일정 구역들을 배정함으로써 그것을 했다. 즉, '가상 브랜드'를 한 구역에 배정하고, 경쟁 브랜드를 또 다른 구역에 배정하는 방식을 취했다.[5] 그러나 우리는 그 과정이 기교적인 것이 아니라 정량적이고 분석적인 것임을 강조하고 싶다.

그 결과 완전히 새롭고 유용한 관점에서 포트폴리오를 바라보는 수단을 얻게 되었다. 예컨대, 캐디는 캐딜락과 강렬한 관계를 맺고 있는데, 그렇기 때문에 캐디는 사실상 캐딜락 브랜드의 최상단에 위치하며, 캐딜락 구(sphere)와 거의 맞닿아 있게 된다. 소비자들에게 캐딜락과 거의 동의어인 드빌 역시 캐딜락 구 가까이에 위치해 있다. 반대로, 카테라는 훨씬 멀리 떨어져 있다. 왜냐하면 그 사업부가 의도적으로 카테라를 주요 캐딜락 브랜드들의 포지셔닝과 충돌하도록 포지셔닝했기 때문이다. 캐딜락 광고에서 카테라를 "방향을 전환한 캐디"라 부르고, 유명한 캐딜락 엠블렘에 있는 오리를 '만화 캐릭터(spokescartoon)'로 바꾸어 놓음으로써 그것을 조롱한 것은 결코 우연이 아니다. 하지만 여전히 카테라는 부인할 수 없는 캐디이다. 카테라는 캐딜락 배지를 달고 있고 광고에서 캐딜락 브랜드 네임을 활용하며, 캐딜락 딜러들을 통해 판매된다. 어떤 사람은 일부 지역에서 기존 캐딜락 라인을 잠식하는 현상(cannibalization)이 나타나고 있다고도 주장한다.

지도는 우리에게 그 외 어떤 것을 말해 주고 있나? 전체적으로 살펴보자. 첫 번째, 캐딜락 구의 상대적인 크기는 그 어떤 마케팅 노력도 성공을 거두려면 기본이 되는 캐딜락 브랜드 자체에 초점을 맞춰야 한다는 사실을 시사한다. 개별 브랜드를 지원하는 전략은 시장 점유율의 성장을 가져오지 못할 것이다.

두 번째 주요한 통찰은 오로지 캐딜락 브랜드 포트폴리오를 더 젊은 소비자들 쪽으로 옮기는 실버블렛 브랜드로 의도되어진 카테라는 그 마술을 부리기가 어렵다는 것이다. 카테라만 따로 놓고 본다면 그것은 성공적인 자동차가 될 수도 있겠지만, 거대한 캐딜락 포트폴리오를 움질일만한 충분한 힘을 결여하고 있다. 카테라가 전략적 임무를 다할 수 있으려면 캐딜락이 거대한 양의 자원을 그 배후에 배정해 놓아야 한다. 이보다 나은 전략은 애플이 iMac을 가지고 했던 것처럼, 핵심 포지셔닝에 가까이 있지 않은 실버블렛 브랜드를 이용하는 것일 수 있다. 세 번째 시사점은 온스타, 노스스타 등과 같은 속성 브랜드를 선전하기 위해 돈을 쓰는 것은 위험한 일일 수 있다는 점이다. 왜냐하면 모회사가 다른 GM 디비전들(예:올즈모빌, 폰티악)뿐만 아니라 경쟁자들에까지 이들 속성을 이용할 수 있게 하려는 의도를 보이고 있기 때문이다.

마지막으로, 일부 오래된 브랜드들의 부정적 기여는 캐딜락이 오래된 브랜드들에 대한 광고 지원을 축소해 가급적 '새로운 캐딜락 구매자'에게 노출되지 않도록 해야 한다는 것을 의미한다. 캐딜락은 이들 오래된 브랜드들을 단계적으로 시장에서 철수시키는 것을 고려해야 한다. 이는 과감한 결론이지만 데이터, 분석, 그리고 소비자 구매 결정에 대한 보다 종합적인 관점에 입각해 실행되어야 한다.

이 지도를 연구하는 현명한 브랜드 포트폴리오 매니저라면, 최근 캐딜락 전략의 모든 측면을 뒤집을지도 모른다.

04

포트폴리오 다이내믹스

브랜드 포트폴리오 지도 작성은 브랜드의 역할에 대해 생각하게 한다. 그리고 그것은 훌륭한 연습이다. 특히, 소비자의 관점에서 브랜드의 역할을 정의하는 것은 브랜드 관리에 엄격함을 더해 주고, 브랜드의 실체가 무엇이고, 그 브랜드가 어디를 향해 가는지의 논의에 진정한 전략을 주입한다. 그것은 우리를 이 책에서 가장 논쟁적인 주제로 이끈다. 포트폴리오 내의 브랜드는 차별화된 역할을 해야 한다는 것이 그것이다. 우리는 앞서 3장에서 이에 대해 언급했지만 자세히 다루지는 않았다. 이제 그것을 자세히 다루어 보려고 한다.

브랜드들에 서로 다른 역할을 부여하고, 그 브랜드들이 서로 협력하도록 조정하는 것은 단지 성장 잠재력에 기초해 상이한 재무적인 목표와 마케팅 예산을 배정하는 것 이상을 의미한다. 그것은 포트폴리오를 최적화하는 것이 때때로 개별 브랜드를 부분 최적화하는 것일 수 있음을 의미한다. 금융 포트폴리오에서 개별 주식을 부분 최적화하는 것은 결코 말이 되지 않는다. 그러나 브랜드 포트폴리오에서는 때때로 그렇게 하기도 한다. 물론 의도적인 부분 최적화는 이해하기 쉬운 내용이 아니다. 다음의 이야기를 생각해 보자.

매년 3주간, 세계 정상급의 사이클선수 180명이 투어 드 프랑스(Tour de France)에서 남서 유럽을 횡단하는 경주를 벌인다. 대회 조직위는 경주에 참가한 선수들에게 긴 평지 도로 달리기, 가파른 산악 오르기, 바퀴끼리 맞붙어 달리는 전력질주 등 모든 형태의 경기 조건을 부여한다. 매일 또는 매 단계마다 우승자가 있지만 진정한 우승자는 전체 2,251마일을 최단 시간에 주파한 선수이다. 52명의 각기 다른 선수들이 82개 투어 드 프랑스에서 구간 우승을 한다. 모두가 국적, 생김새, 크기가 다르지만 그들에게는 한 가지 공통점이 있다. 강한 팀워크가 그들을 시상대에 오르게 한다는 것이다.

각각의 팀은 몇몇 스타 선수와 도메스띠꾸스(domestiques)라고 불리우는 무명선수들로 구성된다. 도메스띠꾸스는 위험하게 달리는 선수 무리들 속에서 밀집 대형으로 리더를 둘러쌈으로써 다른 경쟁 선수들의 밀침으로부터 그를 보호한다. 그들은 평탄한 길에서는 공기저항을 줄이기 위해 앞서 달린다. 종종 그들은 자신의 야망과 열망을 희생한다. 산악지대에서 그들은 자신들의 다리가 다음날 아침이면 고무처럼 될 것을 알면서도 소중한 에너지를 소모하며 앞서 나가는 그룹들을 추격한다.

브랜드 포트폴리오 관리는 팀스포츠이다. 포트폴리오의 개별 브랜드들은 포트폴리오가 결승선을 1등으로 통과하게 하기 위해 존재한다. 대개 선도 브랜드가 우승한다면 포트폴리오도 우승할 것이다. 밀

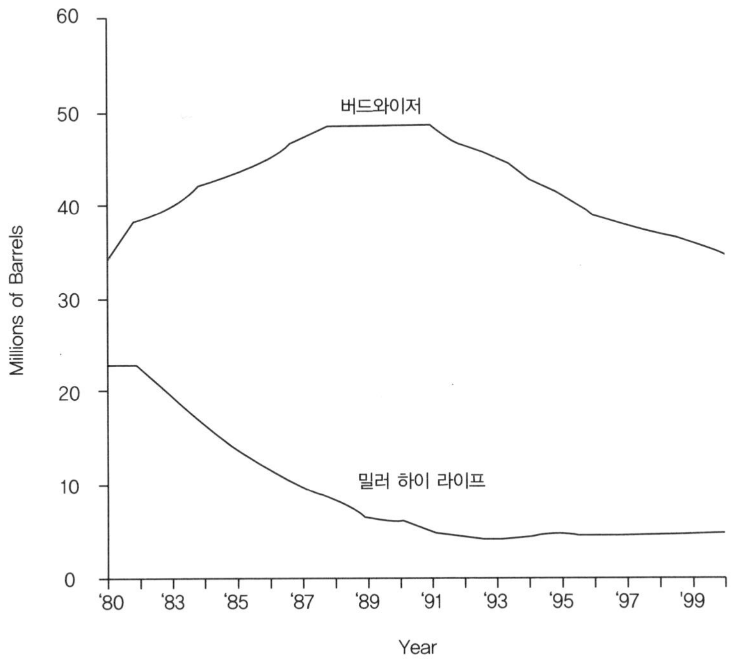

출처 : Brewer's Almanac, The Beer Institute.

러 맥주(Miller Beer)가 그랬던 것처럼, 개별 지원 브랜드가 우승을 차지하고 그 결과로서 포트폴리오가 뒤처지게 되는 것은 좋은 것이 아니다.

밀러 맥주는 미국에서 두 번째로 큰 규모의 맥주회사이다. 1970년대에 밀러는 시장 선도자인 안호이저 부쉬(Anheuseur Busch)에 대한 공격을 시작하면서 전략적 브랜드인 밀러라이트(Miller Light)에 자원을 집중시켰다. 밀러라이트는 즉각적으로 선풍적인 인기를 끌었으

밀러 맥주

며, 역사상 가장 성공적인 브랜드 출시 사례 중 하나가 되었다. 반대로 안호이저 부쉬는 자사의 선도 브랜드인 버드와이저(Budweiser)에 집중했고, 전략적 브랜드인 버드라이트(Bud Light)처럼 규모가 작거나 지원 역할을 하는 브랜드에는 투자를 줄였다. 오늘날 버드와이저 브랜드 포트폴리오는 그림 4.1에서 보는 것처럼 밀러 브랜드 포트폴리오를 능가하고 있다. 버드라이트는 밀러라이트가 먼저 출발했고 막대한 광고 비용을 투자했음에도 불구하고 밀러라이트를 상당한 격차로 앞서고 있다. 팀 성과가 그러한 차이를 만들어 냈다.

선도 브랜드의 역할

왜 선도 브랜드가 그렇게 중요한가? 선도 브랜드는 포트폴리오의 포지셔닝을 정의한다. 선도 브랜드는 판매가 이루어지느냐 이루어지지 않느냐에 대한 대부분의 부담을 진다. 선도 브랜드는 브랜드 포트폴리오의 중심에 있다.

보통 선도 브랜드는 명백하다. 어느 한 제품이나 서비스 카테고리에 있는 당신의 모든 브랜드를 판매하고 있는 소매점을 상상해 보라.[1] 가게 입구에는 간판이 있고, 거기에는 소비자를 유인하는 당신의 모든 브랜드 네임들이 적혀 있다. 이제 하나만 제외하고 간판에 있는 모든 이름을 페인트로 지워야 한다고 하자. 당신은 어떤 하나를 남겨 놓고 싶은가?

때때로 포트폴리오는 선도 브랜드의 지위에는 이르지 못한 2~3개의 강력한 브랜드를 보유하고 있다. 캘러웨이(Callaway)는 Big Bertha, Great Big Berth, Hawk Eye, Odyssey 등의 브랜드들로 최고급 골프 클럽을 구성한다. 호크아이 드라이버는 호크아이라는 전략적 브랜드를 부착하고 있지만 그것은 또한 캘러웨이와 빅 버디 브랜드 모두를 부착하고 있다. 이 두 브랜드는 잘 알려져 있으며 최고로 평가받는다. 그러나 과연 어떤 것이 선도 브랜드인가? 조사를 해봐야 알 수 있을 것이다. 그러나 캘러웨이는 어느 쪽이 선도 브랜드인지 모를 가능성이 있다. 만일 알았다면 나스카(NASCAR) 세단처럼 여러 로고들로 자신의 골프 클럽을 어지럽게 만들지 않았을 것이다. 회사는 결정을 내리는 것이 좋을 것이다.

강력한 선도 브랜드는 강력한 포트폴리오를 만든다. 지프(Jeep)의 포트폴리오는 강력한 선도 브랜드를 보유하고 있으며, 비록 전략적 브랜드가 힘든 일의 대부분을 하고 있을지라도 회사가 그것을 강조하는 실수는 하고 있지 않다. 1999년에 지프는 68만7백 대를 팔았고 20%의 신장세를 기록했다.[2] 닷지(Dodge) 브랜드 포트폴리오는 바이퍼(Viper)와 같은 강력한 전략적 브랜드들을 보유하고 있다. 하지만 그 전략적 브랜드들은 선도 브랜드를 위해 해야 할 일을 하지 않고 있으며 포트폴리오는 자신의 약속을 지키지 못하고 있다. 1999년에 닷지는 180만 대를 판매했으나 성장률은 단 4%에 그쳤다.

전략적 브랜드

단일 브랜드를 선도 브랜드로 지정하는 것이 다른 브랜드들은 중요하지 않다는 것을 의미하지는 않는다. 또한 다른 브랜드들이 번성

암 앤 헤머

하지 않아야 한다는 것을 의미하지도 않는다. 브랜드 분자에서 두 번째로 큰 구인 전략적 브랜드를 보자. 전략적 브랜드는 4가지 상이한 방식으로 위험률 대비 수익률을 끌어올린다.

첫째, 전략적 브랜드는 카테라가 캐딜락을 위해 성공적으로 했던 것처럼 포트폴리오로 신규 이용자들을 끌어들인다.

둘째, 전략적 브랜드는 경쟁자들을 차단하거나 또는 대응하는 방어적 역할을 한다. 1990년대 초, 암 앤 해머(Arm & Hammer)의 브랜드 포트폴리오는 카펫 세제, 고양이 깔짚, 치약과 같은 카테고리로까지 확장했다. 그리고 치약 카테고리에서는 3위 자리를 차지하기까지 했다. 그러나 1위, 2위 브랜드 포트폴리오는 자신의 잃어버린 시장을 되찾기 위해 새로운 전략적 브랜드(크레스트와 콜게이트의 베이킹 소다 요법)로 신속하게 대응했다.

셋째, 전략적 브랜드는 실험을 위한 유용한 플랫폼을 제공함으로써 포트폴리오 매니저가 과감한 시도를 해 볼 수 있게 하고 브랜드 오염의 위험성을 낮춘다. 지난 20년간 리복(Reebok)은 주류 스포츠에 집중하는 것에서 벗어났다. 그러나 1980년대 초, 아웃도어 성향의 농구화인 블랙탑(Blacktop) 라인을 재출시했다. 마찬가지로 아이팩(iPaq)은 컴팩이 데스크탑 컴팩 라인의 자산을 확장하지 않고도 무선 제품을 테스트할 수 있게 했다.

마지막으로, 전략적 브랜드는 선도 브랜드의 메시지를 혼란스럽게 하지 않으면서 화젯거리를 만들어 브랜드 포트폴리오에 주의를 끄는 데 효과적으로 사용될 수 있다. 자동차 메이커들은 수익보다는 입소

문을 위한 멋진 스타일의 니치 모델인 '할로
(halo)' 차종을 생산한다.[3] 1964년의 머스탱
(Mustang), 폭스바겐의 뉴비틀(New Beetle),
그리고 마쯔다(Mazda)의 미아타(Miata) 차종

뉴비틀

이 모두 할로 차종들이다. 클라이슬러(Chrysler)는 닷지 바이퍼(Dod-
ge Viper), 프롤러(Prowler), 그리고 지금은 엔진 마력을 올려 주행력
을 향상시킨 복고 스타일의 미니밴 PT크루저(PT Cruiser)를 생산한
다. 뉴비틀은 1998년에 폭스바겐의 판매고를 두 배로 늘렸는데, 그
자신이 많이 판매되었을 뿐 아니라 호기심 많은 구매자들을 전시장
으로 끌여들여 덜 화려한 파사트(Passat)와 제타(Jetta)를 사게 했다.

탁월한 전략적 브랜드는 여러 목표들을 위해 일할 수 있다. 지난
10년간 전략적 브랜드를 가장 영리하게 활용한 사례는 애플의 iMac
이다. 누구나 그 이야기를 안다. 애플은 한때 전세계에서 선도적인
PC 메이커였다. 그러나 1997년에 애플의 매출은 1995년의 110억 달
러에서 74억 달러로 떨어졌다. 1996년 1분기 동안에만 7억4천만 달
러의 손실을 입었다. 애플의 핸드헬드 컴퓨터인 뉴턴(Newton)은 10
년 일찍 시장에 나왔고 그다지 성과를 올리지 못했다. 애플은 사용의
용이함과 그래픽 기능에서의 선도성을 마이크로소프트 윈도우즈에
내주었다. 사실, 마이크로소프트와 애플의 소프트웨어 차이는 점점
더 커져갔다.

기업 시장과 판매 규모에 대한 집착은 애플 컴퓨터를 사무실에 줄
지어 놓여져 있는 둔탁하고, 획일적이고, 연한 회갈색의 개인용 컴퓨
터처럼 보이게 만들었다. 주가는 1991년에 36달러를 상회하던 것이

6달러로 곤두박질쳤다. 심지어 맥(Mac) 매니아들조차 최고경영자가 3번이나 바뀌고, 30%의 인력을 감축하는 애플의 생존능력에 의구심을 품었다.[4]

우리가 알다시피 애플의 주가는 다시 올랐다. 회사의 가장 큰 문제는 미학적으로 획기적인 신제품 라인에 대한 소비자의 요구를 충족시키는 것이다.[5] 경쟁자들은 또다시 매킨토시의 디자인과 마케팅을 모방한다. 단 하나의 비범한 전략적 브랜드인 iMac은 성공의 상당 부분을 주도했다. 1998년 8월, 시장에 출시된 iMac은 다른 컴퓨터들과는 달라 보였고, 작동 방식도 달랐다. 획일적이고 지루한 베이지색 대신에 iMac은 '반디 블루(Bondi Blue)'를 선보였다. 5개월 후에는 귤색, 딸기색, 라임색, 오렌지색, 포도색의 다섯 가지 새로운 색상이 나왔다. 2000년 여름에는 검정색, 남청색, 진홍색, 순백색, 그리고 쑥색이 나왔다. 그러나 iMac에 관한 중요한 사실은 최초의 맥처럼 특별히 사용자 중심으로 디자인되었다는 것이다. 그리고 그 당시 더욱 중요한 점으로, 누구나 재빨리 설치할 수 있고 간편한 사용설명서에 따라 4분이면 인터넷에 접속할 수 있게 했다는 것이다.(애호가들은 이 4분은 가위로 박스를 봉한 테이프를 자르는 것까지 포함된 시간이라고 주장한다.[6]) 제프 골드블럼(Jeff Goldblum)은 iMac의 텔레비전 스팟 광고에서 "한번에 ok!(There's no Step3!)"라고 환호성을 지른다.

출시 직후부터 iMac은 1998년 내내 소매상에서 판매되는 모든 PC 모델들을 압도했다. ZD 마켓 인텔리전스(ZDMI)에 의하면 1999년 애플의 데스크탑 컴퓨터 점유율은 4.7%를 기록했고 1년 후에는 2배로 증가했다. ZDMI는 출시 당시의 iMac에 관한 입소문이 전체 브랜드 포트폴리오의 판매를 향상시켰다고 분석했다. 즉 iMac의 후광효과에 의해 다른 애플 제품의 판매도 20% 증가했다는 것이다. 좀더 이야기하자면, 1999년 초 업계는 신규 PC 구입자와 윈텔(IBM과 호환가능한 마이크로소프트 소프트웨어 기반의

아이맥

PC)에서 iMac으로 바꾼 사람들이 전체 iMac 구매자의 50% 이상을 차지할 것으로 예측했다. 1999년 애플의 성장은 계속되었는데, 총매출이 25% 증가했으며 순매출에서는 61억 달러로 3% 증가했다.[7] 1999년 올해의 마케팅 기업으로 애플을 선정한 MC 매거진은 iMac을 회사를 위한 구세주라고 선언했다. "iMac은 애플을 다시 애플답게 했다."[8]

iMac은 전략적 브랜드의 활용에 관한 교과서적인 사례이다. 전략적 브랜드는 포트폴리오에 대한 관심과 신규 사용자들을 끌어들인다. 그것은 애플이 새로운 디자인을 시도할 수 있게 했고 경쟁자들이 충성스런 애플의 고객들을 빼앗아 가기 위해 인터넷 접속 도구를 사용하는 것을 막았다. 전략적 브랜드로서 iMac은 전세계 다른 어떤 컴퓨터와도 확실하게 차별화되었기 때문에 성공할 수 있었다. 그것은 색상과 형태에 있어 전혀 다르게 보였으며 심지어 다른 맥과도 다르게 보였다. 그리고 컴퓨터와 모니터가 일체형 콘솔로 되어 있어 많은 케이블 선을 제거할 수 있었다.

그러나 그 브랜드는 또한 모범적인 전략적 브랜드로서의 역할을 잘 수행했다. 왜냐하면 그것은 차별화되는 것과, 동시에 브랜드 포트폴리오의 약속을 명확하고 충실하게 대변하는 것 사이의 미묘한 균형을 잘 유지하였기 때문이다.

그것을 실행하는 것이 쉽지는 않다. 만약 포지셔닝이 너무 가깝다

면 전략적 브랜드는 기존 포트폴리오를 잠식할 수 있다. 그리고 너무 멀리 떨어져 있다면 전략적 브랜드의 역할을 수행하기 어렵다. 지프 와 크라이슬러 브랜드 담당 부사장인 토마스 R. 마리넬리(Thomas R. Marinelli)가 언급했던 것처럼 중심부로부터 너무 멀리 떨어진 전략적 브랜드를 출시하면 소비자들은 "그것은 진정한 크라이슬러가 아니 다"라고 생각할 것이다.[9]

지원 브랜드

지원 브랜드는 브랜드 포트폴리오를 공고히 하는 역할을 한다. 그 것은 거래를 보증하고, 판매에 대한 저항을 제거하며, 잠재 구매자들 에게 이점을 전달한다. 지원 브랜드는 특정한 속성, 성분, 또는 편익 을 부각시키면서, 그 결과로서 더 정교하게 시장을 세분하고, 누군가 가 구매할 수 있는 가능성을 실질적으로 증대시킨다. 예를 들어, 타 이레놀(Tylenol)은 두통, 감기, 독감, 인후염, 알러지, 관절염, 그리고 수면장애에 대한 처방약으로 브랜드되었다. 다중 지원 브랜드는 특 정 증상을 예로 언급함으로써 감기와 독감에 걸린 소비자들을 유인 하며, 향후 어떤 시점에서 다른 증상이 나타났을 때 소비자가 그 브 랜드를 기억할 가능성을 증가시킨다.

지원 브랜드는 필요할 때, 필요한 곳에서 브랜드 포트폴리오에 활 력을 불어넣는다. 프리토레이(Frito-Lay) 는 Ruffles, Lay's, 그리고 Doritos 같은 전통적인 프리토레이 브랜드들을 강화하 고자 Wow 지원 브랜드를 활용한다.

프리토레이

80

지원 브랜드는 함부로 사용되서는 안 된다. 15장에서 살펴보겠지만, 캐딜락은 지금 부품, 테크놀러지, 성분 브랜드들로 온통 둘러싸여 있다. 그 중의 하나인 온스타 내비게이션 시스템은 캐딜락과는 독자적으로 많은 예산을 들여 광고캠페인을 진행하고 있다. 지원 브랜드를 잘못 사용하면 웃음거리가 되기도 한다. 배우 리카르도 몬탈반(Ricardo Montalban)이 '멋진 코린트 가죽'을 쓰고 있으니까 크라이슬러 코르도바(Cordoba)를 사라고 진지하게 소비자들에게 말한 이후로, 그 제품은 코미디언과 일반인들에게 여러 해 동안 풍자되었다.

동시성

이미 말했듯이, 브랜드 포트폴리오는 한 제조업체가 판매하는 브랜드뿐만 아니라 소비자가 당신의 브랜드를 지각하는 방식에 영향을 미치는 모든 브랜드들을 포함한다. 그런 의미에서 당신은 포트폴리오를 강화하기 위해 다른 제조업체에 속하는 지원 브랜드를 활용할 수 있다.

20여 개의 제조업체들이 지원 브랜드로 듀퐁(DuPont) 브랜드 포트폴리오를 활용하고 있다. 예컨대, Lycra와 Dacron(의류), Telflon과 SilverStone(주방용기), Stainmaster(카페트), 그리고 Surlyn(골프공) 등. (그렇지만, 다른 업체의 브랜드들을 사용할 때 주의해야 한다. 당신의 브랜드 포트폴리오에서 다른 브랜드들로 브랜드 자산을 이전하는 결과가 나타날 수 있기 때문이다. 이런 현상은 PC 시장에서 나타났다. 인텔은 자신의 칩을 사용하는

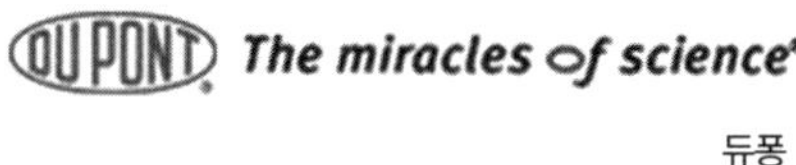

듀퐁

어떤 선도적인 PC 브랜드들보다 더 큰 브랜드가 되었다. 우리는 이러한 이슈를 공동 브랜딩을 다르는 11장에서 더 심도 있게 다룰 것이다.)

브랜드 포트폴리오의 진정한 위력은 각기 상이한 브랜드들이 어떻게 협력하느냐에 달려 있다. 애플의 선도 브랜드는 iMac 출시를 위한 소비자 기반을 제공한다. iMac 자체는 전략적인 브랜드 목표를 이행한다. 애플은 판매에 대한 저항을 제거해 주는 지원 브랜드들로 iMac을 둘러싼다. 스티브 잡스(Steve Jobs)는 마이크로소프트와 협약을 체결하면서 전통적인 윈텔 PC 개발자들에게 애플 시스템을 개방하는 현명한 조치를 취했다. 더욱이 Id's Quake III처럼 선풍적인 인기리에 판매되는 게임들은 사상 처음으로 윈도우즈와 맥 버전으로 동시에 출시되었다. 이제 그 같은 브랜드들, 심지어 마이크로소프트 워드조차도 애플 포트폴리오를 다른 포트폴리오에 긍적적으로 연결하면서 지원하고 있다. 만일 AOL이 iMac을 지원할 준비가 되어 있지 않다면 iMac 구매자가 컴퓨터를 켜자마자 빠르게 온라인에 연결될 수 없을 것이다.[10]

이제 G4 같은 새로운 전략적 브랜드들이 매킨토시 포트폴리오에서 iMac의 대열에 합류하고 있다. G4 큐브와 세련되고 다채로운 색상의 iBook 랩탑 컴퓨터는 그들의 제품 카테고리에서 아무것도 아닌 것처럼 보인다. 이 순간에도 회사는 매끈하고, 새롭고, iMac-디자인 친화적인 광마우스를 광고하는 데 열을 올리고 있다.

브랜드를 선도 브랜드, 전략적 브랜드, 지원 브랜드로 분류하는 것은 포트폴리오를 최적화하는 데 있어 결정적 조치이다. 그것은 또한 지속적인 재작업을 요구하는 조치이다. 3부에서 우리는 브랜드 노력들을 함께 묶어 주는 목표들을 설정하고, 그러한 목표를 달성하기 위해 조직화하는 것에 관해 좀더 이야기할 것이다. 그에 앞서, 브랜드 포트폴리오 차원에 좀더 머무르면서 어떻게 포트폴리오의 크기와 구조를 구성할지를 논의하고자 한다.

05

브랜드 포트폴리오는 어떻게 다른가

과장 없이 말하건데, 나는 전구와 관련된
3천여 개의 이론을 개발했지만 단 두 개의 경우에만
실험이 이론의 진실을 입증했다.

_ Thomas Alva Edison, 1878

지금쯤 당신은 브랜드 포트폴리오 지도를 대충 작성하는 것에 반대하는 우리의 조언을 무시하고, 스스로 흰색 칠판 위에 분자를 스케치하고 있을지도 모른다.(훌륭하다!) 만약 당신이 그렇게 했다면, 또는 단지 마음속으로라도 당신의 포트폴리오 분자에 대해 생각해보았다면, 그 분자가 2장과 3장에서 보여진 캐딜락의 예와는 다르다는 사실을 바로 알아차릴 것이다.

그러나 걱정하지 않아도 된다. 브랜드 포트폴리오는 눈송이와 같다. 그것은 똑같이 보이지도, 똑같이 작용하지도, 똑같지도 않다. 각각의 브랜드 포트폴리오는 제품 범위와 소비자 측면에 있어 서로 다른 위치에서 출발한다. 각각의 포트폴리오는 커뮤니케이션의 위력, 경쟁 압력, 고객층의 변화, 거래 파트너와의 상호작용, 제품과 기술의 발전, 그리고 아마도 가장 중요한 것으로, 전략적 · 경영적 결정에 의해 그 형태가 만들어진다. 그 최종 결과는 완전히 당신의 회사에 독특한 포트폴리오이다. 포트폴리오는 저마다 크기와 구조가 다르다. 출발점은 항상 제품과 서비스 라인인데, 보통 하나의 카테고리에서 제공되거나 회사 내부에서 창조되고 성장한다. 그러나 포트폴리오가 성장함에 따라, 외적인 요소들이 역시 일정한 역할을 하며, 포트폴리오의 크기와 구조를 변화시킨다. 궁극적으로 양 요인들이 최종 포트폴리오에 영향을 미치며, 크기, 구조, 그리고 상호 연결성으로 나타난다.

외적인 요소

외적인 요소들은 매우 다이내믹한 방식으로 당신의 브랜드 포트폴리오에 영향을 미친다. 예를 들어, 경쟁자들이 제품을 시장에 출시하면 당신의 포트폴리오는 대응해야 한다. 1993년에, P&G는 유니레버 체스브로 폰즈(Chesebrough-Pond's)의 거품이 이는 베이킹소다 과산화물 치약인 멘타덴트(Mentadent)에 허점을 찔렸고, 결국 새로운 가치들이 추가된 치약으로 대응하거나 경쟁 브랜드 포트폴리오에 크레스트(Crest) 치약의 충성 고객을 내줘야 했다.

신기술 또한 신규 브랜드의 창조, 확장, 그리고 제휴를 자극한다. 예컨대, 코카콜라는 이미 1983년에 다이어트 콜라인 Tab을 출시했지만, 그것은 사카린 성분으로 만들어졌다. 새로운 성분인 누트라스윗(Nutrasweet)은 설탕에 훨씬 더 가까운 맛을 제공했으며, 이는 다이어트 코크(Diet Coke)로 이어졌다.

훨씬 더 넓은 차원에서, 오늘날 시장에서 결정적 외적 요인인 인수

연도	거래
1981	943
1982	1726
1983	2860
1984	3538
1985	2154
1986	2875
1987	2995
1988	3543
1989	4607
1990	5214
1991	4498
1992	4697
1993	5128
1994	6296
1995	7561
1996	8473
1997	9027
1998	9933
1999	8109

표 5.1은 해당 연도 동안 미국에서의 합병, 인수, 그리고 분할의 전체 숫자를 나타낸다. 공표되지 않았거나 승인이 진행 중인 거래는 해당 연도 거래에 포함되지 않았다.
출처 : 2000 Securities Industry Factbook, Securities Industry Association.

합병(M&A)의 효과를 생각해 보라. 인수합병은 포트폴리오에 영향을 미치며, 크기와 구조를 사실상 하룻밤 사이에 변화시킨다.

통신 산업에서 전형적인 기업인 버라이존 와이어리스(Verizon Wireless)는 미국에서 약 28%의 시장 점유율을 확보하고 있는 거대한 휴대전화 서비스 제공자이다. 그 성장의 기반은 인수합병에서 비롯되었다. 1995년에 17개의 각기 다른 무선 회사들이 지금이 버라이존이 되었다. 1996년에 벨 아틀랜틱(Bell Atlantic)과 나이넥스

(NYNEX)가 합병했고, 2년 후 벨 아틀랜틱이 되었다. 1996년에 셀룰러 커뮤니케이션스(Cellular Communications)와 에어터치(AirTouch)가 에어터치라는 이름으로 합병하였고, 에어터치는 다시 1997년 하반기에 유에스 웨스트의 셀룰러 에셋(US West's cellular assets)과 합병하였고, 다시 1998년에 컴넷(CommNet)과 합병했다. 1999년에 컴넷은 벨 아틀랜틱과 합병해 프라임코(PrimeCo)가 되었다. 한편, GTE는 아메리테크(Ameritech)의 중서부 사업을 흡수했다. 2000년 들어서, GTE와 벨 아틀랜틱이 합병해 버라이존이 되었다. 단 5년 동안에 2개의 새로운 대형 브랜드가 등장했고, 2개의 포트폴리오는 분할되었으며, 7개의 서로 다른 브랜드 포트폴리오가 결합되었다.[1]

대부분의 기업들이 조만간 인수합병에 의한 일정 수준의 포트폴리오 구조조정에 직면하게 될 것이다. 1981년 이래로, 미국에서 합병, 인수, 그리고 분할 건수는 표 5.1에서 보는 것처럼 거의 10배를 상회한다.

그리고 브랜드 포트폴리오가 합병될 때마다 각 포트폴리오는 필연적으로 영향을 받는다. 일리노이즈주에 있는 베르논 힐스(Vernon Hills)의 지브라 테크놀러지스(Zebra Technologies)가 1998년에 캘리포니아에 있는 경쟁사, 엘트론(Eltron)을 인수했을 때 어떤 일이 일어났는지를 생각해 보라. 두 회사 모두 바코드(bar code) 프린터를 만들었다. 양사는 아주 성공적이었다. 지브라의 강점은 벤치 탑(bench-top) 프린터라 불리는 것에 있었는데, 이것은 업계에서 자주 사용되는 크고, 더 비싼 기기이다. 엘트론은 데스크탑 모델과 휴대용 프린터로 잘 알려져 있다. UPS 택배 기사가 바코드를 출력해 수화물에 붙일 때 라벨을 공급하는 것이 엘트론 프린터이다.

지브라와 엘트론이 합병했을 때 양사는 '이중 브랜드 전략'을 채택하는 의도적인 결정을 내렸다. 그러나 2000년 하반기에 이중 브랜드 전략은 의도만큼 효과적이지 않다는 것이 명백해졌고, 경영진은 엘트론 프린터 브랜드의 사용을 중단하기로 결정했다. (엘트론은 또 다른 제품을 위한 브랜드로 계속 사용되고 있다.) 지브라에서 일어난 일은 지브라의 전임 전략담당 부사장 잭 르방(Jack LeVan)이 '전략적 우아함과 실행 현실 간의 간극'이라 부르는 고전적 이야기이다. 최초의 생각은 브랜드들을 분리된 상태로 유지하는 것이었지만 조직의 모멘텀에 의해 브랜드들이 신속히 합쳐지고 말았다.

엘트론의 재판매업자들은 명성있는 지브라 브랜드를 달고 싶어했다. 지브라의 재판매업자들은 지브라 로고가 붙은 저가 제품을 원했다. 매니저들은 고객 서비스팀을 통합하고, 동일한 광고대행사를 사용함으로써 비용절감을 기대했다. 엘트론 세일즈맨들은 자신들의 명함에 재빨리 지브라를 추가했다. 매우 짧은 시간에 전략은 '이중 브랜드' 포트폴리오 전략에서 '하나 반' 전략으로, 그 다음에는 '단일' 포트폴리오 전략으로 바뀌었다.

지브라와 엘트론은 별개의 브랜드를 유지해 본 경험도, 다수의 상이한 브랜드 포트폴리오를 관리해 본 경험도 없었다. 그러나 당신이 업계에 전혀 알려지지 않은 최고의 마케터일지라도 합병에 따른 교차 효과의 가능성을 과소평가해서는 안 된다. 1931년에, P&G는 브랜드 관리 부서를 만들었다. 그것은 마케팅 차원에서 브랜드 포트폴리오의 엄밀한 분리를 요구했다. 그러나 1999년 미국 오하이오 주 남서부 데이턴을 본거지로 하는 애완동물 먹이제조 업체, 아이엠스(Iams)를 인수한 직후 P&G는 식품잡화 채널을 통해서 그 제품을 유통시키기 시작했다. P&G는 또한 아이엠스의 기존 광고대행사를 자사의 다른 제품을 다루는 광고대행사로 교체했으며, P&G의 마케터가 아이엠스의 마케팅을 책임지도록 파견했다.[2] 비록 이것은 미묘한 변화일지라도 시간이 지나면서 아이엠스 브랜드 포트폴리오에 영향을 미칠 것이다. 인수합병은 항상 그렇다.

내적인 요소

브랜드 포트폴리오에 가장 큰 영향을 미치는 것 가운데 하나는 회사의 관리 방식이다. 동일한 고객과 동일한 기본 전략으로 동종 업계에 있는 회사들이라도 매우 다른 브랜드 포트폴리오를 보유할 수 있다. 트리콘(Tricon)은 캔터키 프라이드 치킨(KFC), 피자헛(Pizza Hut), 그리고 타코벨(Taco Bell)이라는 3개의 브랜드 분자를 보유하고 있다. 이들 각 브랜드는 매달 바뀌는 프로모션 아이템들과 각자의 독특한 중심 메뉴를 가지고 있다. 그리고 샌더스 대령(Colonel Sanders), 선명한 빨강색 지붕, 그리고 말하는 치와와 같은 아이콘 역시 가지고 있다. 그리고 이들 3개 브랜드는 일부 소매 거점에 공동으로 입점하고, 〈스타워즈〉 같은 영화와의 연계 프로모션에 공동으로 참여하며, 청량음료 공급 업체와 이전의 모기업인 펩시(Pepsi)와 탁월한 프로모션 관계를 유지한다.

피자헛

타코벨

KFC

반대로, 맥도널드(McDonald's)는 하나의 브랜드 포트폴리오 내에서 햄버거, 치킨, 그리고 생선요리 같은 다양한 음식을 제공한다. 포트폴리오는 일시적인 제휴에 아주 적극적이다. 심지어 디즈니 같은 지속적인 프로모션 파트너와도 그렇다. 제휴 관계가 오래 지속되지만 상당히 독립적이다.

이러한 차이는 모기업의 역사와 관리 철학에서 기인한다. 일반적으로 아주 정교한 브랜드들을 가진 기업들은 브랜드를 창조하고, 결합하는 명시적인 과정들을 갖고 있다. 그 결과 포트폴리오는 소수의 핵심 브랜드들로 구성되게 된다. 114년 된 코카콜라는 포트폴리오에 단지 28개의 구성요소들을 갖고 있다. 25년 된 마이크로소프트는 346개에 달한다.

일반적으로, 오늘날 대부분의 기업들은 브랜드를 창조하고 그리고 그 브랜드를 다른 포트폴리오에 연결시키는 두 가지 차원에서 매우 강한 적극성을 보이고 있다. 버드와이저는 시각적 표현물, 장기적인 후원, 그리고 버드볼(Bud Bowl) 같은 프로모션을 통해 전국미식축구리그(NFL)와 거의 동의어로 통한다. 전략적 활동의 수준이 높아질수록 포트폴리오는 더 크고 느슨해진다. 전술적 활동의 수준이 높아질수록 포트폴리오는 다른 포트폴리오에 더욱더 연결될 것이다.

다양성의 차원

포트폴리오는 많은 차원에서 다르다. 포트폴리오는 크기, 즉 분자에 있는 브랜드들의 수가 다르다. 그것들이 얼마나 가깝게 자리하고 있느냐와 얼마나 긴밀히 연결되어 있느냐에 따라 구조가 다르다. 그리고 얼마나 가깝게 다른 브랜드 분자와 연결되어 있느냐에 따라 상호 연결성이 다르다.

• **크기**　우리가 브랜드 포트폴리오의 크기를 말할 때는 무엇보다 얼마나 많은 요소들이 있는가를 의미한다. 논의를 단순화하기 위해, 기업이 보유한 브랜드의 수(우리가 보통 브랜드 시스템이라 부르는)를 고려하는 것부터 시작하자. 마이크로소프트는 346개의 구성요소를 갖고 있고, GM은 전성기 때 그 수가 거의 5백 개에 달했다.[3] 그들이 제휴한 브랜드들까지 포함시킨다면 그 규모는 훨씬 더 커질 것이다. 회사가 소유하지 않는 브랜드들을 포함시키지 않는 전형적인 브랜드 포트폴리오는 대략 3백에서 5백 개 사이의 브랜드들을 갖고 있다.

방대한 브랜드 포트폴리오는 관리하기도 어렵고, 유지하기에도 비용 부담이 크다. 더욱이 경쟁자의 공격에 약점을 노출하기 쉬우며, 교차 오염(cross-contamination)의 위험성이 있다. 그러나 그것은 또한 규모와 성장을 위한 더 많은 기회를 제공한다. 네슬레(Nestlé)라는 이름이 우유에서부터 사탕에 이르기까지 모든 제품에 사용되었을 때 네슬레는 관리의 어려움을 겪게 되었다. 그러나 네슬레라는 이름은 포트폴리오 전체의 구매 가능성을 높여준다. 크기가 중요하다.

• **구조**　브랜드 포트폴리오 분자는 할리 데이비슨처럼 강력한 전략적 브랜드나 시보레처럼 약한 전략적 브랜드를 중심으로 회전하는가? 그것은 아이엠스(Iams)처럼 모든 포트폴리오 구성요소들이 특정한 기술 기반, 가치 제안, 그리고 목표 시장을 가진, 상대적으로 빈틈없는 포트폴리오인가? 아니면 버진(Virgin)처럼 넓게 퍼져있는가? BMW처럼 상당히 자기 충족적이고, 자기 의존적인가? 아니면 디즈니(Disney)처럼 12개, 또는 심지어 100여 개의 다른 브랜드 포트폴리오 분자와 연계되어 있는가? 이러한 구조적인 차원들은 브랜드 포

트폴리오 분자가 단기적으로 어떻게 작동할지를 결정하고, 그것이 장기적으로 성공하거나 소멸하는 데 영향을 미친다.

고도로 구조화된 분자들 — 빈틈없고, 자기 충족적인 분자들 — 은 일반적으로 강력한 선도 브랜드가 그 중심에 있다. 느슨하게 구조화된 분자들은 대부분 약한 선도 브랜드를 중심으로 돌고, 상대적으로 높은 노드 비율(ratio of nodes)을 보여준다. 구조는 그 자체로 좋은 것도 아니고, 나쁜 것도 아니지만 각각에는 찬성과 반대가 뒤따른다.

고도로 구조화된 분자들은 종종 상대적으로 정적이며, 성장을 위해 기본 카테고리 확장에 의존한다. 그러나 그것은 관리하기 쉽다. 느슨하게 구조화된 분자들은 더 많은 기회를 제공하지만 한편으로는 포지션하거나 리포지션하는 데 더 많은 도전이 따른다. 그러한 포트폴리오의 리포지셔닝은 사실상 담배연기를 부채질해 날려보내려고 하는 것과 같다. 분자에서 브랜드들은 빙빙 돌고 있지만 종종 원하는 방향으로 움직이지 않는다. 느슨하게 구조화된 분자들은 많은 수의 성장 기회를 내던져 버리는 경향이 있다. 그러나 그것들은 단순하고, 손쉬운 관리를 회피하기 때문에 그러한 성장 기회는 종종 실현되기 어렵다.

크기는 단기적으로 변할 수 있다. 예를 들어 한 기업이 새로운 제품 라인을 출시하거나 유사한 분야의 기업을 인수한다면 말이다. 하지만 대개 구조는 개발하는 데 더 오랜 시간이 필요하다. 구조는 브랜드 포트폴리오의 전 생애 동안 경영진이 내리는 또는 내리지 않는 결정의 작용으로서 축적된다.

• 상호 연결성　　브랜드 포트폴리오들의 상호 연결성(interconnection)은 영속적일 수도 있고, 한시적일 수도 있다. 대부분 영속적인 연결은 포드(Ford)와 머큐리(Mercury) 간의 것처럼 역사적이다. 그러나 점점 더 기업들은 포트폴리오들 사이에서 가치를 발굴하기 위해 연결을 만들어내고 있다. 아틀랜타에 본거지를 둔 홈디포(Home Depot)는 오랫동안 미국에서 급성장하는 하드웨어 매장이었다. 홈디포는 수많은 품목과 저가격 때문에 빅 박스(Big box) 소매점으로 알려졌다. 빅 박스는 악명 높을 정도로 경쟁적인 소매점 카테고리이다. 종종 대량구매와 공격적인 가격정책을 바탕으로 새로운 소매 체인이 등장하고 성장한다. 그리고는 생존을 위해 버둥거린다.

홈디포는 단순히 가격에 의존해서가 아니라 세심하게 설계되고 관리된 브랜드 포트폴리오 전략에 기초해 이 잔인한 경쟁의 카테고리에서 지속적인 성공을 거두고 있다. 이제는 친근해진 오렌지색과 흰색 로고 그리고 독특한 매장 디자인을 가진 홈디포 브랜드는 당연히 잘 알려져 있지만, 진정으로 홈디포를 돋보이게 하는 것은 자사의 브랜드 포트폴리오 분자와 관계를 맺고 있는 모든 브랜드들에 대한 경영진의 예리한 이해이다.

예를 들어, 홈디포가 스콧(Scott) 잔디 관리 회사와 존 디어(John Deere) 사와 공동으로 만든 혼합 브랜드(hybrid brand)를 생각해 보라. 홈디포는 당연히 'Scott's by John Deere'라는 이름으로 잔디깎이 기계들을 판매한다. 스콧이 잔디 비료 분야의 강력한 브랜드이기 때문에 스콧이라는 이름은 잔디깎이 기계를 위한 강력한 자산이 된다. 존 디어

홈디포

존 디어

는 "디어만한 장비는 없다(Nothing runs like a Deere)"라는 슬로건에 집약되어 있듯이, 믿을 만한 중장비와의 오랜 연결 덕분에 강력하다. 홈디포는 이들 두 브랜드의 결합이 갖는 잠재력을 눈여겨보았고, 홈디포 아울렛에서만 살 수 있는 강력한 브랜드를 확보하는 과정에서 중매인 역할을 했다.

어떤 기업들은 이런 종류의 브랜드 '차용(borrowing)'에 익숙하지만, 어떤 기업들은 그렇지 않다. 홈디포는 새로운 브랜드를 창조하기 위해 이들 2개의 브랜드로부터 브랜드 자산을 차용했다. 이것이 홈디포가 다른 회사의 브랜드를 사용해 새로운 브랜드를 창조한 처음 사례는 아니다. 홈디포는 배관공들이 사용하는 도구를 제조하는 리지드(Ridgid)와 협력 관계를 맺고, 리지드가 이전에 참여해 본 적이 없는 세분 시장에 Ridgid Power Tools를 내놓았다. 또 다른 소매점인 케이마트는 마사 스튜어트(Martha Stewart) 브랜드를 활용했다.

브랜드 포트폴리오 분자들은 다른 브랜드 포트폴리오와의 상호 연결의 성격과 수에서 천차만별이다. 일부 브랜드는 버거킹이 영화 속 캐릭터를 본딴 장난감을 아이용 메뉴에 끼워 주는 'Nickelodeon's Rugrats'라는 제휴 협정을 히트 영화들과 맺었던 것처럼, 단지 1회성 프로모션으로 한정한다. 다른 브랜드들의 경우는 앞서 언급한 스콧과 존 디어 사례처럼 연결이 훨씬 더 오랫동안 지속되거나, 나이키와 미국 프로농구협회(NBA)의 연결처럼 오래되고, 미묘하지만 강력하다. 그러한 연합은 반드시 일부일처주의일 필요는 없다. 캐딜락은 오디오 시스템 제조업체인 보스(Bose)와의 밀접한 연결을 즐긴다. 그러나 보스는 다른 자동차 회사들에게도 제품을 공급한다. NBA는 NBC 방송국과 타임워너(Time Warner)의 터너 케이블 네트웍스

(Turner cable networks)와 거의 가족 같은 관계를 유지하고 있으며, 반면에 나이키는 수많은 대학 농구 프로그램과 수백만 달러의 계약을 맺고 있고, 매년 전국대학선수협회(NCAA) 농구 토너먼트를 중개하는 주요 미디어의 관련 시간대를 구매한다.

종합적으로 말해, 브랜드 포트폴리오 분자가 다른 포트폴리오와 유지하고 있는 연결(link)의 수, 그리고 지속성의 측면에서 연결의 강도, 투자, 그리고 배타성이 상호 연결성이라 불리는 변수를 결정한다. 다른 포트폴리오와의 상호 연결성이 높을수록 성장의 기회는 더 다양해지고, 브랜드 포트폴리오 분자의 통제 수준은 낮아지며, 그것을 관리하기는 더 어려워진다.

계속 나아가기

캘러웨이(Callaway)와 핑(PING)은 아주 성공적으로 골프 클럽을 만들어 판매하고 있다. 양사는 골퍼들이 점점 더 어려워지는 코스를 극복하는 데 도움을 주는 '킬러 앱(killer app, 등장하자마자 경쟁 제품을 몰아내고 시장을 완전히 재편하는 제품이나 서비스)' 테크놀러지에 상당한 정도로 의지하고 있다. 양사는 최고 가격대에 포지션되어 있다. 양사는 소규모 회사이다. 그러나 양사의 유사성에도 불구하고 이 두 회사는 완전히 다른 유형의 브랜드 포트폴리오를 운영한다.

가장 눈에 띄는 차이점은 포트폴리오의 크기와 구조에 있다. 핑의 포트폴리오는 PING, ZING, i3, Karsten, ISI, TiSI 같은 상대적으로 적은 수의 선도 브랜드와 전략적 브랜드들로 이루어져 있다. 그리고 핵심부를 둘러싸는 많은 지원 브랜드를 보유하고 있다. 분명히

'PING'은 우선적인 지위를 점유하고 있고, 모든 골프 클럽에 커다란 문자로 장식되어 있으면서 포트폴리오를 지배한다.

반대로, 캘러웨이는 시장에 수많은 브랜드들을 선보이고 있고, 그 브랜드들을 다양한 방식으로 활용한다. 캘러웨이는 선도 브랜드이

지만, 핑처럼 분명하지는 않다. 캘러웨이의 Big Bertha, Odyssey, 그리고 Hawk Eye 브랜드들은 표면상 전략적 브랜드들로, 소비자 구매 결정에 상당한 영향력을 행사한다.

예를 들어, '캘러웨이'와 '빅 버디'는 각각 호크아이와 스틸헤드(Steelhead) 클럽에 부착되어 있다. 화이트 핫(White Hot) 같은 수많은 주변 브랜드들과 Big Bertha, Little Bertha, Great Big Bertha 같은 변형 브랜드들은 브랜드 포트폴리오를 확장하는 데 기여한다. 사실, 캘러웨이 클럽은 크고 작은 브랜드 네임들을 전면과 측면, 상단과 하단 등에 부착하고 있다. 회사의 트레이드 마크인 대형 클럽은 이중의 목적에 기여한다. 골퍼에게는 장비의 이점을 제공하고, 제품 그 자체에 폭넓은 브랜드 포트폴리오를 부착하기 쉽게 만든다.

동일 업종이라도 관리 스타일이 다르고, 브랜드 포트폴리오는 전혀 다르다. 하나는 단단하고 작으며, 다른 하나는 크고 넓게 확장되어 있다. 하나는 매우 높은 수준의 상호 연결성을 보이고, 다른 하나는 매우 내향적이다. 6장에서 우리는 브랜드 포트폴리오를 최적화하는 도구들을 살펴볼 것이다. 그리고 하나의 포트폴리오에 가장 적합한 도구가 또 다른 포트폴리오에 반드시 가장 적합한 것은 아니라는 사실을 곧 알게 것이다.

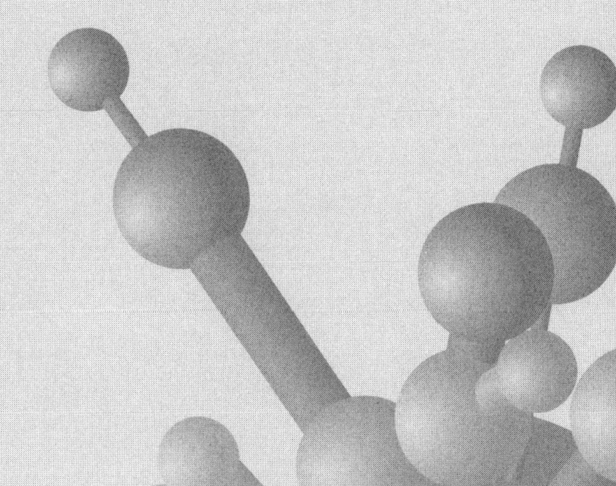

브랜드 포트폴리오의 최적화   2부

06

성공의 측정

당신이 말하고 있는 것을 측정하고 숫자로 표현할 수 있을 때
그것에 관해 알고 있다고 할 수 있다.
그것을 측정할 수 없거나 숫자로 표현할 수 없다면
그 지식은 불충분하고 불만족스런 것이다.

_ Lord Kelvin, 1889

이제 가치를 창출할 시간이다. 먼저 수익과 위험의 관점에서 그것에 관해 이야기해 보자.

수익의 증대

데이비드 아커(David Aaker) 이전에는 오로지 변리사들만이 브랜드에 관해 고심했다. 모든 사람들이 브랜드가 중요한 것이라는 데에는 동의하였지만 어느 누구도 독립적인 자산으로서 브랜드의 가치를 측정하는 것에 대해 충분히 고심하지는 않았다.[1] 아커는 브랜드 자산이라는 것이 존재함을 주장하였고, 이를 입증하기 위해 브랜드가 그것을 소유한 기업을 위해 가치를 창출하는 6가지 방법을 제시했다. 그는 높은 수준의 자산을 지닌 브랜드는 마케팅 프로그램에서의 더

큰 효율성과 효과성, 높은 수준의 브랜드 로열티, 프리미엄 가격, 더 성공적인 신제품, 거래에 있어 더 큰 레버리지, 그리고 종합적으로 더 큰 경쟁 이점을 가진다고 말했다.[2] 브랜드 자산에 대한 아커의 견해는 브랜딩에 대한 사람들의 사고방식을 근본적으로 변화시켰다.

수학적 용어로, 가치는 단순히 미래 기대 수익의 할인된 금액이므로, 우리는 아커의 기본틀을 이용해 브랜드 포트폴리오의 수익에 대해서도 생각해 볼 수 있다. 브랜드의 가치나 브랜드 포트폴리오에 대한 수익의 일부는 계량화하기 매우 어렵기 때문에 이것을 완벽한 것이라고는 할 수 없다.[3] 그러나 이것은 그 시작이다.

우리는 별 어려움 없이 처음 4가지 수익의 원천에 수치를 배정할 수 있다. 매니저는 매출 규모를 살펴보고 브랜드 로열티와 신제품의 성공을 파악할 수 있다. 가격 프리미엄은 마진율로 나타난다. 마케팅 프로그램의 효율성과 효과성은 매출 대비 낮은 수준의 마케팅 지출로 이어진다. 판매, 매출 규모, 마케팅 비용, 그리고 수익을 과거 및 경쟁자의 실적과 비교함으로써 매니저들은 전체적인 포트폴리오의 수익을 부분적이나마 파악할 수 있다. 브랜드 매니저들은 이미 그들의 브랜드들에 관한 유사한 메트릭스를 지속적으로 조사하고 있다. 브랜드 포트폴리오 매니저는 포트폴리오에 관한 이러한 측정치들을 조사하고 있지만 그것은 오늘날 우리가 하고 있는 것과 크게 다르지 않다.

그러나 브랜드 포트폴리오와 관련한 수익의 모든 것을 경영정보시스템(MIS) 리포트가 보여주지는 못한다. 우리는 트레이드 레버리지와 경쟁우위와 관련된 잘 정립되어 있고 쉽게 확인 가능한 기준을 갖고 있지 못하다. 그렇다고 이러한 수익들이 의미가 없다는 것은 아니다.

예를 들어, 강한 브랜드 포트폴리오는 약한 포트폴리오보다 유통채널에 대해 훨씬 큰 레버리지를 갖는다. 메사추세츠 주에 있는 보스(Bose Corporation)를 좋아하는 가전 소매상은 거의 없다. 이는 전혀 놀라운 일이 아니다. 보스는 큰 폭의 할인판매에 대한 자금 지원을 거부하며, 자기 제품을 취급할 수 있는 소매상의 범위를 제한하고, 우편을 이용해 직접판매를 하고 있으며, 자신의 공장 매장을 운영한다. 그러나 어쨌든 소매상들은 보스 스피커를 판매하고 있다. 그 이유는 보스의 브랜드 포트폴리오가 매우 강력하기 때문이다.

그것이 바로 브랜드 포트폴리오 수익 등식의 무형적 측면이다. 유통채널들은 신제품을 취급하고자 하는 더 많은 용의를 보인다. 공급업체들은 가장 강력한 포트폴리오에 맨 처음 새로운 아이디어를 적용한다. 경쟁자들은 공격을 시작하기에 앞서 주저한다. 잠재적인 제휴 파트너는 보다 유리한 조건을 제시한다. 소비자는 업체의 실수나 심지어 재난적 상황을 더 쉽게 용서한다. 1996년, 오드왈라(Odwalla) 주스의 대장균 오염은 49명을 앓게 만들었다. 오드왈라는 천연 주스를 만들면서 제품을 저온살균하지 않았다.[4] 그러나 오드왈라는 이 사고에 대한 적절한 대응과 강력한 브랜드 포트폴리오 덕분에, 재난으로부터 회복될 수 있었다. 이 사례에서 보여지듯이 포트폴리오에 대한 무형적 수익은 유형적 수익만큼이나 중요하다.

가치 침식 위험의 관리

불행하게도, 브랜드 포트폴리오의 위험에 대한 측정은 더욱 어려운 문제이다. 브랜드는 당신이 ValueLine.com에서 찾아볼 수 있는 베타(betas, 결정 계수로서 위험률과 수익률 간의 영향 관계를 의미)를 갖고 있지 않다. 높은 수준의 위험은 부진한 판매, 점유율 하락, 그리고 수익성 같은 측정치들에 나타난다. 그러나 이 같은 타임 매트릭스(time metrics)에 의해 실제 문제의 규모가 드러나기도 하지만, 이는 종종 너무 늦다.

최근에 GM이 올즈모빌(Oldmobile)을 단계적으로 퇴출시키기로 발표한 것을 생각해 보자. 최근 5년 동안 GM은 올즈모빌 포트폴리오를 살려내기 위해 40만 달러를 썼다. 매니저는 약한 브랜드들을 제거하고, 오로라(Aurora) 같은 활기 있는 새로운 확장 브랜드를 출시했다. 그들은 젊은층의 소비자에게 브랜드를 리포지션하기 위해 수백만 달러를 광고비로 쏟아부었다. 1999년 한해 동안, GM은 올즈모빌 광고에 2억3천7백만 달러를 사용하였는데, 이는 1996년의 2배 수준이었다. 그러나 여전히 판매와 점유율은 곤두박질쳤다. 1986년에 올즈모빌은 100만 대 이상이 판매되었다. 2000년에는 판매가 265,878대로 하락했고, 시장 점유율은 1995년의 절반으로 줄었다.

문제는 GM이 무엇인가를 잘못했다기보다는, 제대로 했지만 너무 늦었다는 것이다. 올즈모빌의 전환은 1990년대 중반에 시작되었지만, 문제가 수면 위로 떠오른 지 10년이 지났고 수익을 내지 못하는 상태에 이른 지 5년이 지난 시점이었다. 올즈모빌은 최초의 조립 라인, 고압축 엔진, 전륜구동과 같은 첨단의 기술력을 바탕으로 차별화를 이룩했다. 그러한 혁신적 엔지니어링에 대한 명성은 1980년대 후반에 사라져 버렸다. 그리고 원가절감의 방편으로 올즈모빌에 시보레 엔진을 장착한 것 역시 올즈모빌의 차별화를 퇴색시켰다. 1990년대 중반 GM이 브랜드 포트폴리오에 대한 위험을 인식하게 되었을

무렵, 포트폴리오는 소비자와 멀어지는 방향으로 돌진하고 있었다.[5]

1981년에 피터와 워터맨(Peter and Waterman)은 AT&T, 제록스 (Xerox), 코닥(Kodak), 그리고 리바이 스트라우스(Levi Strauss)를 '최우수 기업'의 목록에 올려놓았다. 이들 기업들은 현재 악화된 브랜드 포트폴리오 때문에 고군분투하고 있다. 이들 기업들은 현재 브랜드 포트폴리오에 대한 과감한 조치들을 취하고 있다. 제록스는 중국 공장을 매각하였고, AT&T는 4개의 독립된 회사로의 분할 계획을 발표했다. 하지만 이러한 노력들은 너무 미미하고 때늦은 것으로 보인다.

그러면 우리는 어떻게 시장 점유율 그래프가 스키슬로프처럼 급하강 곡선을 그리기 전에, 브랜드 포트폴리오의 위험이 증가하는 시점을 말해 줄 수 있을까? 우리가 위험을 손쉽게 측정할 수는 없지만 위험 요소들을 확인해 볼 수는 있다. 부분 최적화된(sub-optimzed) 포트폴리오는 5가지 징후를 보이는데, 이것들은 방치되기 일쑤이고, 항상 실적 하락과 가치 침식으로 이어진다. 이러한 지표들을 관찰함으로써 우리는 브랜드 포트폴리오의 위험을 확인할 수 있고, 위험을 줄이기 위한 계획을 구상할 수 있다.

• **성장의 정체**　포트폴리오는 항상 양적인 측면에서 성장 상태에 있어야 한다. 이것은 대담한 선언처럼 보일 수 있다. 그러나 성장이 멈추거나 감소하는 포트폴리오는 대단히 위험한 포트폴리오이다. 믿기 어렵겠지만 마케팅 세계의 어디선가, 매일 매니저들이 이 징후를 놓치고 있다. 가격 상승은 판매 감소를 속인다. 마케터들은 판매 감소를 항상 일시적인 결과라고 설명하지만 경제 상황이 바뀌거나 경

쟁자가 출현하면 정반대의 결과가 될 것이다. 올즈모빌이 배웠듯이 일시적인 것은 쉽게 영구적인 것으로 변할 수 있다. 판매감소의 이유를 명확하게 일시적인 현상으로 규정하지 못하는 한 이것을 분명한 위험의 징조로 보아야 한다.

• **경쟁자의 포트폴리오에 의한 잠식** 브랜드 포트폴리오는 양적으로 성장하고 있다고 안심해서는 안 된다. 경쟁자에게 시장 점유율을 잠식당하지 않는 것이 중요하다. 시장 점유율 잠식이 포트폴리오의 가장자리에서 일어난 것일지라도 이것은 위험 신호이다. 또한 크고 강한 경쟁자들에 의한 점유율 잠식만 중요한 것은 아니다. 제너럴 푸드(General Food)의 게인즈(Gaines) 사업부는 한때 미국내 애완견 먹이 시장에서 2위의 기업이었다. 게인즈는 힐스 사이언스 다이어트(Hill's Science Diet)와 아이엠스(Iams) 같은 작은 경쟁자들에 의해 발생하는 위협들을 간과한 채 시장의 1등 브랜드인 퓨리나(Purina)에만 경쟁의 초점을 맞추었다. 현재 힐스와 아이엠스는 대형 소비재 기업의 매출 10억 달러 사업부가 되어 있지만 게인즈는 시장에서 사라져 버렸다.

• **빈약한 자원 할당** 미시경제학자들은 매니저가 자원을 할당하기 위해 존재한다고 말한다. 그러나 잘못된 자원할당이 언제나 능력 없는 매니저를 의미하지는 않는다. 대신에 이것은 위험 수위가 높아져 가고 있고 불충분한 예산으로 모든 사안들에 대처하도록 매니저들이 무리하게 요구받고 있다는 것을 의미할 수 있다. 자원할당의 문제를 알려주는 신호는 무엇인가? 마케팅 예산이 너무 많은 브랜드에 나뉘

어 투입될 때, 규모의 효율성은 감소하고 예산 관리 비용은 상승한다. 필연적으로 이는 브랜드 부서간의 갈등으로 이어진다. 작은 힘겨루기는 어쩌면 좋은 일이다. 그러나 건전한 경쟁이 멈추고, 절망으로 바뀌는 시점이 있다. 그것이 바로 징후이다.

• **중첩된 상표**   등록상표는 아주 간결하고 단순한 패키지로 소비자에게 아주 강력한 정보를 전달한다. 예를 들어, 한 소비자가 곡선형의 코크병을 집어들었을 때 그는 제품 내용물이 어떻게 보이고 어떤 맛이 나고 어떤 냄새가 나는지 알고 있다. 그는 이것이 깨끗하고 안전할 것이라고 알고 있다. 심지어, 사람들이 그가 코크를 마시는 것을 보았을 때 그에 대해 어떻게 생각할 것인지에 대해서도 알고 있다. 코크의 이름과 연상된 시각적 아이콘은 한눈에 그 모든 정보들을 전달한다.

코카콜라가 올림픽 프로모션용 콜라병을 내놓았을 때 병에 추가된 로고는 추가적인 정보를 전달한다. 실질적으로 추가된 정보가 무엇인지는 구입자에 달려있다. 구입자가 코크 기념품 수집가였다면, 오류마크는 "이 병을 사서 소장하시오(buy this bottle, but don't consume it)"를 의미하게 될 것이다. 만약 구입자가 코크의 보통 소비자가 아니고 올림픽 팬이라면, 추가정보는 "이 병을 사서 당신의 대의를 지지하시오(buy this bottle, support your cause)"가 될 것이다. 만약 구입자가 충성스런 코크 고객이라면, "우리 기업은 세계적 행사를 후원하는 세계적 기업입니다(We're a world-class company associ-ated with world-class events)"라는 사

코카콜라 병

실을 상기시킬 것이다. 구입자가 누구든 간에 새로운 로고는 새로운 강력한 정보를 전달한다.

제품이나 광고의 모든 추가적인 브랜드 로고나 상표는 누군가에게 무엇인가를 말한다. 보다 많은 로고를 추가하는 것은 좋을 수도 있고, 나쁠 수도 있다. 새로운 소비자를 브랜드 포트폴리오 안으로 끌어들이거나 브랜드의 위상을 증가시킬 때는 좋은 것이라 할 수 있다. 하지만 그것이 수확 체감의 지점에 이르게 되면 나쁜 것이라 할 수 있다.

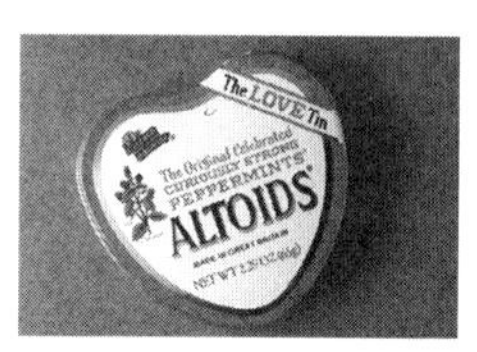

알토이즈

현명한 마케터는 이것을 안다. 어마어마한 인기를 누리고 있는 민트향 알토이즈(Altoids)는 독특한 하얀 캔의 윗면에 다음과 같은 세 개의 등록상표를 표시하고 있 다 ： Altoids, "The Original Celebrated CURIOUSLY STRONG PEPPERMINT", Callard & Bowser. 캔 내부의 포장에는 1780년에 알토이즈를 개발한 Smith & Co.,가 표시되어 있다. 특별히 날카로운 눈을 가진 소비자라면 캔을 뒤집어 밑면에 작게 인쇄된 Suchard라는 브랜드를 발견하고, 이것으로부터 알토이즈가 필립 모리스(Philip Morris)의 사업부인 크라프트(Kraft)의 자회사 야콥스 서차드(Jacohs-Suchard)의 소유라는 것을 알아낼 것이다. 필립 모리스와 크라프트는 패키지에 그들의 이름을 남기지 않았다. 그들은 크라프트 로고가 소비자에게 긍정적인 정보를 제공하지 않는다는 것을 알고 있다.

제품이나 커뮤니케이션에 너무 많은 등록상표가 중복된다면 소비자는 혼란스러워할 것이고 심지어 화가 날 것이다. 물론 과연 몇 개의 등록상표가 너무 많은 수에 해당하는가에 대한 단 하나의 기준이 존재하는 것은 아니다. B2C 시장에서는 과도한 중첩 사례가 자주 발견된다. 패키지나 광고에 있는 브랜드나 등록상표의 수를 세어 보라. 예를 들어, 우리는 6개 이상의 등록상표가 등장하는 자동차 지면광고를 흔히 볼 수 있다. 그들은 지면 위로 뛰어오르며 소비자를 향해 이렇게 외친다, "Look at me! No, me!" B2B 시장에서는, 세일즈맨이 고객들에게 왜 제품들을 구매해야 하는지보다 그것들이 서로 어떻게 관련 있는지를 설명하는 데 많은 시간을 써야 할 때, 중첩의 문제가 존재할 가능성이 있다. 중첩은 매우 쉽게 알아차릴 수 있으며 위험의 초기 신호이다.

• **브랜드 포트폴리오 오염의 확산**　우리는 앞에서 아우디5000 논란과 그것이 콰트로(Quattro)에 어떻게 영향을 미쳤는지에 대해 이야기했다. 브랜드 포트폴리오 오염에 관한 예는 아주 많이 있다. PC에 내장된 컴퓨터 칩들, 멕시코의 구운 옥수수빵 또띠야에 들어간 유전자 조작 옥수수, 포드 익스플로러에 사용된 파이어스톤 타이어[6] 등등. 브랜드들이 연결되는 순간 오염 확산의 위험은 존재한다. 만약 오염 확산이 자주 발생하거나 명백한 가능성이 있다면, 그 때에는 위험 수준이 너무 높은 것일 수 있다. 예컨대, 존슨 앤 존슨(Johnson & Johnson)은 인간의 생명에 해를 끼칠 가능성이 있는 어떤 제품에도 그들의 브랜드가 사용되는 것을 거부한다. 이는 유아와 관련있는 제이 앤 제이(J & J) 브랜드 포트폴리오가 위험에 노출되는 것을 원치 않기 때문이다. 만일 우리가 가치를 창출하기 위해

파이어스톤

존슨 앤 존슨

여러 브랜드를 함께 사용하려 한다면 우리는 브랜드 오염의 위험을
피할 수 없다. 우리는 언제나 예의 주시할 필요가 있다.

도구

우리는 수익을 극대화하고, 위험을 최소화하기 위해 브랜드 포트
폴리오 매니저가 사용할 수 있는 8가지 도구들을 알고 있다. 그 도구
들은 1)확장(extensions), 2)리포지셔닝(repositioning), 3)가지치기
(pruning), 4)오버 브랜딩(over-braning), 5)공동 브랜딩(co-
branding), 6)병합(amalgamation), 7)분할(partitioning), 8)조정
(scaling)이다.

많은 관리자들은 이 도구들 중 일부에 대해서는 친숙하게 여길 것
이다. 그렇지만 이 도구들이 전부 하나의 목록에 있는 것을 본 적은
없을 것이다. 그러나 속지 마라. 우리가 이미 말했듯이 해머를 우주
공간에서 사용하는 것과 땅 위에서 사용하는 것에는 분명한 차이가
있다. 많은 마케터들은 특정 브랜드에 대한 확장을 창출하는 것에 친
숙하다. 우리는 브랜드들 사이에서 확장을 창출하는 방법에 관해 말
하려고 한다. 그리고 30개 브랜드의 포트폴리오를 리포지셔닝하는
것은 단일 브랜드의 리포지셔닝과는 분명히 차이가 있다.

또한 높은 수익, 낮은 위험이라는 우리의 목표를 기억하라. 우리는
도구들을 결합해서 사용할 예정이다. 즉, 위험 관리를 위해 가지치기
와 분할을, 수익 증대를 위해 확장과 합병을 결합하는 것이다. 이러
한 시도의 결과는 브랜드 포트폴리오 수준에서 브랜드 성과를 다루
는 새로운 방법일 것이다.

확장

확장은 포트폴리오의 수익성을 강화하기 위한 가장 단순하고, 오래 되고, 가장 일반적인 접근방법이다. 이는 자연스러운 현상인데, R&D 부서에서 새로운 기술을 개발하고 제품 개선을 하면 마케팅 부서의 지도하에 또는 지도 없이도 브랜드 포트폴리오는 확장에 의해 성장하기 때문이다. 그림 7.1은 자동차 산업에서 대부분의 신규 브랜드는 사실상 확장임을 보여 준다. 이것은 보편적으로 인기가 있고, 종종 성공하는 브랜드 성장 전략이다.

여전히 전문가들은 확장의 사용과 과도한 사용의 장기적 효과에 대해 격렬히 논쟁하고 있다. 지지자들은 확장이 새로운 매출을 발생시키고, 광고 커뮤니케이션의 효율성을 크게 증가시킨다고 주장한다. 통계적으로, 완전히 새로 출시된 제품이나 서비스보다는 이미 신뢰를 얻고 있는 브랜드의 확장이 보다 성공적이었다. 확장은 모든 투

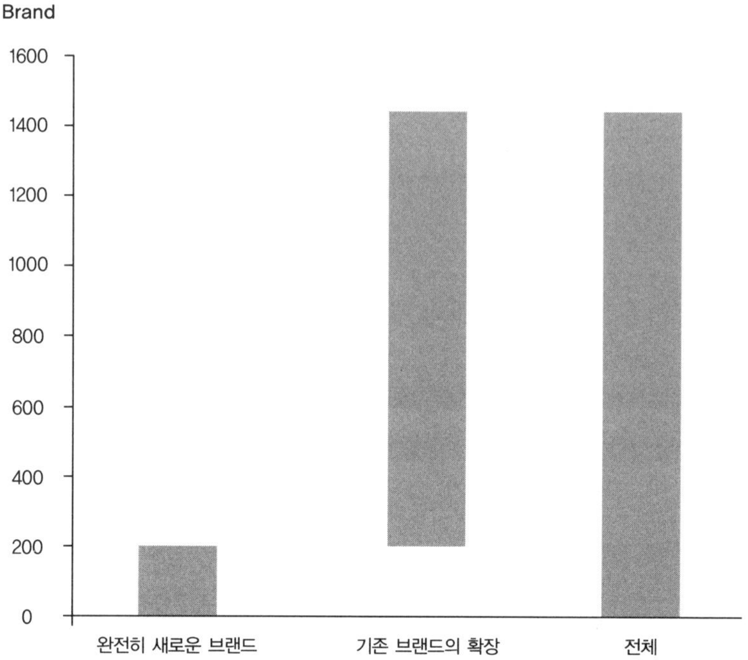

| 그림 7.1 | 브랜드 유형별 브랜드 창조 : 자동차 산업, 1993-1994

출처 : CASSIS, Helios Analysis.

자를 절감할 수 있다. 이 경우, 기업이 신규 브랜드를 소비자에게 인식시키기 위해 수백만 달러의 마케팅 비용을 사용하지 않아도 된다. 확장의 지지자들은 확장이 제대로만 이루어진다면 위험을 줄이거나 완전히 없앨 수 있다고 주장한다.[1]

그러나 모두가 이에 동의하지는 않는다. 알 리스와 로라 리스(Al Ries & Laura Ries)는 또 다른 시각에서 브랜드 확장의 위험에 대해 오랜 동안 경고해 왔고, 확장을 통해 얻을 것이 없다고 단호히 말한다.

그들은 아메리칸 익스프레스(American Express)가 1998년에 소수의 브랜드로 27%의 점유율을 차지하고 있었으나 현재 15개의 브랜드를 통해 단지 18%의 점유율을 차지하고 있다고 지적한다.[2] 어떤 이들은 대부분의 확장이 사소한 것이라고 주장하고 있다. Group EFO는 조사를 통해 1994년에 새로 도입된 브랜드의 72%가 라인 확장에 의한 것이라고 밝혀냈다. 그 중 절반 가까이가 '클로즈 인(close-in)' 확장으로, 기존 브랜드에 새로운 맛이나 향을 추가한 것이었다. 아바이스(Arby's)의 신제품 담당 이사이자, P&G의 베테랑 마케터인 마크 위서(Mark Wiser)는 〈브랜드위크〉 지에서 다음과 같이 말했다. "라인 확장은 미지의 영역에 들어가는 것보다 안전합니다. 매니저들은 실제 이상으로 제품의 차별성이 존재한다고 합리화하기 쉽습니다. 그러나 소비자는 그것을 같은 색상의 약간 다른 색조로 볼 뿐입니다." Group EFO에 따르면, "제품 실패의 가장 큰 이유는 경쟁력 있는 차별성을 보유하고 있지 못하다는 점이고, 이는 73%의 마케터들이 가장 최근에 실패한 요인"이라고 〈브랜드위크〉는 보도했다.[3]

　더욱 중요한 것으로, 몇몇 사람들은 확장이 시간 낭비일 뿐만 아니라 핵심 포트폴리오에 위험을 초래한다고 주장하고 있다. 알 리스와 로라 리스는 "브랜드를 파괴하는 가장 쉬운 방법은 아무 곳에나 그 이름을 사용하는 것"이며, "브랜딩은 구축하는 것이고, 서브 브랜딩(라인 확장)은 파괴하는 것"이라고 말했다. 그들은 브랜드 포트폴리오의 자산을 유한한 것으로 본다. 그들은 브랜드 확장이 빚을 내 돈을 갚는 것, 기존의 프랜차이즈로부터 새로운 곳으로 브랜드 자산을 이전하는 것이라고 강하게 주장한다. 만약 새로운 확장이 실패한다면 그것은 자산을 도박으로 잃는 것이고, 포트폴리오를 희석시키는 결과를 가져온다는 것이다. 그들은 대부분의 확장이 단지 현재의 비즈니스를 망치는 것일 뿐만 아니라 브랜드 오염의 위험만 높이는 것이라고 주장했다.[4] 예를 들면, 시마론 확장은 캐딜락의 포트폴리오를 약화시켰다. 1980년에 출시된 시마론은 실제로는 가죽 시트가 있는 시보레 카발리에(Chevrolet Cavalier)였고, 그것은 재앙이었다. 20년이 지난 후, 캐딜락 매니저는 적어도 일정 부분 시마론의 그림자 때문에 소비자들을 뛰어난 카테라(Catera)로 끌어들일 수 없음을 알게 되었다.[5]

확장의 재정의

양측 모두 분명히 옳다고 할 수 있다. 확장은 포트폴리오에 위험을 초래한다. 확장은 과잉 사용되고 있다. 그리고 여전히 가치를 창출할 수 있다. 중요한 것은 서로 다른 유형의 확장이 있으며, 그에 맞게 포트폴리오 전략을 짜야 한다는 사실을 인식하는 것이다. 우리가 '서로 다른 유형'을 말할 때, 그것은 브랜드, 라인, 제품과 같은 전통적인 확장 분류에 관해 이야기하는 것이 아니다. 우리는 포트폴리오 내에서의 확장과 포트폴리오의 가장자리에서의 확장이 있다는 것을 의미한다. 그 둘은 그들이 수반하는 위험과 잠재적 수익의 측면에서 매우 다르다.

밀도가 느슨한 포트폴리오의 경우, 확장 기회는 분자 내 비어 있는 공간에 존재한다. 우리는 이와 같은 확장 유형을 틈새 확장(interstitial extension)이라 부른다. 그 이유는 그것이 포트폴리오 분자 내의 갭을 채우기 때문이다. 틈새 확장은 전형적으로 위험이 적고, 채택 가

114

능성이 높은 전략이다.

다른 유형의 확장 유형은 경계 확장(boundary extension)이다. 경계 확장은 위험이 높고, 보상은 큰 전략인데, 본질적으로 기존 브랜드 포트폴리오 분자의 경계 밖에 새로운 브랜드를 창조하는 것이다. 이러한 확장의 일부는 기존 분자로부터 상대적으로 독립적이지만 다른 것들은 중심에 강하게 연결되어 있다. 시마론은 고전적인 고위험 경계 확장이었다. 시마론은 소형차이면서 대중적인 가격대로, 캐딜락의 브랜드 포트폴리오의 중심에서는 멀리 떨어져 있었으나, 실패할 경우 캐딜락 브랜드 포트폴리오에 손상을 입힐 수 있는 위치에 있었다. 보스 사운드웨이브(Bose SoundWave) 라디오는 버진 아틀랜틱 항공(Virgin Atlantic Airways)과 마찬가지로 성공한 경계 확장이다.

틈새 브랜드 확장

선도 포트폴리오에게 있어 틈새 확장은 경쟁자의 진입을 막고, 보다 인상적이고 특정한 제품으로 고객들을 잡아 둘 수 있게 한다. 그밖에 나머지 포트폴리오에게 있어 틈새 확장은 리더를 공략할 수 있는 지점을 제공한다. 이 책의 앞 장에서 우리는 다음 사례에 대해 이미 언급한 바 있지만 매우 유용한 사례이기에 다시 한번 되새겨 보기로 하자. 1993년 P&G의 크레스트(Crest)는 미국내 치약시장에서 넘버 원 치약이었다. 유니레버(Unilever)는 베이킹 소다와 과산화수소가 첨가된 멘타덴트(Mentadent)라는 치약을 출시해 1996년에는 1억 7천5백만 달러의 매출을 기록하였는데, 이는 인포메이션 리소스(Information Resources Inc.,)에 따르면 멘타덴트가 처치 앤 드와이트

멘타덴트

콜게이트

(Church & Dwight)의 암 앤 헤머(Arm & Hammer)로부터 3위 자리를 빼앗기에 충분한 것이었다. 처치 앤 드와이트는 거의 즉각적으로 반응해 멘타덴트가 출시된 해에 암 앤 해머 페록시케어(Peroxicare)를 급히 내놓았다.[6]

당시 크레스트의 매니저는 아무런 대응도 취하지 않았다. 그는 거품 치약의 치료적 가치에 대해 회의적이었다. 그들은 옳았고 멘타덴트의 매출은 줄어들었다. 하지만 1998년, 콜게이트 팔모리브(Colgate Palmolive)가 항균 성분이 함유된 치석 방지 확장 제품인 콜게이트 토탈(Colgate Total)을 출시하자 상황은 달라졌다. 1999년, P&G가 치석 방지 기능을 가진 크레스트 베이킹 소다 & 페록시드 화이트닝을 내놓았지만 이미 때가 너무 늦었다. 크레스트 브랜드는 오랜 라이벌인 콜게이트에 대한 기술적 우위를 잃어버렸고, 10년 만에 1위 자리를 처음으로 넘겨주었다.[7] 1999년 말, 멘타덴트의 매출은 1억3천6백만 달러로 줄어들었다. P&G는 1994년과 거의 같은 수준인 4억4천4백만 달러를 기록한 반면 콜게이트는 4억7천5백만 달러로 치약 시장의 선두 자리에 올랐다.[8]

이 사례는 틈새 확장이 얼마나 중요한가를 잘 보여 준다. 틈새 확장은 크레스트와 경쟁하기 위해 엄청난 광고비용을 쏟아붓지 않고도 P&G의 아성을 공격할 수 있는 길을 유니레버와 콜게이트에 제공했다. P&G는 신속한 대응에 실패하였고, 결국은 리더의 지위를 잃어버렸다.

P&G는 과도한 확장에 따른 포트폴리오의 혼잡을 우려했을 수도

있다. 과도한 확장은 유통 채널을 혼란하게 만들 수 있다. 또는 틈새 확장의 불가피한 결과인 자기잠식을 우려했을 수도 있다. 왜 불가피하다고 하는가? 1994년, 두 명의 조사원이 5,474명의 흡연자와 그들이 피우는 37개의 담배 브랜드를 관찰했다. 그들은 188개의 서로 다른 브랜드 변형들과 각각의 매출을 주의 깊게 분석했다. 그들은 다른 2차 브랜드들에 의한 2차 브랜드들의 잠식, 최초 브랜드들에 의한 2차 브랜드들의 잠식, 그리고·포트폴리오의 주변부에 위치해 있는 기업 브랜드들에 의한 2차 브랜드들의 잠식을 관찰했다. 연구는 30%에서 96%에 이르는 광범위한 자기잠식을 발견했다. 포트폴리오에 있는 브랜드의 수가 많을수록, 자기잠식의 수위가 높아지는 거의 선형적 관계에 있었다.[9]

그러나 자사의 브랜드가 다른 경쟁자에 의해 공격당하게 놔두는 것보다는 직접 잠식하는 것이 더 낳다. 타일렉스 후레시 샤워(Tilex Fresh Shower)는 어쩌면 화장실 세면대 시장에서 다른 타일렉스 제품을 대체할 것이다. 그렇지 않다면 클로락스(Clorox)는 새롭게 출현해 성장하는 영역을 경쟁자들에게 양보해야만 했을 것이다. 틈새 확장에 의해 일어나는 자기잠식은 대부분의 매니저들이 감수할 수 있는 위험이다.

그리고 포트폴리오의 혼잡은 분할에 의해서 관리될 수 있다. 이에 대해서는 13장에서 다룰 것이다. 분할은 큰 포트폴리오를 2개의 작은 포트폴리오로 나누는 것이다. 우리의 가설은 하나의 포트폴리오(또는 분자)에 30~40개 이상의 브랜드가 존재하면 관리능력의 범위를 벗어나는 것이고, 또한 전략적 브랜드가 12개 이상이어도 안 된다는 것이다.[10] 그 이상이 되면 혼잡, 의미 없는 확장, 그리고 불필요한 자기잠식이 발생할 것이다.

경계 브랜드 확장

그러나 자료가 보여주는 것처럼, 대부분의 매니저들은 틈새 확장에 대해서는 매우 편안해 한다. 그들은 현재의 브랜드 포트폴리오의 경계 너머로 브랜드를 어떻게 가져갈 것인가에 더 많은 관심을 갖고 있다. 경계 확장은 새로운 고객을 찾거나 새로운 카테고리에 진출함으로써 자기잠식 없는 성장을 만들어낼 수 있기 때문이다. 예를 들어, 빅스(Vicks) 브랜드의 라이선스 확장을 통해 가전 분야에 진출한 P&G의 경우를 살펴보자. 빅스 브랜드의 라이선스를 얻은 헬스케어 제품 메이커인 카즈(Kaz Inc.,) 사를 통해 P&G는 현재 빅스 가습기, 기화기, 공기 정화기 그리고 심지어 흡입기와 체온계까지 판매하고 있다. 확장은 빅스가 P&G에게는 전혀 생소한 지역 의료기 시장에까지 진출하게 했다. 많은 사람들은 단지 새로운 분야로 진출하는 경우만 진정한 확장이라고 여긴다.

경계 확장은 수익을 향상시킬 수 있는 아주 흥미로운 방법이긴 하지만 위험이 매우 높다. 브랜드 포트폴리오는 일부 방향으로만 확장될 수 있다. 브랜드 포트폴리오 경계는 4가지 요인, 즉 기술력, 소비자층, 유통 채널, 그리고 가격대(또는 품질 수준)에 의해 정의된다.

소비자층 또는 기술력의 경계에 따라 브랜드 포트폴리오를 확장하는 것은 종종 성공적이다. 예를 들어, 리처드 브랜슨(Richard Branson)은 버진(Virgin) 브랜드를 레코드 매장에서 음반, 항공, 콜라, 기차, 그리고 웨딩서비스 분야로 가져갔고, 대부부은 주목할 만한 성공을 거두었다. 그렇게 할 수 있었던 이유는 그가 모든 새로운 상품들이 전체적인 브랜드 포트폴리오 포지셔닝과 개성 안에 머물도록 했기 때문이다. 즉 유사한 소비자층을 상대로 유사하게 젊고 뻔뻔한 메시지로 호소하게 했다. 이와 유사하게, 소니도 오디오와 비디오 장비에서 소형 컴퓨터 바이오(Vaio) 라인으로 성공적으로 옮겨갔다. 브랜슨이 그랬듯이, 소니도 소형화라는 자신의 핵심 기술을 지렛대로 삼아 새로운 세분시장으로 브랜드 포트폴리오를 확장할 수 있었다. 심지어 건설 장비 브랜드인 드왈트(De-WALT)도 건설 현장용 내구성이 강한 무선 장비를 성공적으로 출시했다. 제품은 다르지만 핵심 소비자층과 가치 제안은 동일하다.

반면, 소비자층, 유통망, 또는 가격대를 넘어서 브랜드 포트폴리오를 확장하는 것은 거의 성공하지 못하는 것으로 나타났다. 1990년, 홀리데이 인(Holiday Inn)은

홀리데이 인 익스프레스

저가의 호텔을 선보이기로 결정했다. 홀리데이 인은 일반 객실 1박에 75~80달러를 받았고, 새로운 홀리데이 인 익스프레스의 요금은 10달러 아래로 책정했다. 힐튼(Hilton)과 메리어트(Marriott) 같은 경쟁자들은 다른 브랜드로 그들의 저가 상품을 판매하였는데, 이와 달리 홀리데이 인은 단지 모브랜드 뒤에 '익스프레스'를 추가하는 식으로 포트폴리오를 확장했다. 그러나 소비자들은 그것을 받아들이지 않았다. 소비자들은 홀리데이 인 브랜드에서 높은 가격대를 연상하였고, Microtel이나 Red Roof Inn과 경쟁 관계에 있는 낮은 가격대의 호텔이라고 여기지 않았다. 소비자들은 그들이 예상하는 홀리데이 인 요금을 단지 짧은 1박을 위해 지불하려 하지 않았고, 그 체인을 지나

처 버렸다. 그리고 2000년 중반, 홀리데이 인 익스프레스는 확장을 통한 홀리데이 인의 성장 기대에 훨씬 미치지 못했다.[11]

켈빈 클라인(Calvin Klein)과 구찌(Gucci) 같은 패션 하우스들 역시 소비자층, 유통채널, 가격대를 넘어서 확장을 시도했고 그로 인해 곤란을 겪게 되었다. 라이선스를 얻은 업체는 두 브랜드 포트폴리오를 새로운 유통 채널로 가져갔으며, 새로운 가격대로 새로운 소비자들에게 접근하고자 했다. 그러나 브랜드의 견인력을 확대하고 입지를 강화하는 확장 대신에 포트폴리오의 나머지 브랜드들을 끌어내리는 명백한 가치 침식이 나타났다.

포트폴리오가 가격대나 제품 품질의 경계를 넘어설 필요가 있다면, 그 때가 바로 새로운 브랜드 포트폴리오가 필요한 시점이다. 갭(Gap)이 기존 가격대를 벗어나 저가의 의류 시장에 진출하고자 했을 때, 그 회사는 저가 대량 소매 체인인 올드 네이비(Old Navy)를 만들었다. 디즈니는 완전히 새로운 소비자층인 성인에 어필할 수 있는 영화를 제작하기를 원했을 때, 현명하게도 완전히 새로운 브랜드 포트폴리오인 터치스톤 픽처스(Touchstone Pictures)를 설립했다.

틈새 확장과 경계 확장 모두 효과적일 수 있다. 둘 다 포트폴리오를 최대로 확대하는 데 도움이 될 수 있다. 그러나 틈새 확장이든 경계 확장이든 간에 확장의 포지셔닝은 전체 포트폴리오의 포지셔닝과 일관성을 유지해야 한다. 만약 확장의 포지셔닝이 일관되지 않다면, 소비자들이 브랜드 포트폴리오와의 연결을 인식하지 못하게 될 것이고, 최악의 경우에는 전체 포트폴리오의 자산을 훼손하게 된다.[12]

요약

확장은 브랜드 포트폴리오 최대화의 가장 오래되고 일반적인 접근 방법이다. 이것은 상당한 논란이 되고 있다. 비판론자들은 확장은 불필요한 복잡성을 만들어내고, 자원을 다른 곳으로 돌림으로써 핵심 브랜드를 약화시키고, 브랜드 자산을 희석시킨다고 주장한다. 그리고 그들은 옳다. 그러나 확장을 적절히 사용한다면 경쟁자의 진입을 막고, 상당한 저비용으로 새로운 성장 기회를 만들어낼 수 있다.

한 가지 중요한 고려 사항은 2가지 유형의 브랜드 확장을 구분해야 한다는 것이다. 틈새 확장은 위험도 낮고, 보상도 적다. 틈새 확장은 포트폴리오 내에서 전략적 브랜드들 사이의 빈 공간을 채우는 것이다. 경계 확장은 위험도 높고, 보상도 크다. 경계 확장은 포트폴리오의 가장자리에서 창조되고, 주로 포트폴리오를 새로운 시장이나 제품 영역으로 진입시킨다. 틈새 확장은 고객을 지키고 경쟁자를 막는데 매우 효과적이지만 언제나 포트폴리오에 있는 다른 전략적 브랜드를 자기잠식한다.

마지막으로 이 점을 강조한다.

모건 스탠리(Morgan Stanley)는 딘 위터(Dean Witter)와의 합병과 동시에 신용카드 회사인 디스커버(Discover)를 인수했다. 합병 직후, E*TRADE, Ameritrade, Datek, TD Wsterhouse, Charles Schwab online 같은 온라인 중개업자들이 빠르게 등장하기 시작했다. 모건 스탠리 딘 위터(Morgan Stanley Dean Witter)는 이 새로운 부문에서의 경쟁이 필요하다고 느꼈다, 그러나 매니저는 그들의 기존 딘 위터에 대한 자기잠식을 염려했다. 그래서 디스커버의 이름으로 새로운 온라인 중개 서비스를 내놓았다. 그리고 이것은 실패했다. 누가 봐도 디스커버의 신용카드 회사 이미지는 온라인 트레이딩과는 맞지 않았다. 곧 딘 위터는 서비스를 중지하고 자체 브랜드의 온라인 중개 서비스를 선보였고, 상황은 훨씬 더 좋아졌다. 디스커버에게 있어 온라인 주식 중개는 브랜드 포트폴리오의 포지셔닝과 상충되었기에 위험이 높은 경계 확장이었다. 딘 위터에게 온라인 주식 중개는 틈새 구멍에 논리적으로 딱 들어맞는 것이었다.

버진과 소니는 매우 효과적으로 브랜드 확장을 관리하고 있다. 다소 성공적이지 않은 점이 있다면, 소니가 데스크탑 PC로 시장에 진출한 것이 핵심 브랜드의 정신과 목적에 충실하지 않았다는 것이다. 버진의 어패럴 라인의 경우는 고전했는데, 처음 출시한 스타일이 비싸고, 어딘가 보수적인 면이 있어서 전체 버진 브랜드 포트폴리오의 세련되고 가격 대비 가치 있는 포지셔닝과 확연히 상충되었기 때문이었다.[13]

확장 다음으로 가장 일반적인 도구는 리포지셔닝이다. 다음 장에서 살펴보자.

리포지셔닝

당신은 새로운 브랜드를 소비자들의 마음속에 포지션시켜야 한다. 매니저는 브랜드에 대한 새롭고 차별적인 것들을 찾아내 소비자의 마음속으로 들어가 일정한 영역을 차지해야 한다. 소비자들이 갈증을 느낄 때마다 코크(Coke)는 커피, 생수, 맥주, 그리고 펩시를 제치고 제일 먼저 자신을 머릿속에 떠올려 주기를 바랄 것이다. 코크가 소비자들의 더 많은 두뇌 영역을 차지하고, 어떤 한 영역을 확고히 소유하면 할수록, 브랜드가 더 잘 포지션된 것이다.

시간이 지나면 당신은 많은 브랜드들을 리포지션해야 한다. 리포지션해야 하는 이유는 여러 가지이다. 장 노엘 캐퍼러(Jean Noel Kapferer)는 포지셔닝을 "브랜드의 한 측면을 일단의 소비자들의 기대, 필요, 욕구와 관련시키는 작업"이라고 정의했다.[1] 그런데 그 브랜드가 더 이상 소비자의 필요와 욕구를 충족시키지 못할 수 있다. 예컨대, 미국에서는 지난 10년간 위스키(whiskey), 버번(bourbon), 스카치(scotch) 같은 갈색 양주의 판매량이 전체적으로 줄어들었다. 1993년에서 1998년에 이르는 5년간 이런 갈색 양주 브랜드 중에서도 선두권의 브랜드들이 상실한 전체 술 시장 점유율은 5%에 달한다.[2] 지금 세대의 소비자들은 예전 세대들이 그랬던 것만큼 그런 술들을 즐겨 찾지 않고 있는 것이다. 위스키, 버번, 스카치 같은 갈색 양주 브랜드들은 현대 소비자들의 성향에 적합하도록 리포지셔닝을 할 필요가 있다.

케빈 레인 켈러(Kevin Lane Keller)는 포지셔닝을 차이의 연상을 만들어내는 것이라고 본다. "차이는 그 브랜드에만 고유한 것이며, 소비자들로부터 강력한 지지와 호감을 얻는 것이다."[3] 그러나 브랜드가 보유하고 있는 고유한 차이가 상실되는 경우도 있다. 소비자들은 그 브랜드가 나쁘다고 생각하기보다는 경쟁 브랜드에 비해 더 이상 매력적인 것이 아니라고 느끼게 되는 것이다. 윈스턴(Winston) 담배와 미켈롭(Michelob) 맥주 브랜드가 이런 경우이다. 이 브랜드들은 그저 그런 흔한 브랜드로 전락해 다른 구입 대안이 없을 때 할 수 없이 구매하는 정도의 브랜드로 여겨질 뿐 다른 경쟁 브랜드에 비해 탁월해 우선적으로 구매할 브랜드로 평가하지는 않는다.

부르마 면도기(Burma Shave)나 몽고메리 워드(Montgomery Ward)의 경우에서처럼 어쩌면 브랜드의 목표 시장은 나이들었고, 브랜드는 다음 세대 소비자들의 마음속에 자신의 포지셔닝을 갱신하지 못했을 수 있다. 또는 어쩌면 매니저들은 제록스가 '복사기 회사'에서 'Document Company'로 자신의 영역을 확대하면서

126

했던 것처럼, 보다 큰 소비자층에 접근할 수 있다면, 브랜드를 위한 더 큰 기회를 발견할 수도 있다. 이 모든 것들은 리포지셔닝을 고려해야 할 타당한 이유들이다.[4]

하지만 리포지셔닝은 포지셔닝보다 훨씬 어려운 작업이다. 포지셔닝은 소비자들에게 해당 브랜드가 어떤 점에서 탁월한지만 알려주면 된다. 그렇지만 리포지셔닝은 먼저 그 브랜드가 '한물갔다'는 생각을 떠올리지 않게 하는 작업이 선행되어야 한다. 올즈모빌의 경우, "아버지 세대의 올즈모빌이 아니다"라고 소비자들에게 주장하였지만 젊은 사람들에게 먹혀들지 않았다. 무엇보다 회사가 새로운 브랜드를 팔면서 나이든 느낌을 주는 'Olds'라는 문자를 그대로 두었기 때문이다. 한때 음주자들을 실명하게 만들었다는 비난을 받았던 옵신더(Absinthe)은 최근 영국에서 재출시되었는데, 놀랍게도 아주 나이든 사람들은 2차 세계대전 직전에 있었던 판매금지 사건을 기억해냈다. 이와 같이 부정적 연상이 사라지는 데는 3세대가 걸린다. 브랜드의 경우도 다르지 않다. 말보로(Marlboro)나 앤더슨 컨설팅(Andersen Consulting) 같은 몇몇 성공적인 리포지셔닝이 있지만 올즈모빌(Oldsmobile), 제록스(Xerox), 시어스(Sears), 미캘롭(Michelob), 밀러 라이트(Miller Lite), 리복(Reebok), 닛산(Nissan), 버거킹(Burger King), 부닷컴(boo.com), 펩시(Pepsi) 같이 실패한 리포지셔닝 시도들은 훨씬 더 많다.

리포지셔닝은 여러 가지 이유로 실패할 수 있다 제품 성능의 문제를 해결하지 않으면서 임기응변식 광고에만 과도하게 의존하거나 새로운 포지셔닝이 약하거나 허황된 것으로 보이는 경우, 그리고 그밖의 여러 이유로 실패할 수 있다. 그러나 우리의 경험상, 가장 일반적인 실패 이유는 매니저들이 브랜드 포트폴리오와 독립적으로 개별 브랜드만을 리포지션시키려 하는 것이다. 전통적인 이론에서는 포지셔닝이나 리포지셔닝이 개별적인 브랜드 수준에서 이루어진다고 주장한다. 즉 본질적으로, 질레트 마하 3(Mach 3)는 트랙 II(Trac II)나 아트라(Atra)와는 독립적으로 리포지션될 수 있으며, 또한 버드 라이트(Bud Lite)는 대표 버드와이저 브랜드와는 독립적으로 리포지션될 수 있다는 것이다.

우리는 브랜드 포트폴리오 내의 브랜드들 간의 관계가 매우 중요하며, 리포지셔닝의 성공 가능성을 높이기 위해서는 매니저들이 리포지셔닝 작업을 하는 내내 그 관계를 고려해야 한다고 믿는다. 밀러 사가 브랜드 포트폴리오 전체를 리포지셔닝하기 전에는 그 어떤 맥주 제품도 성공적으로 리포지셔닝할 수 없다는 것을 15장에서 확인할 수 있을 것이다. GM은 캐딜락과 전혀 다른 포지셔닝을 가진 세빌 STS를 프로모션하는 데 수억 달러를 쓸 수는 있지만 성과를 거두지 못할 것이다. GM이 브랜드 포트폴리오를 리포지션하지 않는 한, 브랜드 포트폴리오 내의 개별 브랜드를 중대하게 리포지션하는 것은 불가능하다.

포지셔닝과 리포지셔닝의 정의

그림 8.1이 보여주듯이, 브랜드 포트폴리오의 리포지셔닝은 목표 시장이나 가치 제안의 변경을 요구한다. 가치 제안을 변화시키기 위해 우리는 가치 제안의 근간이 되는 제품, 테크놀러지, 또는 품질과 관련한 평판 등 핵심적인 요소들을 바꾸려고 시도할 수 있다. 또는

구매 및 사용과 관련한 경험, 즉 브랜드 포트폴리오의 개성을 바꾸려고 시도할 수도 있다. 예를 들어, 1980년대 초 할리 데이비슨은 자신의 브랜드를 "개인으로서 자신을 바라보는 사람들을 위한 전통적인 스타일의 대형 모터사이클"로 리포지션했다. 그렇게 하기 위해 할리 데이비슨은 새로운 시장(경제적으로 풍요로운 베이비붐 세대)을 타겟으로 삼았고 가치 제안의 모든 구성 요소들을 변화시켰다. 소형 하이테

| 그림 8.1 | 브랜드 포지셔닝 프레임워크

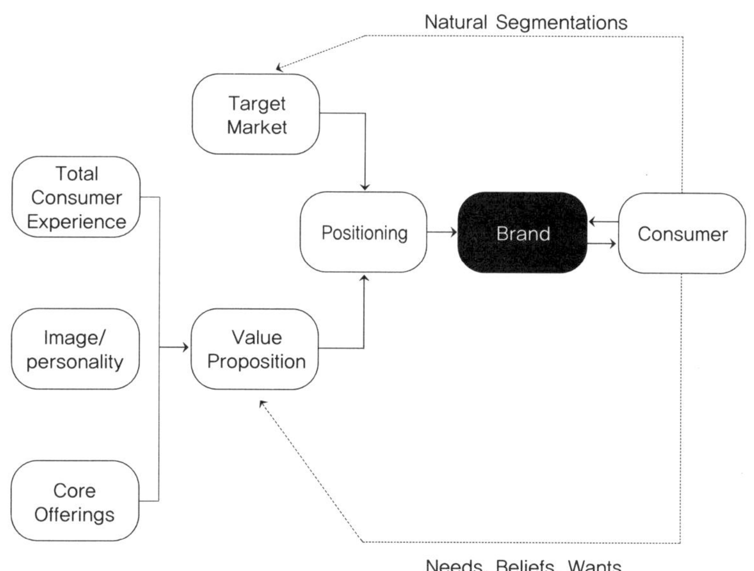

●제품 계열
●기술
●품질에 대한 평판

그림 8.1은 브랜드 포지셔닝에 대해 사고하는 우리의 프레임워크이다. 이는 브랜드 포지셔닝이 명확하게 정의된 목표 시장, 그리고 설득적이고 차별화된 가치 제안과 상관관계가 있음을 나타낸다. 그러한 가치 제안을 끌어내려면 소비자의 브랜드 경험, 브랜드 이미지, 그리고 브랜드의 핵심 제품 및 서비스에 대한 이해가 필요하다.

크 모터사이클 시장을 과감히 포기하면서 핵심 분야에 초점을 맞추었고 품질에 대한 평판을 향상시켰으며, 유통망을 정비하고 모터 사이클 대회와 이벤트를 개최함으로써 고객 경험을 업그레이드시켰다. 이와 같은 일련의 변화를 추진하면서도 할리 데이비슨이 유일하게 바꾸지 않은 것은 브랜드 포트폴리오의 근본적인 개성이었다.

다른 사례에서는, 회사가 브랜드 포트폴리오의 개성에 초점을 맞추는 선택을 할 수도 있다. 콜럼비아대학 돈 섹스톤(Don Sexton)은 마운틴 듀(Mountain Dew) 포트폴리오의 리포지셔닝에 대한 심도 있고 뛰어난 연구를 해왔다. 펩시사의 마운틴 듀는 특이한 색채를 띠는 달콤한 레몬 라임 탄산 음료수로 미국의 탄산 음료 시장에서 빠르게 성장하고 있는 최고 인기 제품 중 하나이다. 펩시사는 출시 초기부터 젊은층을 타겟으로 삼아왔다. 그러나 시간이 지나면서, 회사는 소박한 이미지에서 세련된 이미지로 포지셔닝을 점진적으로 전환시켜왔다. 1960년대에 출시된 마운틴 듀의 초기 광고는 시골풍의 사람이 갈색 병을 들고 있는데, 그 병의 코르크 마개가 폭발해 그의 모자에 구멍이 뚫리는 장면을 만화 형태로 보여준다. 광고 문구는 "Yahoo! Mountain Dew!"이다. 당시 회사는 '순수한 시골 달빛'으로 제품을 묘사했다.

30여 년에 걸쳐, 마운틴 듀는 초기의 촌스러운 옥수수빵 이미지에서 벗어나는 작업을 일관되게 실행해왔다. 펩시는 광고에 젊은 사람들이 나오는 장면을 점점 더 늘려 나갔다. 광고들은 야외 활동에 초점을 맞추기 시작했고, 건장하고 말쑥한 십대들이 로프에 매달려 흔들거리고 있거나 강에 뛰어드는 장면을 보여주었다. 광고는 이전보다는 현대적이지만 그 당시 다른 음료수 광고들처럼 정적인 젊은이들이나 즐거운 여름의 이미지가 나오는 등 여전히 고루한 면이 있었다. 그러나 1990년대에 펩시는 그러한 젊음과 활동성에 초점을 맞추면서 그것을 세련되게 표현하기 시작했다. 마운틴 듀의 높은 카페인 함량이라는 암묵적인 브랜드 자산을 활용하면서, 회사는 그 브랜드를 인기가 높아져 가는 익스트림 스포츠뿐만 아니라 건조한 X세대 유머를 활용하는 최초의 브랜드 중 하나로 만들었다. 최근의 광고 슬로건인 'Do the Dew'는 'Dew Crew'라 불리는 4명의 멋진 젊은이들에서 유래하는데, 광고는 그들이 고층빌딩 옥상에서 인라인스케이팅을 하거나 마운틴 듀 캔을 가지고 도망가는 치타를 오토바이를 타고 쫓아가는 모습을 보여준다. 이러한 포지셔닝을 강화하기 위해 펩시사는 마운틴 듀 브랜드 포트폴리오를 익스트림 스포츠 이벤트인 ESPN's X-Games의 주요 스폰서로 만들었다. 또한 마운틴 듀 브랜드를 '게으름뱅이(slacker)' 문화를 위한 일종의 정보센터로 만들면서. 웹사이트를 통해서 스포츠나 엔터테인먼트 정보뿐만 아니라 무료로 락이나 랩 음악을 다운로드 받을 수 있게 했다. 이는 마케팅 역사상 가장 성공한 리포지셔닝 사례 가운데 하나이면서, 동시에 가장 빨리, 단지 한 세대만에 성취한 사례 중 하나이다.[5]

어떻게 마운틴 듀의 현재 진화 정도가 광고와 선전 문구로 표현된 것보다 훨씬 더 깊이 진행되었는가에 주목해야 할 것이다. 포지셔닝을 조금 이동시키는 데도 보통 10여 년이 걸린다. 마운틴 듀는 어리숙하고 보수적인 젊은이들로부터 최신 유행을 따르는 젊은이들로 목표 시장을 이동시켰으며, 그것의 가치 제안을 맛에서 기분전환으로, 그리고 다시 활력소로 전환시켰다.

할리 데이비슨과 마운틴 듀의 사례에서 리포지셔닝이 성공할 수 있었던 이유는 그들이 개별 브랜드가 아닌 전체 포트폴리오를 고려했고, 브랜드 매니저가 사용할 수 있는 모든 전술들을 사용했기 때문이다. 리포지셔닝을 하는 데 있어 최초의, 가장 보편적인 수단은 새로운 커뮤니케이션 캠페인이다. 두 번째는 기상천외한 닷지 바이퍼(Dodge Viper)처럼, 새로운 방향으로의 전환을 알리는 새로운 제품이나 서비스의 개발이다. 세 번째는 브랜드 포트폴리오가 가고자 하는 곳에 먼저 포지셔닝하고 있는 기업이나 브랜드 포트폴리오와의 제휴이다. (11장에서 세 번째 접근방법을 논한다.)

리포지셔닝의 대안

리포지셔닝은 브랜드 포트폴리오 매니저의 도구 중에서도 비용이 가장 많이 들뿐만 아니라 위험성도 가장 높다. 어떤 시간 범위 내에서, 리포지셔닝이 무엇을 성취할 수 있고 성취할 수 없는지에 대한 분명한 한계가 존재한다. 조셉 슐츠 맥주(Joseph Schlitz Brewing)는 1975년 전체 매출 규모가 10억 달러에 이르렀고, 전년도에 비해 14%나 매출이 신장했다. 그러나 회사는 일련의 운영상 실수와 법적 실수를 범했는데, 가장 불명예스러운 것은 비용 절감을 위해 주조 공정을 변경한 결과 거대한 양의 우유맛이 나는 맥주를 만들어낸 것이다. 회사는 운영상의 절감 효과를 가격으로 경쟁자를 누르는 데 사용하였고, 이는 오랫동안 유지해온 프리미엄 이미지를 훼손함으로써 자신의 이미지 문제를 가중시켰다. 슐츠는 리포지셔닝을 통해 자신의 자산(fortune)을 뒤집으려 했다. 즉 'go for the gusto' 라는 TV 광고 시리즈를 통해 맥주를 거칠게 들이키는 사람들을 보여줌으로써

132

남성적인 이미지를 강화하고자 했다. 이에 비해 당시 버드와이저와 밀러는 밀러라이트의 'Taste Great, Less Filling' 캠페인처럼 더 가볍고 유머러스한 접근을 취하여 큰 성공을 거두었다. 슐츠가 상황을 되돌리기에는 너무 늦었다. 슐츠의 자산은 1982년 6월 10일 스트로 맥주(Stroh Brewing)가 회사를 인수할 때까지 줄어들었다. 인수된 후 슐츠는 훨씬 더 광범위한 포트폴리오 속으로 편입되었고, 모호한 위치로 떨어지고 말았다.[6]

성공 가능성이 높은 리포지셔닝의 대안은 포트폴리오의 뿌리로 돌아가 포지셔닝을 재활성화하는 것이다. 새로운 가치 제안을 반영하거나 새로운 고객층을 끌어들이기 위해 포지셔닝을 변화시키기보다는 업데이트된 메시지를 가지고 원래의 가치 제안과 원래의 고객층에게로 되돌아가는 것이다.

애플은 자신을 맨 처음 대중적으로 유명하게 만든, 작고 미학적으로 독특하며 설치와 작동이 간편한 PC로 되돌아감으로써 자신의 포지셔닝을 재활성화했다. 이 개념은 1984년 매킨토시로부터 비롯된 것이었으며, 비록 애플이 중간에 길을 잃기도 했지만 1998년 iMac으로 새로운 생명을 불어넣는 데 성공했다. 어도비색 박스들의 세상에서 다양한 색상을 한 달걀 모양의 iMac은 마치 깊은 밤 등대처럼 돋보였다. 그리고 iMac의 핵심 브랜드 약속에 충실하기 위해 가장 손쉽게 기기가 설치될 수 있게 했고, 시장의 다른 어떤 기종보다 손쉽게 온라인에 접속할 수 있게 했다. iMac 출시 캠페인은 인쇄매체 광고와 TV 광고를 통해 이루어졌다. 광고는 단지 컴퓨터의 기본적 장점을 소개한 간단한 카피와 함께 흰색 바탕 위에 사랑스럽게 놓인 컴퓨터를 보여주는 것이었다. 광고는 애플이나 매킨토시를 어떤 식으로든 다르게 꾸며낼 필요가 없었다. 광고는 단지 소비자들에게 이제 새로운 기기에 구현된 매킨토시 브랜드의 오래된 핵심적 차별성을 상기시켰다. 실제로, 예전에 매킨토시 슬로건으로 쓰였던 "우리들을 위한 인터넷 컴퓨터(The Internet computer for the rest of us)"라는 광고 문구가 iMac 광고에서 그대로 사용되고 있다. Kellogg's Corn Flakes, Keds sneakers, Radio Player, Jeep, RCA amplifiers, Kraft Macaroni & Cheese는 모두 브랜드 포트폴리오를 재활성화하는 데 성공했다.

재활성화는 특히 브랜드 인지도가 높고 역사가 오래된 브랜드 포트폴리오에 실현 가능한 대안이다.

요약

말보로는 일반적인 여성 취향의 담배에서 지금은 세계적으로 가장 가치 있는 브랜드로 괄목할 만한 성장을 이루었다. 앤더슨 컨설팅(지금은 Accenture)은 뚜렷한 특징이나 차이점 없이 상위 5대 재무컨설팅 회사 가운데 하나로만 여겨지다가 지금은 세계에서 가장 크고, 가장 활발하게 운영되는 컨설팅사가 되었다. 타겟(Taget)은 세련되고 구매력 높은 사람들을 위한 대중 할인매장이 되었다. 리포지셔닝은 대단히 강력한 도구이다.

그러나 리포지셔닝은 단순한 포지셔닝보다 훨씬 도전적이다. 포지셔닝은 브랜드 포트폴리오가 무엇을 대변하는지 소비자들이 알도록 하는 것이다. 그에 비해 리포지셔닝은 이제 더 이상 대변하지 않는 것을 소비자들이 잊게 만드는 작업이 선행되어야 한다. 리포지셔닝은 브랜드 포트폴리오 도구 중에서 가장 실패 위험이 높은 반면 보상은 가장 크다. 리포지셔닝에서 3가지 요소가 주요한 역할을 한다. 새로운 커뮤니케이션 캠페인, 브랜드 포트폴리오의 새로운 방향을 알리는 새로운 제품이나 서비스의 출시, 당신의 브랜드 포트폴리오가 가고자 하는 위치에 먼저 포지셔닝하고 있는 다른 기업이나 브랜드 포트폴리오와의 제휴가 그것이다.

| 성공의 열쇠 |

1. 브랜드가 아니라 포트폴리오를 리포지션하라. 3장에서의 브랜드 분자를 살펴보면 포트폴리오 전체를 고려하지 않고 개별 브랜드를 움직이는 것이 얼마나 어려운지 알 수 있을 것이다. 개별 브랜드를 움직이기 위해 포트폴리오와 맞서는 것보다 전체 포트폴리오를 움직이는 것이 훨씬 수월할 것이다.
2. 인내심을 가져라. 우리들 대부분은 포지셔닝을 논의할 때 광고 문구에 매달리는 경향이 있다. 하지만 포지셔닝은 광고 문구가 아니다. 광고 문구는 또한 자주 바뀐다. 포지셔닝 전환은 훨씬 어려운 일이고 지속적인 관리가 요구된다. 브랜드 포트폴리오를 리포지션하는 데는 적어도 몇 년은 걸린다.
3. 당신이 이용 가능한 모든 도구를 사용하라. 임기응변의 광고에 기대를 걸기 쉽지만 성공하는 경우는 드물다. 신제품이나 제휴 등과 결합된 광고가 성공 가능성이 훨씬 높다.
4. 위험성이 높은 리포지셔닝을 시도하기 이전에, 애플처럼 브랜드 포트폴리오의 뿌리로 돌아가 그것을 재활성화하는 노력을 반드시 해보도록 하라.

09

가지치기

대가족의 어머니들은 뛰어난 자식 하나가
모든 비용과 어려움을 보상해 줄 것임을 알게 될 것이다.

_ Hilaire Belloc, 1896

1990년 호주와 뉴질랜드의 몇몇 신문들에 '브랜드 포트폴리오 가지치기'에 관한 기사들이 게재되었다. 그 기사는 미국 태생으로 시드니에 살고 있는 젊은 컨설턴트(이 책의 공동 저자)의 주장을 실은 것이었다. 그의 주장은 비용을 통제하고 사업의 집중도를 높이기 위한 방안으로서 브랜드 및 제품 포트폴리오를 잘라내야 한다는 것이었다. 이러한 주장은 당시에 그다지 좋은 평가를 받지 못했으며, 그를 초청하려는 회의나 세미나도 줄어들었다. 사실상 그의 컨설팅을 받아들여 브랜드 포트폴리오를 실질적으로 축소한 기업은 호주에서 한 개에 불과했다.[1]

컨설턴트들은 "브랜드를 통합하는 것이 경제적 측면에서 상당히 합당하다"와 같은 제목의 칼럼이나 기사를 통해 제품이나 브랜드의 수를 줄이는 것을 옹호한다.[2] 많은 기업들이 그러한 주장에 공감해 자신들의 브랜드를 줄여나갈 것이라고 밝히고 있다. 유니레버도 2000년 초에 전세계적으로 1,600개에 달하는 브랜드를 400개로 과감하게 줄일 것이라고 발표했다. 다음해에 유니레버는 그 1,200개 브랜드를 당장 없애버리기보다는 "시들어 고사되게" 하겠다고 밝혔다.[3] 곧이어 유니레버는 슬림패스트(Slim Fast), 베스트푸드(Bestfoods), 벤 앤 제리(Ben&Jerry's)를 인수했다. 그와 더불어 체리 가르시아(Cherry Garcia), 피시푸드(Phish Food)와 같은 30여 개의 변형 브랜드(brand variant)들을 유니레버 브랜드 포트폴리오에 추가시켰다. 유니레버의 한 종사자가 말한 것처럼 '실질적으로 집계가 불가능한' 수의 브랜드들이 '브랜드 축소 프로그램'이 실행되는 2000년도에 전세계적으로 선보였기에 프로그램은 별다른 효과를 거두지 못했다. 사실상 사라진 브랜드는 거의 없었다.[4]

기업들이 브랜드 가지치기에 공감하면서도 실제로 브랜드를 제거하는 것을 주저하는 데는 나름대로의 이유가 있다. 브랜드 하나를 퇴출시킴으로써 나타나는 즉각적인 매출 저하를 감내해야 하기 때문이다. 2000년도에 다임러크라이슬러(DaimlerChrysler)는 플리머스(Plymouth) 자동차의 생산과 판매를 단계적으로 축소하는 계획을 발표했다. 그러자 전년도에 165,305대에 달하던 판매량이 그 해에는 83,564대로 급락했다. 그렇다고 줄어든 판매량이 다른 자동차 브랜드들의 판매 증가로 이어지는 것도 아니었다. 2000년도에 줄어든 플리머스 판매량은 79,841대였으며, 크라이슬러 그룹 전체로는 78,769대가 감소해 플리머스 감소분의 2% 미만을 보전했다.[5]

또한 특정 브랜드를 퇴출시킴으로써 그동안 차지하고 있던 시장을 경쟁자들에게 쉽게 내주는 경우도 많다. 몇 년 전 미국 중서부의 한 기업이 도움을 요청해 방문한 적이 있었다. 그 회사가 직면한 문제는 방향제 브랜드 포트폴리오가 계속 확대되는 것이었다. 변형 브랜드의 수가 기하급수적으로 증가하면서 생산성이 저하되고, 관리 비용이 증가하고 있었다. 당연히 책임자는 왜 제품 포트폴리오의 범위가 이렇게 빠르게 확대되는 것이냐고 물었다. 원인은 의외로 간단하게 찾을 수 있었다. 그 회사에서 새로운 제품을 도입하려면 중간 관리자 한 사람의 결정이면 가능하나 이와는 대조적으로 제품 라인 최하위에 있는 품목을 제거하려면 마케팅, 영업, 관리 담당 부사장 모두의 승인을 받아야 했던 것이었다.

지나친 관료주의인가? 꼭 그런 것만은 아니다. 현명한 관리의 측면도 있다. 예를 들어, 그 기업의 제품 중에 프렌치 로즈(Franch Rose)라는 방향제가 있는데, 주로 뉴올리언스 주에서 판매가 이루어지고 있었다. 그 곳에서 프렌치 로즈가 시장을 주도하고 있었으나 그 기업은 뉴올리언스 소매상들의 항의에도 불구하고 프렌치 로즈를 자사의 다른 많은 장미향들에 통합시키려 했다. 그것은 단순히 제품이 아니라 브랜드였다. 다행히 영업 부사장이 거부권을 행사해 프렌치 로즈 브랜드는 유지될 수 있었다. 틈새시장을 고수하는 것은 주요 소비자층의 강력한 호의에 영리하게 대응하는 것이다. 반대로 그 시장을 버린다는 것은 8장에서 살펴보았듯이 기회를 스스로 놓쳐 버리는 것이 된다. 경쟁자들은 그 기회를 잡기 위해서 곧바로 뛰어들 것이다. 결국 현장 관리자가 탁상공론을 물리치고 옳은 주장을 했던 것이다.

또한 어떤 브랜드가 현재의 시장에 적합하지 않다고 하더라도 장기적으로 볼 때 유용한 브랜드로 판명날 수도 있다. 오랜 시간 동안 마운틴 듀는 펩시사에게 있어 주변적이고 변변찮은 브랜드 포트폴리오였다. 그러나 시장 상황이 변하면서 마운틴 듀는 회사 전략에 있어 결정적 부분이 되었다.

언제, 어떤 가지를 잘라낼 것인가?

그렇다 하더라도 브랜드 포트폴리오 가지치기는 필요한 것이다. 의식적으로 브랜드 포트폴리오 가지치기를 해 온 기업들이 훨씬 더

| 그림 9.1 | 브랜드 수익성 변화 : 자동차 산업 1984-1998

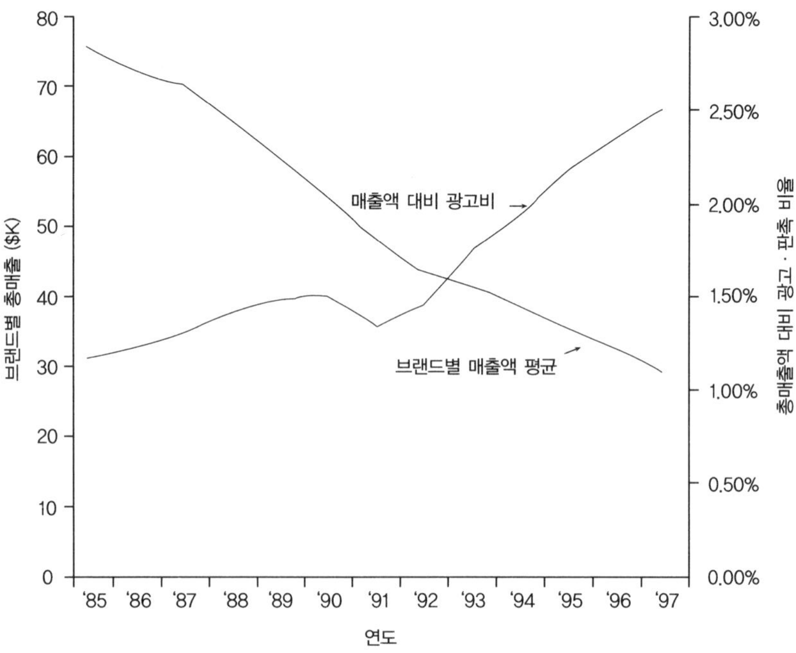

그림 9.1은 1984년에서 1998년까지 자동차 산업에서 브랜드별 총매출액과 브랜드별 광고 · 판촉비용의 비교를 그래프로 나타내고 있다.

잘 성장하는 경향이 있다.[6] 그림 9.1은 미국의 자동차 업계에서 가지치기를 하지 않은 회사들이 브랜드 포트폴리오가 관리 불가능한 상태에 이르렀고 마케팅 예산의 효율이 떨어지고 있음을 보여준다.

진실은 브랜드 포트폴리오는 전체적인 규모와 형태가 항상 변화하고 있다는 것이다. 오늘날과 같은 초경쟁 환경에서 브랜드를 명확하게 가지치기한다는 것은 거의 불가능하다. 브랜드 정리가 오늘날 진정으로 타당한 것이 되려면 다른 식의 접근이 요구된다.

먼저, 브랜드 포트폴리오 가지치기는 반복적인 과정이어야 한다. 관리자들은 브랜드 포트폴리오의 실적이 나쁜 시기뿐만 아니라 실적이 아주 좋은 시기에도 종종 가지치기를 해야 한다. 브랜드 축소는 거의 예외 없이 상황이 안 좋은 시기에 선언되고 시도된다. 1999년 유니레버는 여러 분기 동안 연속해서 저조한 실적을 올린 후 14억 달러를 절감하기 위한 브랜드를 정리 계획을 밝혔다.[7] 또한 부진한 실적의 영향으로 주가가 연중 최고치의 절반을 밑돌던 2000년대 중반 P&G는 "핵심 브랜드에 집중한다"는 계획을 발표했다.[8]

대신에 브랜드 가지치기는 정기적으로 이루어져야 한다. 예를 들어, 모든 장기적 전략 기획 과정, 특히 브랜드 포트폴리오의 발전을 위한 전략 기획 과정에서 추진되어야 한다. 규모나 브랜드 수가 적은 포트폴리오를 보유한 기업이라 할지라도 포트폴리오가 성장 영역에 초점을 맞추도록 하는 선행적 도구로서 가지치기를 실행해야 한다. 그 과정에서 관리자들은 어느 브랜드나 포트폴리오를 가지치기할 것인지 그리고 어떻게 가지치기할 것인지를 결정해야 한다. 그래서 가지치기는 브랜드 포트폴리오를 관리하는 선행적 도구가 되어야 한다. 하지만 어느 브랜드가 남아 있고 어느 브랜드가 가지치기되어야 하는가?

존 휘트니(John Whitney)는 제품이나 서비스를 가지치기하는 3가지 변수로 의미(significance), 수익성(profitability), 전략적 중요성(strategic importance)을 제안했다.[9] 이 변수들은 브랜드에도 마찬가지로 효과적이다. P&G는 최근 70억 달러 규모의 미용 사업부에 대한 구조조정을 단행했다. 여드름 치료제 시장에서 선두를 달리던 클리어라실(Clearasil)을 가장 먼저 매각했다. 꽤 이익을 많이 내던 브랜드였지만 미용 사업부 전체 매출에 기여하는 비율은 채 2%도 안 되는 것이었다.[10] P&G 담당자는 클리어라실을 매각함으로써 오일 오브 오레이(Oil of Olay)와 같은 핵심 브랜드 포트폴리오에 집중할 수 있게 되었다고 밝혔다.[11] 비누 브랜드인 코스트(Coast) 또한 매각키로 하였으며, 이에 따라 세이프가드(Safeguard)와 제스트(Zest)가 혜택을 입을 것이다. 이와 같이 P&G가 클리어라실과 코스트를 버리기로 결정한 것은 P&G의 내부 기준으로 볼 때 상대적으로 포트폴리오 내에서 차지하는 비중이 낮은 것으로 평가되었기 때문이다.

브랜드의 전략적 중요성을 평가하는 일에는 어려움이 따른다. 사실 어떤 매니저도 전략적으로 중요하다고 믿지 않는 브랜드를 발견하기는 어렵다. 그는 대개 상당히 그럴듯한 논리와 그것을 뒷받침할 열정을 가지고 있다. 그렇다고 전략적 중요성을 판단하는 명쾌한 잣대가 있는 것도 아니다. 유니레버는 브랜드를 줄이겠다는 계획을 밝히면서, 시장에서 1위와 2위 자리를 차지하고 있는 브랜드들은 정리 대상에서 제외될 것이라고 했다. 시장에서 1위 또는 2위라고 하는 것이 브랜드의 전략적 중요성을 판단하는 기준으로 작용한 것이며, 이러한 방법이 일반적으로 많이 사용되어져 온 것도 사실이다. 그러나 브라질 자동차 시장에서 1위를 하는 것이 전세계 시장에서 5위를 하는 것보다 좋다고 말할 수는 없을 것이다. 어떤 브랜드는 시장에서 3위 자리에 있지만 그 시장이 크게 성장할 것으로 기대되어 놓쳐서는 안 될 경우도 있다. 어떤 브랜드는 2위이지만 수익성이 매우 낮을 수도 있다. 이처럼 전략적 중요성을 시장에서 차지하고 있는 순위만으로 판단하는 것은 바람직하지 않다.

여기서 우리는 브랜드 포트폴리오 분자의 도움을 받을 수 있을 것이다. 어떤 브랜드가 전략적으로 중요한지 브랜드 포트폴리오 분자를 분석함으로써 확연하게 파악할 수 있다. 예를 들어, 전형적인 분자에서 2가지 유형의 제거 대상군을 찾아낼 수 있다. 분자의 중심부 가까이에 뭉쳐 있는 작은 브랜드군과 중심부에서 멀리 떨어진, 가장자리에 있는 작고 고립된 브랜드군이 그것이다. 브랜드가 분자의 가장자리에 위치한다는 것은 그만큼 브랜드 포트폴리오의 핵심과 관련성이 적다는 것을 나타낸다. 그런 브랜드들은 실버블렛 브랜드로 역할을 하기에는 너무 작고 멀리 떨어져 있다. 반면 이 영역에서 확장을 시도하는 것은 위험이 크기 때문에 이러한 외곽 브랜드들을 가지치기하는 편이 바람직하다. 이러한 브랜드들은 종종 좋은 매각 대상이 된다.

그러한 브랜드 군집을 날씬하게 만드는 것은 매우 힘든 일이다. P&G가 코스트와 세이프가드처럼 유사한 성격의 브랜드들 중에서 하나를 선택했던 것처럼, 마케팅 매니저는 브랜드 포트폴리오 분자 구성을 토대로 서로 가까이 위치하거나 겹쳐지는 브랜드들을 정리할 수 있다. 여기서 반드시 유의해야 할 점이 있다. 브랜드 포트폴리오 분자 구성을 토대로 정리 대상 브랜드들을 좁히면서, 동시에 경쟁 시장의 구조조정 등에 대한 분석을 수행해야 완전한 정보를 가지고 가지치기 결정을 내릴 수 있다. 그렇지만 분자 내에서 밀집되어 있는 중첩 브랜드들의 경우는 별다른 전략적 위험 없이도 가지치기를 할 수 있다.

전략적 중요성을 판단하는 기준으로 분자 분석을 활용함으로써 상당한 정도의 감정과 전략적 중요성에 대한 주관성을 배제할 수 있다. 그런 다음 위험과 보상의 합리적 관점에서 전략적 중요성을 논의할 수 있다.

어떻게 가지치기를 할 것인가

브랜드를 정리했다고 해서 그 브랜드가 완전히 사라졌다고 속단할 수는 없다. 캐딜락의 시마론을 기억하는가? 20년이 지난 뒤에도 캐딜락 고객들은 기억하고 있다. 브랜드는 오래도록 질기게 살아 남는 성질을 가지고 있다. 할리 데이비슨이 1960년대에 깨달은 것처럼 잘못된 경영으로 인해 반드시 브랜드가 죽는 것은 아니다. 심지어 유니레버와 P&G가 발견한 것처럼 브랜드를 의도적으로 죽이는 것도 쉬운 일이 아니다. 우리가 관여했던 컨설팅을 통해 많은 수의 브랜드를 가지치기하기로 결정한 회사가 있었으나 몇 년이 지난 후 재방문해 보면 오히려 브랜드 수가 늘어나 있는 적도 많았다. 실제로 종종 우리가 정리했다고 생각했던 많은 브랜드들이 여전히 관리 체계 뒤편에 흩어진 채 불충분한 R&D로 퇴색되고 마케팅 지원 부족으로 쇠약해져 있지만 분명 살아 있다.

팩커드 벨(Packard Bell)은 텔레다인(Teledyne)의 단종된 TV 제품

브랜드였다. 1980년대 중반에 3명의 PC 기업가가 공동으로 팩커드 벨 이름을 10만 달러에 매입해 대형 유통업체에 납품하는 PC 브랜드로 활용했다. 그 이름이 그들 제품에 높은 수준의 시장 점유율을

팩커드 벨

가져다 줄 잠재력을 갖고 있다는 그들의 판단은 옳았다. 더 잘 알려져 있고 존경받는 브랜드 포트폴리오와의 연결은 회사를 최근 10년 동안 미국 PC 시장에서 가장 빠르게 성장하는 기업으로 만들 정도로 강력한 효력을 발휘했다.[12]

　최선의 가지치기는 단호하게 제거해 버리는 것이다. 브랜드나 포트폴리오를 고사시키는 방법은 좀처럼 성공하기 어렵다. 그 브랜드와 관련된 비용이나 책임은 남아 있게 되지만 아무런 지원을 받지 못하는 그 브랜드가 성공할 가능성은 거의 없기 때문이다. 다시 말해서, 브랜드 오염과 복잡한 상표관리, 빈약한 자원 할당의 위험성이 있지만 보상은 전혀 없다. 과감하게 없애 버리고 나아가는 편이 현명하다.

　브랜드가 해당 포트폴리오로부터 분리 가능한 것이라면 매각하는 것도 좋은 방법이다. P&G는 항상 작고 독립적인 브랜드 포트폴리오를 창출하기 위해 세심한 주의를 기울여 왔으며, 엄브렐러 브랜드의 도입이나 다른 포트폴리오와 얽히는 것을 회피했기 때문에, 클리어라실 브랜드를 비교적 수월하게 매각할 수 있었다. 하지만 모든 포트폴리오들이 이와 같이 운이 좋지는 않다. 이에 대한 명백한 해결책이 없다면, 분리시 브랜드를 새로 만드는 것이 타당하다. 앤더슨 컨설팅은 아더 앤더슨으로부터 분리되면서, 새로운 회사에는 새로운 이름이 필요하다는 사실을 분명히 이해했고 아더 앤더슨이라는 브랜드는

액센추어

더 이상 사용하지 않기로 했다. 현재 앤더슨 컨설팅은 엑센추어라는 브랜드를 사용하고 있다.

요약

유니레버는 최근 자사의 글로벌 브랜드들 중에서 75%를 정리하겠다는 계획을 발표했다. 실질적으로 브랜드 수를 줄이려는 노력이 미약하기 때문에 유니레버의 계획이 성공할지는 더 지켜볼 필요가 있다. 브랜드 가지치기의 성공 가능성을 높이기 위해서는 재무적 위기가 올 때까지 기다렸다가 어쩔 수 없이 하기보다는 주기적으로 실행해야 한다. 포트폴리오 내의 브랜드 가지치기는 실적이 좋을 때나, 나쁠 때나 똑같이 주기적으로 실행해야 한다. 매니저들은 또한 브랜드 분자를 활용해 어떤 브랜드가 최소의 위험으로 정리될 수 있는지를 결정함으로써 가지치기의 성공 가능성을 높일 수 있다. 마지막으로 정리 대상으로 결정된 브랜드는 해당 포트폴리오에서 완전히 제거되어야 한다.

1. 브랜드가 고사되게 놔두지 말고, 단호하게 제거하라.

2. 매우 신중하게 정리 대상을 선택하라. 규모나 성장성은 분명 중요한 기준이지만, 더 중요한 것은 전체 시스템에서 해당 브랜드의 역할이다. 펩시사가 상대적으로 작은 브랜드였던 마운틴 듀를 계속 보유하고 있었던 것은 회사의 전체 영역에서 매우 중요한 부분을 차지하고 있었기 때문이다. 결국 마운틴 듀는 오늘날 해당 카테고리에서 가장 인기 있는 브랜드가 되었다.

3. 확실하게 제거하라. 잔존물이나 기존 포트폴리오와의 연결 고리를 남겨두면 향후에 문제를 일으킬 수 있다.

오버 브랜딩

점점 넓게 선회하는 매는 주인의 목소리를 들을 수 없네.
사물은 무너지고 중심은 잡히지 않네.
무질서가 세상에 퍼져 있을 뿐이네.
_ William Butler Yeats, "The Second Coming"

우리가 클라이언트와 일을 할 때 "기업명을 엄브렐러 브랜드로 사용해야 할 것인가?"라는 질문을 많이 듣는다. 이것은 단순한 질문이지만 명료하게 대답할 수 있는 사람은 거의 없다. 메리어트(Marriott) 호텔은 8개의 각기 다른 호텔 브랜드들, Fairfield, TownePlace Suites, SpringHill Suites, Courtyard, Residence Inn, Marriott, Renaissance, Ritz-Carlton을 운영한다. 메리어트는 포트폴리오의 수익을 극대화하기 위한 전략으로서 전통적인 오버 브랜딩(over-branding) 또는 엄브렐러 브랜딩(umbrella branding)을 구사한다. 그 회사는 마케팅 효율성을 확보하고 프랜차이즈를 지원하기 위해 메리어트라는 단일 브랜드와 일군의 브랜드 그룹을 결합시킨다. 매년 광고에 6천8백3십만 달러를 투입하고 있으며, 그 가운데 76%가 엄브렐러 브랜드를 위해 쓰인다. 메리어트라는 이름은 레지던스 인과 같

레지던스 인

이 덜 알려진 브랜드들에 추가적인 신뢰표시를 제공한다. 훨씬 잘 알려져 있는 메리어트 이름을 활용함으로써 회사는 코트야드와 같은 새로운 체인을 출시하고 확장할 때 성공 가능성을 높인다.[1]

우리가 오버 브랜딩을 말할 때, 그것은 판매에 도움이 되는 브랜드를 소유하고 있는 사업부 또는 회사의 브랜드를 사용하는 것을 의미한다. 실제로 이는 패키지나 광고, 또는 명함에 독립적인 브랜드와 결합시키거나 그것을 대신해서 브랜드를 표기하는 것을 의미한다. MCI Paging의 경우처럼, 그 브랜드가 다른 브랜드에 대해서 엄격하게 언급하든, Friends & Family From MCI의 경우처럼 약간 다른 방식으로 연결되든 큰 차이가 있는 것은 아니다. 중요한 사실은 '더 큰' 브랜드를 사용해 작은 브랜드를 대신하거나 거래가 성사되도록 돕는다는 것이다.

전통적으로 오버 브랜드의 사용은 양극화 양상을 보이고 있다. 회사들은 오버 브랜드를 광범위하게 포트폴리오 전체에 걸쳐 사용하거나 최소한도로 절제해서 사용했다. General Electric, Sony, AMEX, Microsoft, 그리고 3M은 항상 구매자들에게 매우 가시적으로 계열관계를 나타냈다. 예를 들어, GE는 GE Aircraft, GE Appliances, GE Capital, GE Lighting, GE Medical System, GE Plastics, GE Electrical Distribution and Control, GE Power Systems, GE Information Services 등을 보유하고 있다. GE 브랜드는 제품과 서비스 모두에 그리고 B2B 제품과 B2C 제품 모두에 사용되고 있다.

양극화의 다른 끝에 P&G가 있는데, 프록터 앤 갬블이라는 이름을 매우 제한적으로 사용한다. 당신은 Charmin, Folgers, Tide, Crest, Prell, Pantine, Pringles, Pampers, Neutrogena, Iams, NyQuil, Always, Cover Girl, Crisco, Tampax, Old spice 또는 다른 P&G 브랜드들과 브랜드 분자들에서 P&G 로고를 식별하기 위해서는 주의 깊게 살펴봐야 한다. 만일 당신이 P&G IR부서에서 일하지 않는다면 이들 브랜드 모두가 P&G에 속한다는 것을 알지 못할 수도 있다. 많은 소비재 회사들이 P&G의 전략을 뒤따랐고 오버 브랜드 적용을 꺼렸다. 네슬레처럼 소비재 산업에 속해 있는 몇몇 회사들은 오버 브랜드의 훨씬 더 강력한 옹호자이자 활용자이다.

오버 브랜딩을 하느냐 마느냐?

트렌드는 점점 더 상황에 따라 오버 브랜딩과 독립 브랜딩 사이 적당한 지점을 선택하는 것이 되고 있다. 포춘 500대 회사들 대부분은 이제 오버 브랜드와 독립 브랜드 모두가 있는 포트폴리오를 갖고 있다. 예를 들어, 갭(Gap)은 5개의 주요 소매 체인망, 즉 Gap, Gap Kids, Baby Gap, Old Navy, Banana Republic을 갖고 있다. 월드컴(WorldCom)과 합병하기 전에 MCI는 MCI Minutes, MCI Personal 800, MCI Paging, MCI Card, MCI Metro, Network MCI, Internet MCI, Friends & Family From MCI, Proof Positive from MCI, 1-800-Collect 그리고 Smart Minutes 를 갖고 있었다. 이 실용적인 접근은 심지어 더 극단적인 포지션들과 관련 있는 회사들

갭

중에서도 취해지고 있다. P&G는 Procter라는 이름을 일부 아시아 시장에서 오버 브랜드로 테스트한 적이 있다. NBC는 GE Television Network가 아닌 NBC로 남았고, 몽고메리 워드(Montgomery Ward)는 결코 GE Ward가 되지 않았다. 그리고 메리어트는 리츠-칼튼에 대해 모브랜드(parent brand)를 적용하지 않았다.

성공적인 오버 브랜딩의 비밀은 소비자들에게 이해되는 방식으로 브랜드나 브랜드 포트폴리오를 연결하는 데 있다. 소비자들은 유사한 목표 시장과 가치 제안을 가진 유사한 브랜드들을 함께 묶는 것을 오버 브랜드로 이해한다. 브랜드 포트폴리오 분자에서 매우 근접한 곳에 위치한 브랜드 그룹들은 오버 브랜딩의 형태로 제휴될 수 있는 강력한 후보자들이다. 예컨대, 캐딜락 브랜드 분자에서 드빌, 시빌, 그리고 에스칼레이드 같은 몇몇 브랜드들은 캐딜락 브랜드 옆에 몰려 있다. 이들 각각의 브랜드들에 대해 캐딜락 브랜드는 상대적으로 더 중요하고 의미 있는 오버 브랜드로서 기능한다. 엄브렐러 브랜드로서의 캐딜락은 분자의 가장자리에 놓여 있는 카테라에 대해서는 그다지 합당하지 않다.

소비자들은 또한 잘 알려지고 더 신뢰받는 브랜드가 약하고 덜 알려진 브랜드 위에 놓였을 때 그것을 이해한다. 1995년에 AT&T는 맥카우 셀룰러(McCaw Cellular)사를 인수하였고, 즉시 맥카우에서 AT&T Wireless로 브랜드를 바꾸었다. 그러자 가망 고객들로부터 전화가 일주일 동안에 600통에서 6000통으로 증가했다.[2]

그러나 소비자들이 항상 오버 브랜드를 이해하는 것은 아니다. 특히 새롭게 만들어진 오버 브랜드인 경우가 그렇다. 2000년 7월 미국 최대 규모의 자동차 딜러인 오토네이션(AutoNation)은 전국적인 자동차 딜러점 브랜드를 만드는 노력을 중단한다고 발표했다. 오토네이션은 자동차 소매 산업을 위한 혁명적인 비전의 일부로서 1996년 미국 각 주의 독립적인 자동차 딜러점들을 인수하기 시작했다. 독립 딜러점을 인수한 이후에는 초록색 하이웨이 스타일의 오토네이션 로고 사인이 딜러점에 오버 브랜드로 걸리게 되었다. 2000년 중반까지 미국 전역에 4백 개 이상의 오토네이션 사인들이 걸렸다. 브랜드 인지도가 낮은 딜러점들을 인수해 전국적인 브랜드 인지도 프로모션에 수천만 달러를 쓰는 오토네이션 브랜드 주위에 딜러점들을 함께 묶는 것은 직관적으로 분명해 보였다.[3]

그러나 딜러점 브랜드가 오토네이션이 생각했던 것보다 소비자들과 훨씬 더 강한 관계를 맺고 있었기 때문에 오토네이션은 실패했다. 예를 들어, 플로리다에서는 마룬(Maroone)과 같은 딜러 체인은 소비자들에게 중요한 위치를 차지하고 있었다. 소비자들이 특별한 자동차를 구매하는 이유로 마룬 브랜드를 언급한다는 측면에서 마룬 브랜드가 오토네이션의 브랜드를 실질적으로 압도했다. 결과적으로 플로리다에서 오토네이션은 딜러점들의 이름을 다시 마룬으로 바꾸게 되었다.[4]

성공적인 오버 브랜딩

잘만 실행되면, 오버 브랜딩은 실제로 포트폴리오의 수익을 증가시킬 수 있고, 관리를 단순화시킨다. 그 효익은 실제적이고 유형적이다.

1. 오버 브랜드는 광고에서 규모의 경제를 가능하게 한다. 예를 들

면, 광고 예산이 8개의 서로 다른 브랜드 포트폴리오에 분산된다면 동일한 효과를 내기 위해 메리어트는 2배의 비용을 지출해야 한다.

2. 오버 브랜드는 미약하거나 잘 알려지지 않은 기존 브랜드 카테고리의 브랜드 제품에 추가적인 신뢰표시를 제공한다. 예를 들어, 디즈니는 크루즈여행 상품에 자사 브랜드 사용을 허용했다. 〈Your Company〉라는 잡지는 신문 가판대에서 많은 다른 경쟁자들로부터 돋보이기 위해서 모브랜드와의 연계성을 활용해 〈Fortune Small Business〉로 이름을 변경했다. 이 두 가지 사례에서 오버 브랜드된 제품은 디즈니와 포춘의 품질 기준을 충족시켰다. 만일 그것이 따라주지 않는다면 신뢰표시를 빌리는 것은 매우 위험하다. 라이선싱을 통해 구찌(Gucci)는 1970년대에 아주 많은 제품들에 구찌를 오버 브랜드로 사용하도록 허락했다. 그러나 구찌라는 오버 브랜드를 부착한 많은 제품들이 핵심 제품군에 비해 품질이 우수하지 못했다. 대부분의 질낮은 품목들은 다른 유통망에서 팔린다는 사실에도 불구하고, 관리되지 않는 오버 브랜딩으로 인한 브랜드 자산의 침식이 회사를 침몰시킬 지경에 이르렀다.[5] 브랜드 자산을 빌려주는 것은 당신의 이웃에게 당신의 랜드로버(Land Rover) 자동차를 운전하게 하는 것과 매우 비슷하다. 이웃 사람이 어디로 가는지 당신은 통제할 수 없다. (그리고 다시 되돌려받지 못할 수도 있다.)

3. 오버 브랜드는 불가피하게 낮은 인지도를 갖고 출발하는 새로운 브랜드를 출시하는 데 도움이 된다. 최초의 온라인 경력개발 회사 중 하나인 퓨처스텝(Futurestep)은 대형 조사전문 회사인 콘/페리 인터내셔널(Korn/Ferry International)과 자회사 관계를 형성했다.

4. 급증하는 인수합병을 고려할 때, 점점 더 오버 브랜드는 회사의

통합을 공고히 하고, 다가오는
변화의 신호를 보낸다. 그 혜택

은 조직적 측면과 소비자의 측면 모두로부터 실현된다. 퍼스트 시카고 뱅크(First Chicago Bank)의 지점들은 이제 뱅크원(Bank One) 로고를 달고 있다.

다른 한편으로, 오버 브랜딩은 수용하기 어려운 수준으로까지 포트폴리오의 위험을 증가시킬 수 있다. 오버 브랜딩은 등록상표들에게 둥지를 제공하고 브랜드 전염의 가능성을 만들어냄으로써 위험 수준을 증가시킨다. 새로운 오버 브랜드가 생겨나면, 이것은 가용자원에 대한 갈등을 야기시킬 수 있다. 그래서 논리적으로, 수익이 위험을 정당화할 때만 위험을 추가하는 것이 합당하다. 브랜드 확장의 경우처럼 브랜드들이 기술력, 소비자층, 유통망, 그리고 가격대가 서로 비슷할 때 성공 가능성이 가장 높다. 마케터들은 새롭거나 어려움을 겪고 있는 제품들의 성공률을 높이기 위해 엄브렐러 브랜드를 사용할 때 특히 주의해야 한다.

요약

오버 브랜드 또는 엄브렐러 브랜드는 소규모 포트폴리오에 규모의 기회를 제공할 수 있다. 오버 브랜드는 새로운 제품들을 출시하거나 새로운 지역으로 제품들을 투입할 때 도움을 주며, 기존 브랜드들이 약세인 카테고리에서 브랜드 제품에 추가적인 신뢰표시를 제공한다. 또한 합병 후의 통합을 촉진시키는 데 활용될 수 있다.

　　그러나 오버 브랜딩이 포트폴리오 수익을 증가시키는 반면에 포트폴리오 위험도 증가한다. 오버 브랜딩은 비슷한 고객층, 유통채널, 가격대의 포트폴리오와 함께 묶여질 때 효과적이다. 오버 브랜딩이 적합한지, 적합하지 않은지에 대한 리트머스 테스트는 항상 소비자의 관점이다. 브랜드 분자는 소비자 인식의 단면을 나타내기 때문에 그것은 성공적인 오버 브랜딩이 이루어질 수 있는 형태로 브랜드들이 뭉쳐져 있는지, 아닌지를 결정하는 유용한 방법이다.

1. 타당한 이유가 있을 때 오버 브랜딩을 하라.
2. 소비자처럼 생각하라. 명확하면서 충분히 폭넓은 광고 문구라도 결코 연결될 수 없는 두 브랜드 포트폴리오를 묶어주지는 못한다. 인위적인 오버 브랜드는 관리를 단순화시키지도 못하며, 브랜드 포트폴리오 매니저가 반발하는 부서에 대해 회사 규정을 강요받는 데 많은 시간을 허비하게 함으로써 관리를 더욱 어렵게 만든다.
3. 브랜드들 간의 차이점과 유사성을 이해하는 시간을 가져라. 댈러스(Dallas)에 있는 페가수스(Pegasus)의 최근 움직임을 생각해 보자. 1989년 독자적인 브랜드 포트폴리오를 가진 16개의 호텔과 여행 관련 회사들은 호텔 예약에 관한 3자 업무 처리를 제공하기 위해 페가수스를 설립했다. 시간이 지나면서 회사는 3가지의 뚜렷한 사업 라인, 즉 The Hotel Industry Switch(THISCO), The Hotel Clearing Corporation(HCC), Pegasus IQ를 발전시켰다. 회사는 또한 Travelweb.com이라는 세계 최초의 여행 웹사이트 중의 하나를 선보였다. 1999년 페가수스는 3가지 주요 사업 각각을 Pegasus Electronic Distribution, Pegasus Commission Processing, Pegasus Business Intelligence로 리브랜드했다.[6] 페가수스는 이와 같은 결정을 내리기 전 여러 해 동안 오버 브랜드에 대해 주의 깊게 검토했다.
4. 신중하게 생각하라. 오버 브랜딩의 위험 또한 상당하다. 과도하게 확장해서 골칫덩어리를 만드는 것보다는 신중하게 오버 브랜딩을 추진하는 것이 더 낫다.

공동 브랜딩

필립스(Philips)와 리바이 스트라우스(Levi Strauss)는 최근 옷깃에 숨겨진 휴대폰과 주머니 속 MP3플레이어 같은 전자기기를 내장한 재킷을 발표했다.[1] Caterpillar 장화, Jeep 라디오, Camel 시계, Nickelodeon 장난감, Eddie Bauer Ford Explorers, Delta Airlines Optima Card, Starbucks와 Dreyers의 Godiva 아이스크림, 코크(Coke)와 디즈니(Disney)의 청량음료, Kaz의 Vicks 가습기. 이 모두가 가치를 창출하는 브랜드들의 조합이다. 공동 브랜딩은 새로운 시장진입과 사업창출을 위해 다른 회사의 브랜드 포트폴리오를 활용하는 방법이다. 그 과정에서, 당신은 브랜드 포트폴리오 경계 확장의 위험성을 줄이기 위해 다른 제조업체와 마케터들의 전문기술을 활용할 수 있다.

우리가 공동 브랜딩과 브랜드 포트폴리오 제휴에 대해 언급할 때,

우리는 폭넓은 의미에서 그 용어를 정의한다. 공동 브랜딩은 씨티뱅크 비자(Citibank Visa)와 같이 실제적으로 짝지어진 이름을 포함한다. 그리고 우리는 서점 안에서 함께 노출되는 Barnes & Noble과 Starbucks처럼, 이름을 바꾸지 않고 나란히 시장에 모습을 드러내는 브랜드들도 포함시키고 있다. 공동 브랜딩은 컴팩이 프린터를 렉스마크(Lexmark)에 제공해 그 브랜드로 판매되는 것처럼 심지어 하나의 브랜드가 제품 형태나 특성을 통해서만 인지되는 주문자 생산 방식(OEM) 계약을 포함한다. 그리고 실질적인 웹사이트 링크와 마케팅 프로모션도 포함한다. 이러한 제휴들이 소비자들에게 가시화되고 오랫동안 지속되는 것을 목적으로 했을 때, 우리는 그것을 공동 브랜드라 지칭한다.

브랜드 제휴는 비교적 새로운 것이지만 가장 인기 있는 도구들 가운데 하나가 되었다. 모든 경영자는 이제 제휴, 연합 프로그램, 라이선싱, 그리고 합작 마케팅 협정과 같은 사안들을 다루어야 한다. 1980년대 중반에 미국 회사들 10개 중 하나만이 브랜드 확장을 위해 기업간 제휴를 시도했다.[2] 현재 65%가 그 같은 거래 파트너들이다. 수년 동안 GM은 상표침해를 막기 위해 노력했다. GM은 쉐비(Chevy) 자동차 로고를 붙인 범퍼 스티커를 제조하는 소규모 프린트 점포들을 적발하는 데 매년 수백만 달러를 들였다. 현재 GM은 매년 10억 달러 이상의 수입을 가져다 주는 1,200개 이상의 라이선싱 계약을 맺고 있다.[3] 선키스트(Sunkist) 협동조합은 1980년대에만 그와 같은 제휴에 이름을 라이선싱해 1,000억 달러 이상을 벌어들였다. 웹 페이지에서 배너를 클릭해 다른 사이트로 이동하는 것(click-throughs)은 제휴와 파트너십의 완전히 새로운 카테고리를 창출했다.

몇몇 파트너십은 일시적이다. 1990년대 중반,
J&J는 유명한 무자극 유아용 샴푸를 위니 더 푸
우(Winnie-the-Pooh) 캐릭터 모양의 패키지에
담아 팔았다. 이것은 의도적으로 단기적이었다.
이 제품들은 대단한 성공을 거두었는데, 이는 무
언가 새롭고 특별한 것을 만들기 위한 2개의 성
공적인 브랜드 간의 제휴였다. 다른 한편으로 어떤 파트너십은 오랫
동안 지속되는데, 결합한 두 회사가 새로운 가상의 브랜드를 창출하
기도 한다. 나이키와 NBA는 그들의 브랜드들을 함께 구축해 왔는데,
때로는 단일 포트폴리오의 구성요소로 보일 정도로 밀접히 연결되어
있다. 케이마트(Kmart)는 새로운 정원용 도구들을 포함해 다양한 마
사 스튜어트(Martha Stewart) 제품 라인들을 판매한다. 그 역학
(mechanics)에 관계 없이 공동 브랜딩은 브랜드 포트폴리오의 수익
을 높이는 강력한 도구를 제공한다.

위니 더 푸우

제휴와 공동 브랜딩

다른 회사의 브랜드 포트폴리오와 당신의 브랜드 포트폴리오를 연
결시키는 것은 새로운 성장분야로 진입하는 다리를 만들 수 있다. 존
디어(John Deere's)가 스콧(Scott's) 및 홈디포(Home Depot)와 맺은
삼자간 제휴는 중요한 사례이다.

농기계와 건설 장비 제조사인 존 디어는 경쟁자들의 진입과 퇴출
이 빈번하고 경기 변동이 심한 시장에서 성공을 거두었다. 존 디어를
돋보이게 만든 것은 기술력이 아니라 중공업 분야에서 보기 드문 마

케팅 통찰력으로 구축된 브랜드 포트폴리오였다. 농업과 아무런 관련이 없는 소비자들도 존 디어의 초록색과 질주하는 사슴 아이콘, 그리고 "디어만한 장비는 없다"라는 회사의 슬로건을 알고 있다.

이러한 최근의 소비자 인지도를 활용해, 존 디어는 건설장비 부문보다 규모가 크고, 농업장비 부문의 거의 절반 정도인 26억 달러 규모의 잔디관리 장비 업체를 설립했다. 회사 성장의 핵심 요소는 존 디어의 농업용 트랙터처럼 보이는, 운전하는 잔디깎이 기계(lawn Tractor)의 출시였다.(1999년 인기 영화 The Straight Story는 Alvin Straight라는 노인이 잔디깎이 기계를 운전하면서 멀리 떨어져 있는 병든 형을 만나기 위해 아이오와에서 위스콘신으로 거의 4백 마일을 여행하는 이야기를 담고 있다. 여기에서 우리는 주인공 노인이 높이 솟은 농업용 트랙터를 탄 농부와 함께 나란히 존 디어 잔디깎이 트랙터를 타고 먼지 나는 길을 가는 멋진 장면을 본다. 그 닮은 꼴이 비정상적이고 의도적이다).

원래 잔디깎이 트랙터는 존 디어 농기계 판매점을 통해서만 판매되었다. 그 다음에 회사는 신중하게 선정된 잔디깎이 전문 판매점을 통해 판매했다. 이는 매우 성공적이었다. 그러나 시장을 확대하고 싶어한 존 디어는 3자 제휴를 통해 홈디포용으로 "존 디어가 만든 스콧"의 운전하는 잔디깎이 기계를 내놓았다. 그 회사는 대규모 유통채널에서 판매될 제품에는 존 디어 브랜드를 붙이지 않았다. 왜냐하면 기존 딜러들을 소외시키고, 가격과 관련한 통제의 문제를 야기시킬 것이기 때문이다. 그리고 이들 소형 존 디어 트랙터를 그다지 특별하게 보이지 않게 만들었다. 스콧의 잔디깎이 트랙터는 초록색이지만

162

디어의 초록색이 아니었다. 존 디어는 새로운 소비자층뿐만 아니라 새로운 유통채널로 자신의 포트폴리오를 확대시키고자 제휴를 활용했다.

제휴가 효과적인 경우

제휴는 포트폴리오가 비슷한 가치와 포지셔닝을 가지고 있을 때 효과적이다. 당신의 할머니는 옳았다. 당신이 어떤 사람인지는 당신이 사귀는 친구를 보면 안다. 브랜드 포트폴리오도 마찬가지이다. 소비자는 직관적으로 이해되지 않는 브랜드 확장은 무시한다는 연구조사가 있다.[4] 마찬가지로 소비자는 직관적인 논리를 반영하는 제휴는 인식하고, 그렇지 못한 제휴는 무시한다. J&J에게 있어, 위니 더 푸우(Winnie-the-Pooh)와의 제휴는 자연스러웠다. J&J는 자기 자신의 사랑스러운 캐릭터를 만들려고 하기보다는 수십 년간 밀른(A.A.Milne) 작가에 의해 이미 구축되었고 디즈니 영화에서 인기를 얻은 자산을 활용했다. 두 브랜드 포트폴리오는 비슷한 가치 제안, 개성, 게스탈트(gestalt)를 공유한다.

반대로 인위적인 제휴는 효과적이지 않다. 10년 전, 영국의 소매점 세인스버리(Sainsbury)는 고객들이 자사 매장에서 물건을 사면 브리티시 항공(British Airways)의 공짜 항공권을 얻을 수 있게 하는 정교하고 확장된 협정을 맺었다. 제휴를 정당화하기 위해 세인스버리의 대변인은 "이 둘은 세계가 좋아하는 항공사와 영국인이 좋아하는 슈퍼마켓입니다"라고 희망적으

브리티시 항공

CK 언더웨어

로 설명했다.[5]

　당신은 새로운 파트너에게 얼마나 많은 통제권을 부여할지 신중하게 고려할 필요가 있다. 공통의 목적과 방향을 공유하고 있다고 확신하는지 스스로에게 물어 보라. 제휴는 공통의 목적이 있을 때 효과를 거두고, 그렇지 않을 때는 실패한다. 2000년 5월, 캘빈 클라인은 캘빈 클레인 라벨을 부착한 청바지 제조회사이자, CK언더웨어 브랜드의 소유자인 워나코(Warnaco)사에 소송을 제기했다. 워나코사가 할인매장을 통해 제품을 판매함으로써 CK 등록상표를 희석시킨다는 이유였다. 예컨대, 워나코가 J.C. 페니 매장에서 CK언더웨어를 판매할 계획을 밝히자 고급 매장인 Dillard's와 Federated 백화점은 향후 주문물량을 줄이겠다는 발표를 했다. "우리는 우리의 등록상표의 가치와 통일성을 방관하거나 위험에 빠지게 내버려둘 수 없다."고 클라인은 말했다. 또한 워나코의 최고경영자인 린다 와그너(Linda Wachner)가 "CK 브랜드의 관리자"로서 역할을 다할 것이라고 거듭 약속을 했으나 그렇게 하지 않았다고 주장했다.[6]

　캘빈 클라인의 실제 이야기는 클라인이 부도가 난 직후에 현금 확보를 위해 CK언더웨어 사업부문을 워나코사에 매각했을 때인 1994년에 시작된다. 곧이어 클라인은 자사의 청바지 브랜드들을 제조하고 유통하는 또 다른 라이선싱 계약을 맺었다. 이 계약은 2034년까지 유효하다. 이 거래는 마케팅 의사결정에 클라인의 개입을 허용하는 반면 워나코가 일상적으로 브랜드 시스템의 이러한 측면에 대한 통제권을 갖도록 했다. 처음에는 클라인 측 사람들이 이 계약에 만족해 하는 것처럼 보였다. 공개된 자료에 따르면, 워나코는 재빨리 5천만 달러에서 3억4천만 달러로 언더웨어 브랜드의 가치를 올려놓았으며, 모든 세부 사항들에 치밀하게 대처했다. 그래서 한때 클라인 측은 수개월 동안 디자인 회의에 참석하지 않기도 했다.

그러나 클라인이 1999년 하반기에 자사를 매각하려 했을 때, 클라인은 자신의 브랜드를 통제하지 못하는 브랜드 기반의 회사에 투자자의 관심이 적다는 사실을 알게 되었다. 클라인은 그 실패를 라이선싱 파트너에 의한 미심쩍은 경영상의 결정 탓으로 돌렸으며, 워나코를 "브랜드의 가치와 통일성에 있어서 암적 존재"라고 부르며 법적 소송을 제기했다.[7] 이 제휴는 두 파트너들의 목적이 시간이 지나면서 갈라졌기 때문에 실패했다.

마지막으로, 양측이 어떤 것을 파티에 가져가는가, 즉 각각의 파트너가 독특한 기여를 하는가를 살펴볼 필요가 있다. 보스사가 캐딜락을 위한 스테레오를 만들기 시작했을 때, 캐딜락의 고객층이 보스의 기술력과 브랜드와 잘 결합되었기에 효과적이었다. 소매업자 보상 프로그램을 위한 니만 마커스(Neiman Marcus)와 BMW의 결합은 인구통계학적으로 잘 맞는 것처럼 보인다.

독특한 기여라는 개념이 중요하다. 즉, 브랜드 포트폴리오들은 너무 많은 것을 공통적으로 가지고 있을 수 있다. 1990년대 초에 완구제조사인 피셔 프라이스(Fisher Price)와 맥도널드는 아이용 놀이음식(play food)과 놀이용품을 생산하기 위해 제휴를 맺었다. 이것은 성공적이지 못했다. 문제는 각각의 파트너가 파티에 무언가

피셔 프라이스 완구

를 가져오지 않았다는 것이 아니라 양측이 똑같은 것을 가져왔다는 것이었다.[8]

위험 관리

공동 브랜딩은 특히 경계 확장이 실패할 위험을 낮춤으로써 브랜드 포트폴리오 위험을 감소시키는 도구로 이용될 수 있다. 그러나 이것은 또한 일련의 위험을 야기시키기도 한다. 값비싼 실패나 파트너들과의 결별 위험이 있고, 브랜드 오염의 위험도 있다. 그 가운데 어느 하나라도 당신이 계속해서 점검하지 않는다면 매우 심각한 브랜드 자산의 침식이라는 결과를 초래할 수 있다.

캘빈 클라인이 라이선싱 정책을 구사하는 최초의 또는 유일한 패션하우스는 아니었다. 1970년대 후반, 대형 패션하우스들은 가장 먼저 공동 브랜딩과 제휴에 의한 기회들을 잡으려 했다. 대중 시장을 위한 대량의 상품을 생산할 수 있는 회사들에게 자신들의 브랜드를 빌려줌으로써 그들은 적은 노력과 경비로 5~10%의 라이선싱 사용료를 거둬들였다. 그리고 그 논리는 고급 패션 시장과 대중 소매업자들은 완전히 다른 소비자층을 상대하기 때문에 그들은 브랜드 자산을 침식당할 위험이 거의 없었다는 것이었다. Gucci, Dior, Yves St. Laurent, Givenchy 모두가 광범위한 라이선싱 계약을 맺었다.

그 결과는 드러난 것처럼, 구찌는 거의 몰락 직전까지 갔고, 철저한 구조조정, 비용절감, 공격적 브랜드 재구축 노력으로 살아날 수 있었다. 오늘날, 이들 회사들은 여전히 그들의 브랜드 라이선싱 계약으로부터 벗어나기 위해 고군분투하고 있다.

제휴나 공동 브랜딩에는 브랜드 포트폴리오에 대한 통제권의 상실이라는 더욱 미묘한 전략적 위험이 있다. 1999년 4월 맥도널드는 새로운 마케팅 책임자를 물색하기 시작했다. 비자(Visa), 시어스(Sears), 영앤루비컴(Yong & Rubicam) 출신의 많은 일류 마케팅 스타들이 그 직책을 거절했다.

〈브랜드위크〉 지는 많은 잠재적 후보들이 맥도널드에서 일하기를 꺼리고 있는데, 이는 맥도널드가 "월트디즈니와의 제휴를 통해 디즈니가 전국적인 프로모션의 주도권을 갖게 했기 때문이다."라고 보도했다. 〈브랜드위크〉의 한 정보원은 이것을 다음과 같이 요약했다. "디즈니가 맥도널드의 마케팅을 주도하고 있다."[9] 이는 맥도널드가 아니라 디즈니가 맥도널드 마케팅의 핵심 요소들을 통제한다는 것을 의미한다.

단순히 잠재적 수익만이 아니라 위험 측면에서 각각의 그리고 모든 제휴를 평가하는 것이 중요하다. 일시적인 제휴는 포지셔닝의 보완성과 상대적인 기여도로 평가되어야 한다. 지속적인 공동 브랜딩 관계는 목적의 공통성에 대한 매우 신중한 검토가 요구된다.

요약

브랜드 포트폴리오들의 연결은 역동적인 새로운 성장 분야로 진출하는 다리를 만들 수 있다. 이것은 경계 브랜드 확장의 위험을 줄일 수 있고, 사용되지 않은 브랜드 자산의 활용성을 높일 수 있다. 그 위험은 다른 도구들의 경우보다 더 잘 관리될 수 있다.

공동 브랜드는 잘 활용되기만 하면 현재 포트폴리오의 비즈니스로 직접 하기 어려운 방식으로 브랜드가 목표 소비자들에게 도달할 수 있게 한다. 유사하지만 동일하지 않은 포지셔닝을 가진 브랜드 포트폴리오 간의 명확한 보완성은 소비자의 눈에 당신의 브랜드가 연관성을 가진 것으로 보이게 한다. 그 혜택(payoff)은 새로운 거래량뿐만 아니라, 존 디어의 사례처럼 브랜드 포트폴리오를 위한 완전히 새로운 기회에서 나온다.

1. 효과적인 짝짓기. 특히, 브랜드 포트폴리오들이 동일한 포지셔닝을 차지하지 않으면서 중첩되어야 한다. 그리고 목적의 공통성이 있어야 한다. 공동 브랜딩은 두 포트폴리오의 포지셔닝에 영향을 미칠 것이다. 두 포트폴리오로 하여금 공동 브랜드가 이행할 목표와 지침을 분명히 밝히게 하라.

2. 메시지를 단순하게 하라. 결합된 메시지는 명확하고, 직관적으로 명백해야 한다. 예를 들어, 인터넷 서비스 제공 분야에서 "라이코스 검색엔진을 이용한 AT&T의 Worldnet"을 보자. 이 경우 결합된 가치 제안이 정확히 무엇인지 알기가 쉽지 않다. 맥도널드의 디즈니 장난감, 바카디(Bacardi)와 코크(Coke)는 그것이 분명하다.

3. 당신이 지불한 것을 얻어내라. 공동 브랜딩은 위험을 증가시킨다. 수익이 그 이상의 가치가 있는지 분명히 하라. 공동 브랜딩 관계는 기본적인 사업 논리를 반영해야 한다. 누가 가치를 창출하는지 이해하고 그것을 적절히 나눠 가져라.

4. 선행적으로 위험을 관리하라. 언제든 포트폴리오들이 연결되면, 그것이 새로운 일단의 위험들을 야기시킨다는 것을 명심하라. 브랜드 포트폴리오 지침과 브랜드 분자를 가지고 모든 잠재적 제휴를 면밀히 검토하라. 옳은 것과 옳지 않은 것에 대한 매우 신중하고 명백한 지침을 세워라. 아주 면밀한 통제 지침을 갖고 있는 디즈니 사례가 보여주듯이, 지침이 명확할수록 더 나은 결과를 가져온다.

12

병합

가장 위대한 예술가는 사물을 단순화하는 사람이다.

_ Henri-Frederic Ameil, Private Journal, 1861

아모코(Amoco)를 합병한 BP(British Petroleum)는 2억 달러를 들여 전세계에 있는 29,000여 개의 아모코 주유소들을 BP로 리브랜딩하겠다고 공표했다. 아모코 브랜드는 기업명의 일부 또는 대형 BP 주유소 내부의 제품 라인 정도로 남게 될 것이다.[1] 시간이 지나면서 아모코라는 이름이 점차 사라져 갈 것이라는 것을 우리는 쉽게 생각해 볼 수 있다.

기업들이 브랜드 포트폴리오를 병합할 때, 그들은 종종 그 과정에서 기존 브랜드 네임 중 하나 또는 그 이상을 제거한다. 퍼스트 시카고 NBD(First Chicago NBD)를 인수하자마자 뱅크원(Bank One)도 브랜드를 새로 바꾸는 데 주저하지 않았다. 1986년, 유나이티드 항공(United Airlines)이 팬암(PanAm)의 태평양 노선을 매입하였을 때도 일부 팬암의 항공기들은 샌프란시스코에 있는 커다란 유나이티드 항공사 격납고에 착륙해 재빠르게 새로 페인트칠을 하고는 한국과 대만 항로에 투입되었다.

위의 각각의 사례에서, 병합은 흡수합병이나 인수의 결과이다. 그러나 병합이 단지 흡수합병만을 뜻하지는 않는다. 흡수합병과 인수, 병합에 의해 구축된 NBC 온라인 사이트를 살펴보자. NBC는 온라인상에서 강력한 포지션을 창출하기 위해 브랜드들을 효과적으로 결합했다. "NBC.com은 1998년 포털 경쟁에 비교적 늦게 뛰어들었으나 몇몇 포털들을 NBCi.com으로 병합하면서 따라잡기 시작했다." NBCi는 1999년 11월, NBC.com과 CNET, Snap.com, Xoom.com, NBC Interactive Neighborhood, VideoSeeker, 그리고 CNBC.com의 10% 주식 지분을 결합해 출범했다. 이러한 병합은 NBCi.com의 방문객을 5백만 명 이상으로 증가시켰다.[2]

당신이 올바르게 실행한다면, 병합은 좀더 거대한 브랜드를 생성하고 포트폴리오의 혼잡을 줄일 수 있다. BP, Amoco, ARCO, 이 3개의 주유소 브랜드를 관리해야 했던 BP는 이제 BP와 ARCO 2개의 브랜드로 간소화시켰다. 바람직스럽게도 이러한 조치는 BP에 커뮤니케이션과 제품 개발에 있어 규모의 이점을 제공했다. 그리고 주유소에서 취급하는 제품 브랜드들과 소매 브랜드(retail brand)를 영리하게 분리해내고, 아모코 제품명을 또 다른 형태로 유지시킴으로써 BP는 그 제품 라인과 연관된 자산을 잃는 것을 피하고자 했다.

운명의 여신은 용기 있는 자를 좋아한다

병합은 가장 강력한 브랜드 포트폴리오 도구 가운데 하나이다. 왜냐하면 병합은 복잡한 것을 더욱 간소하게 만들고, 기업으로 하여금 그들의 마케팅 자원을 집중할 수 있게 하기 때문이다. 유니레버는 영국에서 인기 있는 가정용 세제의 이름을 영국 이외의 다른 나라에서 알려져 있는 대로 지프(Jif)에서 시프(Cif)로 변경하겠다는 계획을 발표했다. 유니레버는 소수의 브랜드 네임을 관리하는 것이 브랜드 전환에 따른 비용보다 장기적으로 이익이 크다는 쪽에 일종의 내기를 건 것이다. 또한 영국에서 마스(Mars)는 다른 나라에서 사용되는 이름과 통일시키기 위해 마라톤(Marathon) 초코바의 이름을 스니커즈(Snickers)로 변경했다.[3] 그리고 네슬레는 Nestlé, Carnation, Buitoni, Maggi, Perrier, Nescafé, Nestea, Libby's Friskies, Nestlé Food Service 등 10개의 글로벌 브랜드를 구축하기 위해 병합을 현명하게 이용했다.[4] 이들 브랜드 대부분은 강력한 지역적 브랜드 또는 전국적 브랜드를 네슬레 사업부로 병합함으로써 성장해 왔다. 예를 들어, Nestlé는 프랑스에서 기반을 구축하기 위해 유제품 분야의 캄보시(Cambourcy) 브랜드를 완전히 대체했다.

병합은 브랜드 포트폴리오 매니저가 오버 브랜딩과 같은 대안적인 솔루션보다 훨씬 더 통제 가능한 솔루션이다. 오버 브랜딩은 제품 패키지에 표기되어 있는 브랜드 네임의 수와 이러한 브랜드들이 소비자에게 보내는 다수의 메시지로 인해 항상 소비자를 혼란시킬 수 있는 위험성이 있다. 병합을 통해, 브랜드 포트폴리오 매니저는 어떤 브랜드를 소비자들이 패키지에서 보게 하고, 어떤 브랜드가 광고나 다른 자원들을 지원받을지를 선택한다. 병합은 또한 향후 포트폴리오 가지치기에 필요한 촉매제를 제공하기도 한다.

그러나 병합은 겁쟁이에게는 적당하지 않다. 아모코의 사례를 생각해 보자. 전문가들은 오랫동안 아모코를 석유업계에서 최고의 브랜드 중 하나로 인식해 왔다. 석유산업의 범용품적 특성에도 불구하고 분석가들은 아모코 브랜드가 다른 제조업체 제품과 견주어 어느 정도 프리미엄 가치가 있다는 의견을 제시했다. BP에게 있어서 아모코라는 이름을 없애는 것은 소비자와 유통 업자들의 반발을 불러올 수 있는 상당한 위험성을 지니는 것이었다. 그것은 쉽지 않은 결정이었을 것이다.

병합은 또한 많은 비용이 든다. 네이션스뱅크(NationsBank)의 최고경영자 휴 맥콜(hugh McColl)은 여러 해 동안 뱅크 오브 아메리카(Bank of America) 브랜드 네임이 은행업계에서 다른 어느 브랜드보다 더 큰 잠재력을 가지고 있다고 주장했다. 1997년 9월, 네이션스뱅크와 뱅크 오브 아메리카가 합쳐졌을 때, 새로운 회사의 브랜드는 뱅크 오브 아메리카로 결정되었다. 6개월 후, 은행 대변인 토로드 넵튠(Torod Neptune)은 관리자들이 미국 전역에 걸쳐 있는 45,000여 개의 사인들을 대체하는 데 얼마가 소요되고 얼마나 걸릴지에 대해 아직 고심하고 있다고 실토했다. 텍사스 주에서만 5백만 달러의 비용이 들어간 것으로 평가되었다.[5] 경영진들은 처음에 그러한 변화가 12개월에서 18개월 정도 소요될 것으로 생각했지만, 지금은 그 2배가 넘게 걸리고 있다.

효과적인 병합

어떤 브랜드를 언제 대체할 것인가는 어려운 도박 게임이다. 목표는 최소의 판매 및 점유율 손실로 최대의 단순성을 창출해 내는 것이

다. 그렇게 하기 위해서는 문제의 브랜드 포트폴리오에 대한 심도 있
는 이해가 요구된다. 예를 들어, 대다수의 식품은 강한 정서적, 문화
적 식별성을 가지고 있다. 호주에서 크라프트(Kraft)는 실질적으로 많
은 호주인과 외국인에게 그 나라를 대표하는 베지마이트(Vegemite)
브랜드를 소유하고 있다. 우리는 적어도 호주에서는 크라프트가 베
지마이트를 다른 브랜드와 병합하지 않기를 희망한다.

우리가 생각하기에, 최선의 방법은 병합을 고려 중인 포트폴리오
들의 BPM(브랜드 포트폴리오 분자)을 가지고 시작하는 것이다. 2개의
브랜드 포트폴리오를 그려 놓고 중첩되는 부분과 비어 있는 부분을
확인한다. 두 포트폴리오의 폭을 조사한다. 그리고 목표 시장이 같은
지 보라.

그리고 나서 병합으로 얻을 수 있는 잠재적인 이익을 계산해 보라.
우리의 경험으로는, 병합은 3가지의 중요한 수익 영역을 제공한다.
첫 번째이면서 가장 분명한 것은 마케팅에서 규모의 경제이다. 광고
는 손익계산서상에서 규모에 가장 예민한 항목 중 하나이다. 슈퍼볼
경기 중에 방영되는 광고비는 당신이 1,000만 달러의 매출을 올리든,
100억 달러의 매출을 올리든 상관 없이 2백만 달러이다. 그러나 단위
당 광고비는 규모가 큰 기업일수록 훨씬 낮아지게 된다. 브랜드를 병
합하는 것은 더욱 효율적인 방식으로 광고비를 집중시킬 수 있게 한
다. 기업은 종종 단 하나의 웹사이트만을 유지하거나 단일한 세트의
문구류들을 업데이트하는 등 관리행정에 있어 유사한 비용절감을 할
수 있다. 증가된 조직적 집중으로부터 얻어지는 이러한 이점은 계산
하기가 쉽지 않다. 그러나 이것들이 훨씬 더 중대한 것일 수 있다. 5
장에서 살펴본 지브라 테크놀러지(Zebra Technologies)처럼 다수의

브랜드 포트폴리오를 관리하는 것은 더 큰 노력을 필요로 한다.

병합의 가장 큰 잠재적인 비용은 가지치기의 경우에서처럼 매출과 시장 점유율의 손실일 것이다. 이러한 위험을 최소화하기 위해 대부분의 회사들은 중요하지 않은 브랜드부터 점차적으로 제거해 나간다. 전문적인 서비스를 제공하는 회사인 프라이스워터하우스쿠퍼스(PricewaterhouseCoopers)는 지난 150년 동안 거의 10년마다 브랜드 네임을 바꿔왔다. 합병이나 인수 직후 짧은 기간 동안은 이름이 더 길어졌고, 그리고 나서 점진적으로 이름들이 다시 합쳐졌다. 프라이스 앤 워터하우스(The Price and Waterhouse) 부문은 1849년 사무엘 로우엘 프라이스(Samuel Lowell price)에서 출발했다. 프라이스는 또 다른 회사를 합병해 프라이스 홀리랜드 앤드 워터하우스(Price, Holyland and Waterhouse)가 되었고, 다시 1865년엔 프라이스 워터하우스 앤 컴퍼니(Price Waterhouse & Co.)가 되었다가 1882년 프라이스 워터하우스 월드 펌(Price Waterhouse World Firm)으로 바뀌었다. 쿠퍼(Cooper) 부문은 영국에서 1854년 윌리엄 쿠퍼(William Cooper)로 출발했고, 후에 쿠퍼 브라더스(Cooper Brothers)가 되었다. 로버트 몽고메리(Robert H. Montgomery), 윌리엄 라이브랜드(William Lybrand), 아담 로스 주니어(Adam A. Ross Jr.), 그리고 그의 형 에드워드 로스(T. Edward Ross)가 1898년 라이브랜드, 로스 브라더스 앤드 몽고메리(Lybrand, Ross Brothers and Montgomery)를 설립했다. 쿠퍼 브라더스(Cooper Brothers & Co.), 맥도널드(McDonald), 큐리 앤 컴퍼니(Currie and Co.) 그리고 라이브랜드, 로스 브라더스 앤 몽고메리(Lybrand, Ross Brothers and Montgomery)는 1957년 쿠퍼스 앤 라이브랜드(Coopers and Lybrand)로 합병되었다. 그리고 1998년 프라이스 워터하우스와 쿠퍼스 앤 라이브랜드의 세계적인 합병으로 프라이스워터하우스쿠퍼스(Pricewaterhouse Coopers)가 탄생했다.[6]

요약

병합은 2개의 브랜드 포트폴리오를 합치고, 그 과정에서 기존 브랜드 네임 중 하나 또는 그 이상을 제거하는 것이다. 병합은 브랜드 포트폴리오를 관리하는 가장 강력한 도구 가운데 하나이다. 기업들은 M&A의 이점을 가속화하기 위해 병합을 사용할 수 있으며, 잘 짜여진 병합 전략은 강력한 브랜드 포트폴리오를 신속하게 구축할 수 있다. 병합을 잘 수행하면 마케팅 비용과 관리 비용이 줄어들고, 사업의 집중도가 최고로 높아진다. 그러나 병합은 대담성이 요구되며, 비용이 소요된다. 잘못 수행될 경우 매출감소와 시장 점유율 하락이라는 결과를 초래하며, 조직을 혼란스럽게 할 수도 있다. 모든 브랜드 포트폴리오에 대한 모든 조치들 중에서 병합은 되돌리기가 가장 어렵다. 그렇기 때문에 병합은 매우 신중한 계획을 필요로 한다.

1. 충동적인 병합은 하지 말라. 모든 브랜드 포트폴리오가 합쳐질 필요는 없다.

2. 병합 브랜드를 현명하게 선택하라. 1987년, 유나이티드 항공의 최고경영자 리처드 페리스(Richard Ferris)가 23억달러를 들여 힐튼(Hilton) 호텔과 허츠(Hertz) 렌터카를 인수했을 때 알레지스(Allegis)라는 새로운 이름으로 리브랜딩하려고 했다. 페리스는 강력한 여행 관련 대표 브랜드를 구축하기를 희망했다. 1998년의 조사에서 볼 수 있듯이 브랜드 인지도와 호감도 측면에서 알레지스는 최하위 5%에 속했다. 반면에 유나이티드는 인지도 면에서 최상위 15%에 속했고, 고객 호감도 면에서는 최상위 10%에 속했다. 그러한 최악의 조치를 취한 페리스는 1년 뒤 해임되었고, 유나이티드가 알레지스가 된 14개월 후, 유나이티드는 다시 날았고, 이러한 360도 전환으로 회사는 마케팅과 항공기 꼬리 날개를 두 번 칠하는 등의 부대 비용에 8백만 달러를 낭비하게 되었다.[7]

3. 명확한 계획을 세워라. 1998년에 센던트 소프트웨어(Cendant Software) 소유의 소프트웨어 전문사인 시에라(Sierra Inc.,)는 Berkeley Portfolio, Dynamics, Yosemite Entertainment, Papyrus, Front Page Sports, Impressions, Pyrotechnix 등 자사 소유의 독립적인 소규모 소프트웨어 그룹을 통합해 리브랜딩하기로 결정했다. 또한 시에라는 Red Baron 2, Blood of Damned, Golf Pro 99와 같은 자사 소유의 게임 타이틀을 보유하고 있었다. 이렇게 분리되어 있는 포트폴리오를 통합하기 위해 시에라는 Sierra Studio, Sierra FX, Sierra Attractions 등 6개의 사업부서를 둔 패밀리 브랜드를 만들기로 결정했다.[8] 시간이 지나면서 시에라 브랜드는 산하의 많은 브랜드들을 대체할 것이고, 브랜드 포트폴리오를 정연하고 관리하기 쉽게 바꾸어 놓을 것이다.

4. 불필요한 브랜드를 단호하게 없애라. 브랜드 포트폴리오가 결합되면, 어떤 것들은 떨어져 나가야 한다.

5. 그러나 신중하게 수행하라.

178

13

분할

시간이 지나면서 브랜드 포트폴리오는 성장한다. 이것이 게임의 속성이다. 그리고 성장과 함께 조밀도가 높아지고, BPM(Brand Portfolio Molecule) 가장자리에 브랜드의 수가 증가한다. 때때로 그러한 브랜드들은 분자의 일부분으로 자연스럽게 자리를 잡기도 하고, 전체적인 포트폴리오에 힘을 보태기도 한다. 하지만 그들은 종종 별다른 가치를 추가하지 못한다. 그리고 그 브랜드들은 근처의 다른 브랜드들과 연결되어 '미니분자'를 구성하기도 하는데, 그들의 포지셔닝은 사실상 전체적인 포트폴리오와 충돌하곤 한다. 이러한 브랜드들은 분자의 핵심을 형성하는 브랜드들과는 상이한 기술을 사용하거나, 또는 상이한 고객 기반을 갖고 있을 수 있다. 아무튼, 당신의 포트폴리오가 너무 다양화되었거나 거추장스러운 수준까지 자라났을 때, 바로 그때가 분할, 즉 브랜드 포트폴리오를 2개 또는 몇몇의 독자적인 포트폴리오로 나누는 것을 고려해 볼 때이다.

재무적 그리고 관리상의 이유로 인한 분할

분할은 훨씬 더 큰 집중화를 가능하게 하기 때문에 종종 성공적이다. 휴렛팩커드(Hewlett-Packard)와 에이질런트(Agilent)의 호의적인 분리에 대해 생각해 보라. 1939년 HP는 캘리포니아의 팔로알토에 있는 한 차고에서 창업되었다. 그로부터 60년이 지난 지금, 120개국에서 124,600명의 직원을 두고 470억 달러의 매출을 올리고 있으며, 포춘 500대 기업 중 14번째 거대 기업으로 성장했다. 테스트와 측정 장비를 만들고 있을 뿐만 아니라 광섬유를 통한 근거리 통신설비, 건강진단 기기, 화학분석 장비와 같은 제품들을 내놓고 있다. 그러나 이것이 전부가 아니었다. HP는 컴퓨터 프린터 분야의 가장 큰 제조회사이자, 두 번째로 큰 개인용 PC회사이며, 워크스테이션, 서버, 소프트웨어의 대형 공급자이다. 1999년 11월, HP는 에이질런트를 분사시켰다. 에이질런트는 좀더 기술적이고 연구 지향적인 제품 라인을 가져간 반면에 HP는 컴퓨터 사업과 연관된 분야를 유지했다. 이러한 분리는 HP의 신임 최고경영자인 칼리 피오리나(Carly Fiorina)가 썬 마이크로시스템스와 같은 좀더 집중화된 기업에 뒤처져 있는 프린터, 컴퓨터 기술, 인터넷 분야에 보다 집중할 수 있게 했다.[1] 분리를 발표하자마자 HP와 에이질런트 모두 서로의 브랜드 포트폴리

HP

에이질런트 테크놀러지

오를 떨어뜨려 놓기 위해 대규모 커뮤니케이션 캠페인을 시작했다. 하지만 에이질런트는 HP와의 감정적인 유대를 신속히 끊지는 못했다.[2] 캠페인의 선전 문구는 "Innovating the HP Way"였다.[3]

대다수 초대형 분할과 마찬가지로 HP와 에이질런트의 분리는 재무적인 그리고 관리상의 이유로 행해졌다. 그럼에도 불구하고, 브랜드 포트폴리오 측면에서 이러한 조치에는 실질적인 이유가 있다. 수십 년에 걸쳐서 HP 브랜드는 커뮤니케이션, 전자, 건강관리, 생활과학이라는 4개의 뚜렷이 다른 포트폴리오를 발전시켜 왔다. 이들 각 영역에 있어서의 브랜드 집중도는 분리가 이루어질 당시에 매우 컸다. 각각의 포트폴리오는 수백 개의 제품과 서비스들을 포함하고 있었다. 분할을 단행함으로써 HP와 에이질런트 모두 자신들의 시장에 더 잘 집중할 수 있을 것이라고 느끼고 있다.

금융시장은 이에 동의했다. 1999년 11월 18일, 에이질런트의 주식 거래 첫날, 주가는 44달러로 47% 상승했고, HP는 에이질런트를 분사시킨 후 다음 회계분기에 전년도 같은 시기에 비해 17% 이상 수익이 증가하였음을 확인할 수 있었다. 다음해 8월, HP의 이사회는 주식 1주를 2주로 분할하는 조치를 승인했다.[4]

재무적인 목적의 분할은 일반적인 현상이 되어가고 있다. 대부분의 브랜드 포트폴리오 분할은 재무적인 이유로 실행되고 있다. 일반적으로, 회사가 시장에서 혼동을 느낄 정도로 사업영역이 너무 광범위해서 저평가되고 있다고 판단되면 최고경영자는 분할을 결정하게 된다. 최근에 노바티스(Novartis)와 제네카(Zeneca) 두 거대 제약회사가 농업관련 사업부문을 신젠타(Syngenta)라는 이름의 신생 회사로 분사하기로 결정했던 것과 같이, 전형적으로 회사는 수익이 낮은

사업이나 범용품 사업을 분사한다.[5]

　제네카가 ICI로부터, 루슨트(Lucent)가 AT&T로부터, 3Com이 팜(Palm)으로부터, 알리안트(Alliant)가 크라프트(Kraft)로부터, 트라이콘(Tricon)이 펩시코(PepsiCo)로부터 분리되었을 때, 두 브랜드 포트폴리오 모두 대체적으로 성공했다. 핵심사업 영역에 대한 집중과 자율성 추구로 인한 이득이 규모의 축소로 인한 손실을 앞질렀다. 맥킨지 앤 컴퍼니(McKinsey & Company)의 연구에 의하면 직접적인 분사(spin-offs)는 첫 2년 동안 평균 27%의 성장을 가져왔다. 이 경우 수익의 상당 부분은 작은 자본을 차지한 회사에 의해 발생했다. 이와 달리, 분사와 비슷하지만 모회사가 더 큰 지분을 가지는 분리(carve-outs)의 경우는 연평균 24%의 수익을 달성했다. 그리고 1985년에서 1998년 사이에 이루어진 231개의 분사와 분리들을 조사한 J. P 모건(J.P. Morgan)의 유사한 연구에 의하면, 분사나 분리 후 처음 18개월 동안 분사는 S&P500 주식 지수를 11.3% 앞지른 반면 분리의 경우는 10.1% 앞질렀다.[6]

　그러나 관리상의 이유로 인한 분할 역시 합당하다. 전문 서비스 산업을 생각해 보자. 언스트 앤 영(Ernst & Yong)은 자사의 컨설팅 사업부문을 캡 제미니(Cap Gemini)에 매각했고, PwC는 HR 부문과 전자상거래 부문을 분사해 Unifi.com을 만들었다. 그리고 브랜드 구축을 위해 수백만 달러를 투자한 앤더슨 컨설팅(Andersen Consulting)은 지금은 추한 경영권 협상의 결과, 아더 앤더슨(Arthur Andersen)에서 분사된 회계감사 부문 파트너에 그 이름을 넘겨주어야 하는 상황에 있다.[7]

브랜드 포트폴리오 분할

우리가 논의한 사례들은 대규모의 분할(새로운 회사로의 분사)은 브랜드 그룹들에게 그들이 번창하는 데 필요한 공간과 관심을 실제로 제공할 수 있다는 것을 보여준다. 그러나 모든 분할이 그렇게 극단적일 필요는 없다. 회사들은 그들의 브랜드 포트폴리오의 성과를 향상시키기 위해서도 분할을 시도한다. 브랜드 포트폴리오 분할은 회사가 단순히 포트폴리오를 분리하기 위해 브랜드를 매각하고 자신의 이름과 자원을 새로운 포트폴리오에 제공할 것을 그다지 요구하지 않는다.

블랙 앤 데커(Black & Decker)는 1916년부터 전동공구(Power Tools)를 만들기 시작했고 품질과 혁신에 대한 명성을 구축했다. 그러나 1980년대에 블랙 앤 데커는 가정용 시장으로 초점을 조정하였고, 먼지털이개 같은 소형 가전들뿐만 아니라 29.99달러짜리 파워 드릴과 원형톱을 만들었다. 그 결과 전문가용 공구 시장에서의 평판을 잃었고, 마키타(Makita)와 같은 고급 수입품에 밀리게 되었다. 1990년에는 시장 점유율이 10% 이하로 떨어졌다. 한 목수는 이러한 문제점에 대해 이렇게 요약했다. "블랙 앤 데커는 좋은 팝콘기를 만들고, 내 아내도 블랙 앤 데커의 먼지털이개를 좋아한다. 그러나 나는 여기에 생계를 위해 있다. 만일 이 자리에 블랙 앤 데커를 가지고 왔다면 웃음거리가 되고 말 것이다." 그리고 나서 1992년에 블랙 앤 데커는 드왈트(DEWALT)라는 전문적인 공구제품을 다시 선보였다. 새롭게 분리된 브랜드 포트폴리오는 1997년

다커스

블랙 앤 데커 49억 달러 매출의 20%에 가까운, 거의 10억 달러의 매출을 기록했다.[8] 드왈트는 현재 45%의 시장 점유율을 보이고 있다.

리바이 스트라우스는 또 다른 성공 사례를 보여준다. 그 회사는 브랜드 포트폴리오를 캐주얼 의류 분야로 확장하는 데 실패했다. 그러나 포트폴리오를 분리해 다커스 앤 슬레이트(Dockers and Slates)를 만들자 즉각적인 성공을 거두었다. 미국 남성의 75%가 다커스 바지를 갖고 있다.[9] 다시 분할은 브랜드 포트폴리오의 수익을 극적으로 증가시켰다. 회사는 또한 위험을 줄이기 위해 분할을 사용할 수 있다. 다커스가 실패하더라도 리바이 스트라우스 포트폴리오는 영향을 받지 않을 것이다.

분할이라는 도구는 충분히 활용되고 있지 못하다. 마케팅에 있어 규모의 경제의 상실이 문제이기는 하다. 그러나 실제로 분할할 준비가 되어 있는 포트폴리오는 보기보다는 작은 규모일 수 있다. HP의 사례를 생각해 보자. HP의 막대한 소비자 광고 예산에도 불구하고 여전히 HP는 그들의 과학적인 제품을 특정한 소수의 전문가들이 보는 출판물에 광고해야 한다. 그리고 이들 제품들은 그 특정한 시장을 이해하고 있는 그들 자신의 제품 매니저를 필요로 한다. 이런 측면에서 분할은 사실상 마케팅 비용을 그다지 올리지 않는다.

기업들은 위험을 관리하기 위해 분할을 이용한다. 주요 브랜드가 경쟁자나 정부규제, 환경운동가와 같은 제3자의 공격을 불러올 만큼 커지거나 유명해졌을 때 분할은 유용한 도구가 될 수 있다. 열정적인 규제자와 소비자 단체의 주목을 받고 있는 금융 분야인 서브 프라임

(Subprime) 대출을 운영하는 샌프란시스코 기반의 성공적인 은행, 프로비디언(Providian)을 살펴보자. 1999년 프로비디언은 공격적인 프로비디언 텔레마케터에 의해 원치 않는 금융상품을 구입했다고 느끼는 캘리포니아의 고객들에게 환불하기 위해 3억 달러 이상을 강제로 적립해야 했다. 프로비디언은 이와 관련해 지금까지 다른 주와 연방법원과의 소송에 휘말려 있다.[10]

이 모든 것은 1999년 6월 프로비디언 파이낸셜(Providian Financial)이 자신이 샌프란시스코에 있는 조사 전문 기자의 타겟이 되었다는 사실을 발견했을 때 시작되었다. 프로비디언의 거센 항의와 활발한 대응 홍보에도 불구하고 여러 주에 있는 소비자 단체들은 신속히 소송을 제기했다. 항의자들은 회사의 전체 고객 가운데 미미할 정도로 소수임에도 불구하고 프로비디언 브랜드의 규모와 유명도는 일종의 피뢰침으로 기능했다. 곧 여러 주의 신문지상에 프로비디언에 관한 부정적인 기사가 매일 실리기 시작했다.

소송의 타당성을 떠나서, 우리는 이러한 소동 전체가 의협심이 강한 단 한 명의 신문기자에 의해서 시작되었다는 점에 주목해야 한다. 단 한 명의 신문기자 말이다. 캘리포니아 지방검사 사무실에 다량의 항의서가 쌓인 것도 아니었다. 아니, 그와는 정반대였다. 불만족해하는 프로비디언 고객 숫자는 누구나 셀 수 있을 정도로 아주 적었다. 하지만 단 하나의 단일 브랜드로 인해, 회사는 자신을 자연적으로 브랜드 포트폴리오 오염에 취약하게 만들었다. 만약 프로비디언이 덜 집중화된 브랜드 포트폴리오를 가지고 있었다면 아마도 피해는 전체 포트폴리오를 가로질러 뉴멕시코 산불처럼 확산되기보다는 다른 브랜드 부문, 즉 브랜드 방화벽 앞에서 봉쇄되었을 것이다.

분할의 비밀은 당신의 브랜드 포트폴리오의 폭과 한계를 이해하는 데 있다. 출발점은 당연히 분자이다. 포트폴리오가 너무 커질 때, 즉 50개 이상의 브랜드가 될 때 또는 매우 다변화될 때, 이 때가 바로 분할을 고려해야 할 시점이다. 포트폴리오가 한 소비자층에는 매우 긍정적이지만 또 다른 매우 바람직한 소비자층에게는 매우 부정적일 때, 이 때가 분할을 고려해야 할 시점이다. 마케팅 메시지가 또 다른 소비자층을 가진 또 다른 사업부가 자신의 사업에 미치는 영향을 우려하기 때문에 그것이 타협적이 되거나 동질화될 때, 이 때가 분할을 생각해야 할 시점이다.

요약

시간이 지나면서 브랜드 포트폴리오가 성장하고, 그 규모와 넓이가 역기능적이 되는 시점이 온다.[11] 브랜드 포트폴리오가 너무 방대해져서 통제하기 어렵게 되거나 모든 의사결정이 우선순위의 대립 때문에 타협적이 된다. 그러한 시점이 오면, 이때가 바로 분할의 시점이다. 브랜드 포트폴리오 매니저들은 자연적으로 분할을 주저하는데, 규모가 줄어들면서 비용이 상승할 것을 염려한다. 재무적 이유에 의한 분할에서 교훈을 배워라. 집중화의 이점은 종종 규모 상실로 인한 비용을 능가한다.

1. 소비자 입장에서 생각하라. 만일 상이한 소비자층들이 혼란스러워하기 시작한다면 분할을 고려하라. 일찍 하는 것이 늦게 하는 것보다 더 낫다.

2. 솔로몬(Solomon)을 흉내내지 마라. 성경에서 한 명의 아기를 놓고 서로 자기 아이라고 다투는 두 여인의 분쟁에 대해 솔로몬 왕은 아기를 반으로 가르라고 함으로써 분쟁을 해결했다. 종종 브랜드 분할은 포트폴리오를 반으로 나누는 것으로 끝난다. 예를 들어, 1994년 GE는 가전사업 부문을 GE 이름과 함께 블랙 앤 데커에 매각했다.[12] AT&T는 4개의 서로 다른 사업분야로의 분할을 발표했는데, 모두 AT&T라는 이름으로 불려질 것이라고 한다. 장기적으로 이와 같은 유형의 분할은 브랜드 포트폴리오 오염과 같은 실질적인 문제를 야기할 수 있다. 새로운 포트폴리오에는 새로운 이름을 부여해야 한다.

3. 두 포트폴리오를 떨어뜨려 놓아야 한다. HP가 에이질런트 포트폴리오를 HP 포트폴리오와 떨어뜨려 놓았을 뿐만 아니라 HP 포트폴리오도 에이질런트 포트폴리오와 떨어뜨려 놓은 것처럼 해라.

14

조정

위험하지 않은 아이디어는 아이디어라 불릴 가치가 없다.

_ Elbert Hubbard. Roycroft Dictionary, 1923

리바이 스트라우스(Levi Strauss)는 브랜드 네임 의류를 만드는 세계적인 메이커이다. 하지만 1996년 이후, 리바이스의 매출은 약 15퍼센트 이상, 금액으로 10억 달러 정도가 감소했다.[1] 그 이유는 무엇인가? 리바이스 브랜드는 헐렁한 청바지를 입는 미국 10대들의 의류 시장에서 높은 점유율을 유지할 수 없었다. 리바이스는 그러한 쇠퇴를 초래할 만한 어떠한 실수도 범하지 않았다. 하지만 시장이 변했고 리바이스는 그것을 따라잡을 수가 없었다.

모든 시장, 더 정확히 말하면, 세분시장은 변화한다. 예를 들어, 중간시장은 중하위(low-middle), 중중위(middle-middle), 중상위(high-middle)의 세 시장으로 나뉘어진다. 그래서 소매산업에서 몽고메리워드 같은 회사들은 한 쪽에선 케이마트나 홈디포에 의해, 다른 한쪽에선 노드스트롬에 의해 포위되고 있다. 머지 않아 이 각각의 세분

앱솔루트

시장들도 또다시 나뉘어질 것이다.

프리미엄 시장은 프리미엄과 수퍼프리미엄으로 나뉘어졌다. 1960년대에 스미르노프(Smirnoff) 보드카는 고급 잡지에 실린 광고에서 우디 알렌(Woody Allen)이 "Smirnoff Mule" 파티에서 그의 친구들과 즐거워하는 모습을 보여주는 고급 보드카였다. 1980년대와 1990년대에는 사람들이 앱솔루트(Absolut) 보드카를 찾았다. 오늘날, 스미르노프는 더 이상 유행이 아니다. 그리고 앱솔루트 경영진들은 최신 스타일의 나이트클럽 바텐더들이 앱솔루트 술병을 바 뒷편의 선반에서 내리고 그 자리에 케텔원(Ketel One)이나 그레이 구스(Grey Goose)를 놓는 것에 대해 우려한다.[2]

브랜드 포트폴리오의 과제는 이에 어떻게 대응할 것인가이다. 고급 시장을 따라가되, 판매량을 희생할 것인가? 대중 시장 쪽으로 가되 가격 하락의 위험을 감수할 것인가? 또는 메르세데스 벤츠가 C 시리즈들을 가지고 시도했던 것처럼, 아주 폭넓은 브랜드 포트폴리오 확장을 통해 각기 다른 세분시장 모두에 발을 걸친 것인가?

조정

브랜드 포트폴리오가 변동하는 시장들에 걸쳐 있으면 성공하기 힘들다. 잘해야 포트폴리오는 한 쪽이나 다른 쪽에 확실히 자리를 잡는 것으로 끝난다. 최악의 경우, 포트폴리오는 불확실한 중간에 자리하게 되는데, 이 경우 누구나 선택할 수 있지만 어느 누구도 적극적으로 선택하지 않는 브랜드가 되고 만다. Montgomery Ward,

190

Oldsmobile, Howard Johnson과 같은 수많은 훌륭한 브랜드 포트폴리오들이 이러한 함정에 빠져들었다.

그 대안은 조정(scaling)이라 불리는 것이다. 조정은 브랜드 포트폴리오가 자신의 자연스런 시장을 따르도록 하고, 그 다음에 또 다른 포트폴리오를 만들어 비어 있는 고급 시장이나 하위 시장을 메우게 하는 것이다.

우리는 먼저 상향 조정(upscaling) 방안에 관해 이야기할 것이다. 상향 조정은 이중(two-part) 전략이다. 첫째, 브랜드 포트폴리오가 자신의 고객층을 따라 상위 시장으로 재포지션되거나 상위 시장으로 발전하도록 허용한다. 그래서 브랜드 포트폴리오는 보다 고급스런 것이 되며, 이는 보다 상위에 있는 계층을 목표로 한다. 두 번째 단계는 또 다른 포트폴리오로 상향 조정된 브랜드를 대체하도록 하는 것이다. 즉 새로운 브랜드가 그 빈 공간을 메우는 것이다.

갭(Gap)을 생각해 보자. 갭은 상향 조정 전략을 성공적으로 이행한 포트폴리오의 좋은 사례이다. 갭의 총매출은 1996년에 60억 달러 미만에서 1999년 말에는 110억 5천만 달러 이상으로 급증했다. 갭은 처음부터 10대들을 목표로 했다. (그 이름도 "the generation gap"의 약자였다.) 그러나 고객층이 점점 나이가 들어감에 따라 갭은 보다 세련된 취향을 충족시키기 위해 진화하였고, 자신의 브랜드와 가치 제안을 업데이트하였으며, 품목을 GapKids, BabyGap, GapBody로 확장했다. 이러한 모든 확장들은 베이비 붐 세대에 맞춰졌다.

10대들과의 접점을 유지하기 위해, 갭은 새로운 브랜드인 올드 네이비(Old Navy)를 출시했다. 올드 네이비는 오늘날 10대들을 위한 선도적인 패션 매장이 되었다. 갭은 자신의 브랜드 포트폴리오를 성공적으로 상향 조정했으며, 체계적으로 올드 네이비를 빈 자리에 채워넣었다. 그렇게 해서 갭은 소중한 10대 소비자층을 붙잡고 있다.[3]

하향 조정(downscaling)은 훨씬 더 어렵다. 하향 조정에 관해 좀더 상세히 살펴보자. 브랜드 포트폴리오 매니저는 포트폴리오가 상위 시장으로 이동하지 않게 하거나 적어도 그것의 이동을 느리게 하는 의식적인 결정을 내려야만 한다. 보통 이것은 브랜드 포트폴리오의 성장을 막기 위한 상향 조정 브랜드 포트폴리오를 창출하는 것을 의미한다.

예를 들어, 혼다와 도요타 모두 성공적으로 기본 포트폴리오 하위 시장을 유지하면서, 아큐라(Acura)와 렉서스(Lexus)를 가지고 각각 상위시장 브랜드 포트폴리오를 창출했다. (대신 새로운 포트폴리오를 반대하는 일본에서는 도요타 브랜드 포트폴리오 하에 새로운 고급모델을 두는 것이 안전한 선택이었다.) 그렇게 하는 것은 그들로 하여금 상향 조정된 시장에 참여할 수 있게 하는 한편, 혼다와 도요타 포트폴리오가 합리적으로 낮은 가격대의 시장에 초점을 맞출 수 있게 했다. 2000년에 도요타와 혼다는 각각 미국에서 가장 잘 팔리는 상위 10대 자동차 중 2대를 가졌다. 도요타의 캠리(Camry)가 1위, 코롤라(Corolla)가 7위였고, 혼다의 어코드(Accord)와 시빅(Civic)이 2위와 4위였다.

그러면 왜 상향 조정과 빈 공간 메우기가 하향 조정보다 쉬운 것인가? 첫째, 제품을 향상시키는 것은 자연스러운 현상이다.[4] R&D는 지속적으로 새로운 개선을 가져오고, 브랜드 자산은 시간이 지나면서 성장하므로 가격인상을 지원하기가 쉬워진다. 비록 혼다가 고급 자동차 시장을 목표로 하지는 않았을지라도, 혼다의 기본 포트폴리오는 계속 상향되어 왔다. 한때 소형 승용차였던 혼다 시빅은 지금은 패밀리 세단이다. 1994년, 어코드는 실리더 2개, 7cm의 차량 길이, 그리고 더 큰 타이어를 추가하고서 V-6 중형차가 되었다.[5] 이 과정에서 이 제조업체가 제시한 소매가격(MSRP)은 19,930달러에서 22,030달러였다. 성공적인 브랜드 포트폴리오는 자연스럽게 위쪽으로 부상한다. 또 다른 중요한 사실은, 전형적으로 조직은 자신이 떠난 시장의 구멍을 다시 메우는 데 필요한 기술과 자원을 보유하고 있다는 점이다. 이러한 기술과 자원에는 제조 능력과 같은 내부 자원들뿐만 아니라 유통채널과의 관계와 같은 외부 자원도 포함된다.

많은 사례에서, 자신의 브랜드를 상향 조정하는 데 성공한 회사는 구멍을 도로 메우는 데 있어 이점을 갖고 있다. 적어도 그래야 할 것이다. 왜냐하면 첫째, 그 회사는 현 고객 시장을 이해하고 충족시키는 데 많은 노력을 기울여왔을 것이다. 그러한 경험과 사실들은 그 공간에 재진입하는 데 있어 이점으로 전환될 것이다. 둘째, 성공적으로 상향 조정된 브랜드를 위한 매우 명확하고 탄탄한 가치 제안은 구멍을 메우는 브랜드를 위한 탄탄한 가치 제안과 포지셔닝을 개발하는 데 도움을 줄 것이다. 그들은 고객층에 있어 중첩되는 것이 거의 없거나 아예 없이 상호 독점적이며 보완적이게 될 것이다. 상향 조정된 강한 브랜드를 보유하는 것은 포트폴리오에서 무엇이 빠졌는지를 찾아내는 데 도움을 줄 수 있다. 일반적으로 회사가 상위 시장에서 결코 경쟁해 본 적이 없다면, 새로운 상위시장 포트폴리오를 창출하는 것은 훨씬 더 어렵다.

그 어느 것도 쉽지는 않다. 우리는 일찍이 포지셔닝과 리포지셔닝의 도전들에 대해 언급했다. 진정한 상향 조정과 하향 조정은 양자를 동시에 요구한다.

그럼에도 불구하고 시도해 보는 것이 중요하다. 확장되고 있는 세분시장들에 걸쳐 있는 것이 선택사항이 아닌 것처럼 경쟁자들이 진입할 공간을 남겨 놓고 위로 올라가거나 아래로 내려가는 것 역시 선택사항이 아니다. 1949년, 할로이드 컴퍼니(Haloid Company)는 A모델 복사기로 전자사진식 복사방식을 상업화했다. 1955년, 그 회사는 Xerox Copyflo로 비즈니스 세계를 강타했다. 1974년, 전에 할로이드로 불렸던 제록스는 사무용 복사기 시장에서 너무 지배적인 존재여서, 공정거래위원회는 제록스의 기술을 라이선스하도록 요구했다.[6]

1980년대 제록스는 광학식 문자 인식, 스캐닝, 팩싱, 데스크탑 출판에 특화된 기업들을 인수하면서 전방위적으로 확장했다. 그 당시 이 모든 것들은 새롭게 출현하는 고가의 기술들이었다. 제록스는 뒤이어 곧 컴퓨터 프린팅 엔진과 네트워크 컬러 프린터 시장에 진입했다. 제록스 브랜드는 좀더 기술 지향적인 제품들을 가지고 기술적으로 더욱 앞선 사업들을 벌이면서 계속해서 상향 조정되었다. 상향 조정된 제품들에 초점을 맞추면서, 제록스는 낮은 가격대의 복사기 시장을 위한 브랜드 포트폴리오로 빈 공간을 메우지 않았다. 그러는 동안 디지털 복사기들이 시장에 진입해서 제록스의 토대를 잠식하기 시작했다. 이것은 제록스 매출을 갉아먹었을 뿐만 아니라 캐논(Canon)과 리코(Ricoh)가 제록스의 핵심 시장을 공략하기 위한 그들의 상향 조정 제품들을 출시할 기반을 만들었다. 시장의 구멍을 방치한 것은 복사기 분야의 제록스를, 데이터 저장 장치 분야의 IBM을, 카메라 분야의 코닥을 희생시켰다. 새로운 포트폴리오로 구멍을 메우는 것이 더 낫다.

마찬가지로 상위 시장 쪽으로 생겨나는 구멍을 메우기 위해서도 새로운 포트폴리오를 창조하는 것이 현명하다. 롤렉스(Rolex)는

1908년 런던에서 자신의 상표를 사용하기 시작하였고, 그로부터 수십 년 내에 세계적인 최고급 브랜드 중 하나를 구축했다.[7] 높은 품질과 가격에도 불구하고, 롤렉스는 전세계적으로 60만 개 이상의 시계를 팔았다.[8] 오늘날 롤렉스는 대중시장용 시계가 되는 궤도에 접어든 것으로 보인다. 2000년에 당신의 손목에 오이스터 퍼페추얼(Oyster Perpetual)을 차는 것은 그리 대단한 일이 아니다.

하지만 롤렉스는 이러한 일이 오고 있는 것을 알았다. 1970년대 당시 롤렉스가 주류가 되고 있었을 때 롤렉스는 프로모션 차원에서 르네상스 시대 왕들과 교황들을 위한 조각가이자 세공인인 벤비누토 셀리니(Benvenuto Cellini)에 대해 존경을 표시하는 셀리니(Cellini) 라인을 만들었다. 이것은 오늘날 50만 달러에서 많게는 100만 달러를 호가하는, 보석이 촘촘하게 박힌 시계이다. 셀리니 라인에 대한 수요는 지난 7년 동안 매년 증가하고 있다.[9] 셀리니를 가지고 롤렉스는 성공적으로 상위 시장의 구멍을 메울 수 있었다. 또한 그것은 롤렉스가 핵심 브랜드 포트폴리오를 지나치게 팽창시키지 않으면서 최고급 시계 시장의 유리한 고지를 지속적으로 차지할 수 있게 했다.

요약

조정은 브랜드 포트폴리오가 실질적인 성장을 할 수 있게 하는 이

중 전략이다. 첫째, 핵심 브랜드는 공식적이든 비공식적이든, 고객 시장을 쫓아 아래쪽이나 위쪽으로 움직이고, 그리고 나서 새로운 브랜드 포트폴리오가 빈 공간에서 만들어진다. 핵심 브랜드의 원래 위치를 다시 메우는 이런 조치는 새로운 브랜드나 포트폴리오 내에 이미 존재하고 있는 브랜드에 의해 행해질 수 있다. 아주 종종, 브랜드의 리포지셔닝이나 상향 조정이 가장 먼저 일어난다. 이동된 브랜드를 위한 새로운 고객 기반의 존재는 성공적인 조정의 핵심이다. 상향 조정된 브랜드나 하향 조정된 브랜드는 형제 브랜드들과는 전혀 다르면서도 상호 보완적이어야 한다.

1. 상향 조정된 혹은 하향 조정된 브랜드를 위해 기존 포트폴리오와 전혀 다른 탄탄하고 독자적인 포지셔닝을 창출하라. 올드 네이비는 갭 라이트(Gap Lite)가 아니다. 올드 네이비는 자신의 영역과 모습, 감각을 가진 독자적인 브랜드 포트폴리오이다. 그것은 또한 바나나 리퍼블릭 갭 디럭스(Banana Republic Gap Deluxe)도 아니다.

2. 새로운 포트폴리오가 승계하게 하라. 1997년, 앱솔루트 보드카는 더 고급스런 경쟁 제품들의 출현에 대응하고자 새로운 상향 조정 포트폴리오인 선드스베일(Sundsvail)을 만들었다. 하지만 앱솔루트는 새로운 브랜드에 의한 잠재적인 자기잠식에 대해 계속 우려했고, 선드스베일 전략과 제품 출시를 주저했다.[10] 새로운 포트폴리오가 승계하게 하는 것은 즉각적으로 운영과 리더십을 분리하는 것을 의미한다. 새턴 자동차는 적어도 부분적으로는 본사가 있는 디트로이트로부터 아주 멀리 떨어진 캘리포니아에 위치해 있었기 때문에 역사상 가장 성공적인 새로운 자동차 포트폴리오의 출시가 될 수 있었다.[11]

3. 선제적으로 움직여라. 세분화되고 있는 시장이 요구하기 전에 새로운 포트폴리오 개발을 시작하라. 리바이스는 수년간 디자이너 청바지가 시장을 잠식해 가는 현상을 목격했지만, 대응하지 않았다. 지금은 그것이 너무 늦었는지도 모른다.

15

도구들의 사용

우리에게 도구를 달라. 그러면 그 일을 완수할 것이다.
_ Winston Churchill, February 9, 1941

우리는 브랜드 포트폴리오를 관리하기 위한 8가지 도구를 얻었다. 이것이 완벽한 도구인가? 아마도 그렇지 않을 것이다. 스냅 온(Snap-On)은 선도적인 기계 공구 공급업체 중 하나이다. 스냅 온은 매년 엔진이 변하고, 따라서 엔진 작업에 필요한 도구들도 변하기 때문에 새로운 도구를 추가한다. 우리는 브랜드 포트폴리오 매니저의 도구도 마찬가지로 발전하기를 기대한다.

이 책을 읽고 있다면, 당신은 당신의 브랜드들에 대해 이러한 도구들 중 일부를 사용해 보았을 것이다. 하지만 당신의 포트폴리오에 대해서 이러한 도구들 중 일부를 사용하는 것은 새로운 도전을 제기할 것이다. 먼저, 당신은 자신이 당신 회사의 더 많은 부서들과 만나고 있고 다른 회사의 매니저들과 마주앉아 있는 것을 발견하게 될 것이다. 당신이 실행하고자 하는 조치들은 더 커지고, 더 복잡해질 것이다. 이는 시간이 더 오래 걸리고, 좀더 조심스럽게 계획을 세워야 한다는 것을 의미한다. 단타매매를 지양하고, 더 많이 투자하라. 산발적이거나 개별적인 전술 활동들 대신에 당신은 단일한 목표를 달성하기 위해 몇 가지 도구와 계획을 결합한 전략적 프로그램을 만들어야 할 것이다.

당신은 소수의 올바른 조치들이 그다지 올바르지 않은 더 많은 조치들보다 낫다는 것을 더 많은 사람들에게 납득시키면서, 조직 내에 새로운 원칙을 만들 필요가 있을 것이다. 당신과 당신의 동료들이 다음과 같은 가능성들을 고려해야 할 것이다. 즉, 모든 브랜드 확장은 일단 이루어지면 영원히 살아 남게 된다. 또 다른 포트폴리오와의 제휴는 이혼 없는 결혼이다. 모든 브랜드 포트폴리오의 경우, 적고 한정된 수의 전략적 조치들이 있으며, 그러한 각각의 조치들은 현명하게 사용되어야 한다. (이러한 가정들 어느 것도 엄격한 진리는 아니다. 그러나 그것들이 진리인 것처럼 여기는 것은 사려 깊음과 전략적인 사고를 촉진한다.)

당신은 올바른 조치들이 취해지도록 할 필요가 있을 것이다. 이 달의 시장 점유율 보고서가 모든 이야기를 해주지는 않는다. 때때로, 새로운 브랜드나 포트폴리오는 Amazon.com이 그랬던 것처럼 빠르고 폭넓은 인지도를 성취할 것이다. 그러나 아마도 당신이 포트폴리오 접근을 실행하고 나서, 로열티나 가격 프리미엄의 이득을 보기까지는 시간이 필요할 것이다.[1] 마이크로소프트, 시스코, EMC와 같은 '새로운' 브랜드들은 생겨난 지 각각 25년, 14년, 21년이 되었다. 공동 브랜딩이나 분할과 같은 조치들은 즉각적인 효과를 가져다 주지만 확장, 가지치기, 리포지셔닝 등의 조치들은 시작하고 그 결과를 보는 데 시간이 걸릴 것이다.

훌륭한 포트폴리오 관리는 브랜드들 사이의 가치를 제고시키고 이전에 어떤 가치도 존재한 적이 없었던 빈 공간에 새로운 가치를 창출할 것이다. 그것은 성장을 가속화하며, 위험을 줄일 것이다. 그리고 브랜드 가치를 창출하는 완전히 새로운 방식이 될 것이다.

어떻게 그러한 도구들이 브랜드 가치를 창출하는 데 사용될 수 있는지에 대한 3가지 사례, 즉 캐딜락(Cadillac), 핑(PING), 밀러 맥주(Miller Beer)를 살펴보자. 우리는 예전에 이 셋 중 하나를 위해 컨설팅을 수행한 적이 있었지만 공식적으로 이용 가능한 자료들을 토대로 이 사례를 조심스럽게 구축했다. 우리는 각각의 사례에 대해 그들의 브랜드 매니저들에게 조언하는 것과 똑같이 이야기할 것이다.

캐딜락

3장에서, 우리는 캐딜락 마케터들이 직면하고 있는 엄청난 도전에 대해 논의했다. 그들은 고급 승용차를 구매하는 세대들에 대한 캐딜락 브랜드의 적실성을 회복시켜야 한다. 이들은 이제 40대이고, 메르세데스, 볼보, 모든 종류의 SUV 같은 대형차들을 구입하지만 도로에서 캐디(Caddie)를 몰려고 하지는 않을 것이다. 이 세대에게 캐딜락 브랜드가 매력적으로 보이도록 하기 위해서는 심각한 포트폴리오 수술이 요구된다.

우리의 주요 목표에 도달하기 위해서는 먼저 약간의 기본적인 정비가 필요하다. 그림 15.1에서 보여진 BPM(Brand Portfolio Molecule)을 보면 그것이 매우 혼잡하다는 것을 알 수 있다. 만일 우리가 할 수만 있다면, 우리는 알란테와 시마론 같은 유령 브랜드들을 제거할 것이다. 하지만 불행하게도, 우리는 소비자의 머릿속으로 들어가 신경망을 지워버릴 도구를 가지고 있지 않다. 하지만 우리는 지브라노 우드(Zebrano wood), 패스 키II(PASS-Key II), 트와이라이트 센티넬(Twilight Sentinel), 마그나스티어(Magnasteer)와 같은 더 작은 많은 지원 브랜드들을 제거할 수는 있다.

또한 온스타(OnStar)와 나이트 비전(Night Vision)을 가지치기해 보자. 우리는 기술은 그대로 가지고 있으면서 브랜드들은 정리할 수 있다. 두 브랜드 모두 지금은 GM의 다른 자동차 사업부와 다른 자동차 회사들에서도 이용 가능하기 때문에 더 이상 독특한 차별점을 제공하지 못하고 있고, 따라서 두 브랜드가 긍정적인 면이 있음에도 불구하고 제거할 수 있다. 그리고 이러한 주변부 브랜드들을 잘라냄으로써 도요타와 사브가 우리의 포트폴리오 경계에서 물러난 온스타를 그들의 차종에 장착하도록 요구할 수도 있다. 이런 가지치기는 포트폴리오를 좀더 관리하기 쉽게 만들 뿐만 아니라 온스타와 나이트 비전을 지원하는 데 사용된 자원을 브랜드 포트폴리오를 강화하는 데 사용할 수 있다. 마지막으로, 가지치기를 마치기 전에 시니어 PGA 투어 제휴관계를 제거해 보자. 그 제휴관계는 포트폴리오를 젊은 고객층 쪽으로 이동시키는 우리의 목표에 도움이 되지 않는다.

자, 그럼 이제 포트폴리오가 좀더 젊은 고객층에게 더 매력적이게 만드는 주된 목표를 달성하기 위한 작업을 시도해 보자. 그것은 바로 리포지셔닝을 수행하는 것이다. 물론 앞서 지적했듯이, 핵심을 재활성화하는 것은 언제나 리포지셔닝의 대안이다. 다시 말해, 드빌과 같은 자동차의 크고 넓은 차체와 소파처럼 부드러운 승차감을 사과하

| 그림 15.1 | 브랜드 포트폴리오 분자 : 캐딜락, 2000

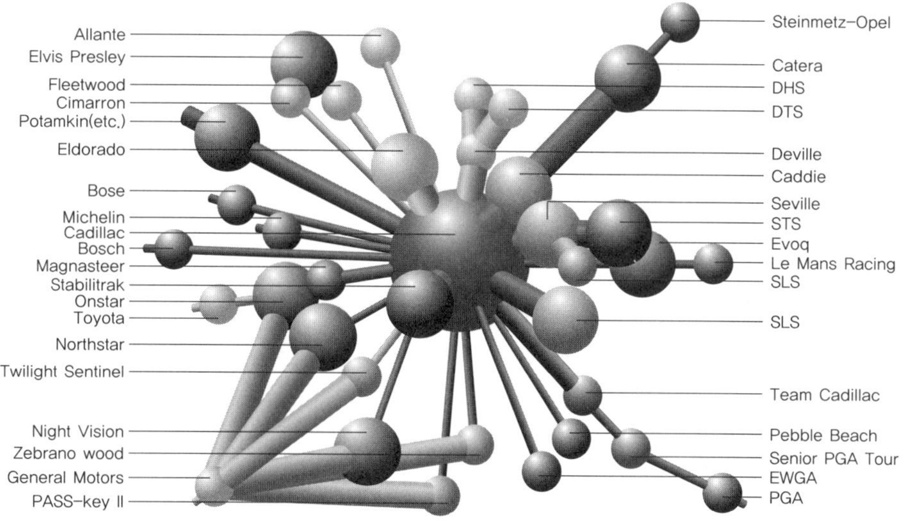

기보다는 그것을 찬양하고, 그것에 일종의 복고적인 쿨함을 입힐 수 있다.(우리는 그것이 실제로 상당히 좋은 방안이라고 생각하지만, GM이 지향하는 포트폴리오의 목표와는 상충된다는 것을 관찰을 통해 알고 있다.) 그러면 목록에서 그것을 제거하고, 대신 포트폴리오에 대한 리포지셔닝을 계속 해보자.

그러나 우리는 드빌과 엘도라도가 리포지션될 수 있다고 생각하지 않는다. 적어도 우리가 원하는 곳에 리포지션하기는 어렵다. 만일 드빌과 엘도라도 브랜드를 분할시키고, 다른 디비전과 그것들을 병합시키면 어떨까? 그것은 우리가 시빌, 에스칼레이드, 카테라 브랜드를 퇴출시키고, 그 자리에 문자와 숫자로 구성된 표기형태인 알파누메릭(alphanu-meric) 일련 모델 번호를 넣을 수 있게 할 것이다. 그 방법은 포트폴리오를 관리하기 더 간단하게 만들 것이다. 더욱이, 현재 우리가 목표로 하는 자동차 구매자 세대는 메르세데스 SL풍의 문자와 숫자로 표현된 고급 자동차 모델들에 더 친숙하다. 그래서 먼저 이름을 바꾸어 보자.

이제 다음 단계로 가보자. 성능(performance)을 중심으로 일단의 틈새 확장을 시도해 보자. 먼저, 이보크(Evoq) 스포츠카를 (그것의 모델명이 아니라) 서둘러 출시하자. 두 번째로, 스타인메츠 오펠 카테라(Steinmetz-Opel Catera) 아이디어를 가져다 전 차종에 확장해 보자. 모든 캐딜락 차종들에 대해서 소비자에게 중요한 성능 옵션을 제공하자.

다음으로, 우리는 골프 투어, 축구, 마이너리그 야구와 같은 다른 스포츠와의 연결뿐만 아니라 Le Mans Racing Series, Formula 1 또는 CART(Championship Auto Racing Teams)와 새로운 일련의 제휴 및 공동 브랜드를 창조함으로써 이러한 변화를 가속화시킬 수 있다. 물론 우리는 다른 옵션들도 가지고 있다. 우리는 대형 로큰롤 투어의 후원도 고려해 볼 수 있다. 만일 우리가 정말로 새로운 신호를 전달하기 원한다면, 브리트니 스피어스(Britney Spears) 또는 에메넴(Eminem)은 어떤가? 그림 15.2는 새로운 브랜드 포트폴리오를 보여준다. 당신의 생각은 어떠한가?

우리는 새로운 포트폴리오가 그것의 전략적 과제를 충족시키는 방향으로 캐딜락을 훨씬 더 이동시킬 것이라고 생각한다. 우리가 제시한 모든 것이 실행 가능하다. 하지만 우리가 1998년에 캐딜락을 위해

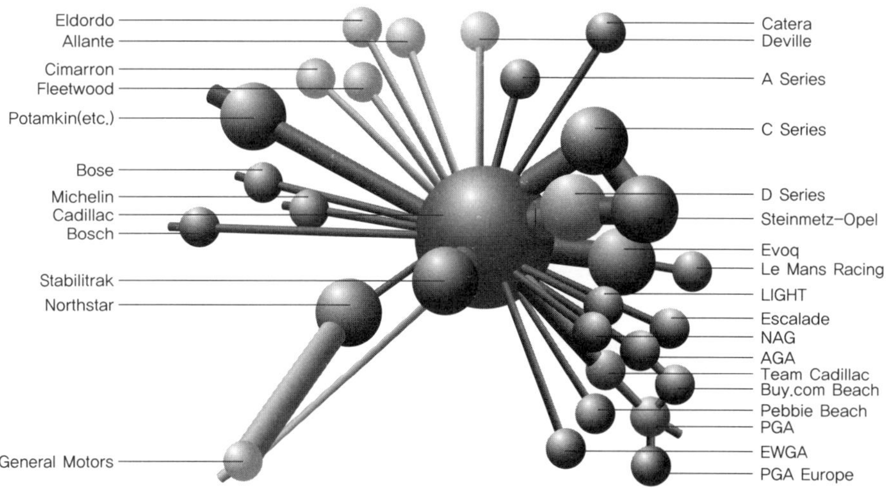

그림 15.2는 캐딜락을 위한 브랜드 포트폴리오 분자 가설도이다. 이 가설도는 그림 15.1에 있는 캐딜락 브랜드 포트폴리오 분자가 젊은층 운전자들을 캐딜락 판매점으로 불러들이는 전략적 과제를 달성하기 위해 어떻게 분자의 형태를 바꾸어야만 하는가에 대한 우리의 제안이다.

일했을 때에는 이러한 변화들을 권고하지 못했다. 왜냐하면 이처럼 360도 관점에서 포트폴리오에 관해 생각해 볼 수 있는 도구들을 가지고 있지 못했기 때문이다. 하지만 이제는 할 수 있다. 우리는 가지치기, 리포지셔닝, 분할, 병합, 확장, 그리고 공동 브랜딩을 사용함으로써 포트폴리오가 전략적 목표들을 달성하도록 근본적으로 재구성할 수 있다.

자, 그럼 우리가 작업해 본 적이 없는 2개의 포트폴리오에 대해 그 프로세스와 도구들을 시도해 보자.

핑

카르스텐 솔헤임(Karsten Solheim)은 그가 뉴욕 이타카에 있는 GE에서 일하던 42살의 엔지니어 시절에 처음으로 골프 클럽을 집어들었다. 그는 취미로 골프에 상당한 관심을 갖게 되었고, 퍼팅 그린(putting green)에서 3년간 좌절을 거듭하고 나서 오늘날 거의 모든 골프 클럽의 기본이 된 디자인인 최초의 힐앤토우 발란스 퍼터(heel and toe balanced putter)를 개발했다. 1959년에, 그는 핑(PING) 퍼트용 골프 클럽을 팔기 시작했다. 그때부터, 카르스텐은 주조(investment casting)에 의한 아이언 제조와 중량 주변배분(perimeter weighting), 모든 타입의 골프 클럽을 위한 힐앤토우 웨이팅(heel and toe weighting), 샤프트 내부의 큐션 장착, 세워 놓는 이동용 가방, 커스텀 피팅(custom fitting) 등 끊임없는 혁신들을 쏟아냈다.

어떤 면에서 카르스텐 브랜드 분자는 놀랍도록 깨끗하다. 그것은 그저 골프에 관한 것이다. 주요 브랜드인 PING, EYE, ZING, ISI, 그리고 i3는 모든 유형의 클럽이다. 핵심 브랜드 가까이에는 한 벌의 호젤(hosel), 6가지 유형의 쿠션 샤프트(Cushin shafts), 7가지 유형의 샤프트(shafts), 그립(Grip) 세트와 같은 많은 부속 브랜드들이 있다. 이러한 부속들은 고객의 눈에는 몇몇 강하고 긍정적인 핵심 브랜드들(예를 들어, EYE, ZING, i3)만큼이나 매우 높은 수준의 상호 연관성과 통제력을 가진, 브랜드들의 밀집 덩어리이다. 그림 15.3에서 보듯이, 핑 포트폴리오에는 매우 적은 수의 외부 요소들이 있다. Karsten Cup, Pal Junior, NASCAR는 포트폴리오에서 보여지는 유일한 3가지 중요한 이벤트들이다.[2]

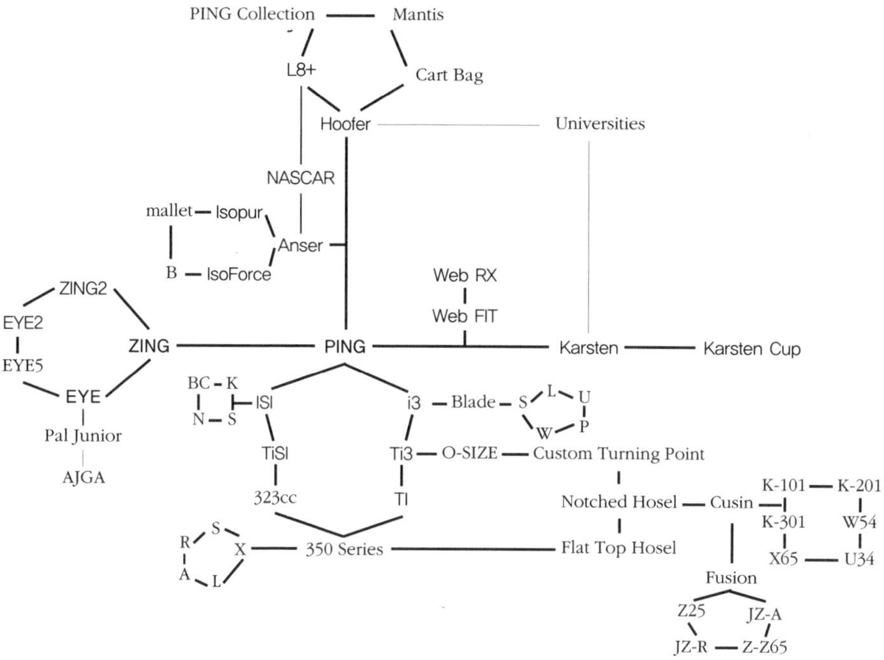

그림 15.3은 카르스텐에 의해 제조되는 대중적인 골프 클럽 브랜드인 핑을 위한 브랜드 포트폴리오 분자 단면도이다. 이 분자에는 총 58개의 브랜드가 있다.

우리의 판단으로는, 카르스텐에게 있어서 도전은 혁신의 흐름에 뛰어든 다른 골프 회사들이다. 지금 핑은 Callaway, Taylor Made, Titleist의 더 잘 알려진 브랜드 포트폴리오와 경쟁해야 하고, Big Bertha, Hawk Eye, Burner Bubble, ti와 같은 그들의 최신 기술들과 경쟁해야만 한다.

첫째, 캐딜락에서처럼 약간의 기본적인 정비를 해 보자. 카르스텐 솔헤임에게 나쁜 의도로 말하는 것이 아니라, 현재의 브랜드 포트폴리오는 엔지니어에 의해 구축되어진 것처럼 보인다.[3] 우리는 서로 다른 이름과 성분 브랜드가 어떤 것을 의미한다는 것에 대해 의문을 갖지 않지만, 열렬한 골퍼이며, 엔지니어이기도 한 우리조차 이러한 모든 브랜드가 의미하는 것이 무엇인지 판독할 수 없다. 직접적인 가지치기 대신에, 부품 브랜드의 클러스터들을 병합해 보자. Cushin 샤프트들, 즉 JZ-A, JZ-R, Z25, Fushion, Z-Z65 등은 모두 Cushin 브랜드로 합치자. 마찬가지로, K-101, K-201, K-301, W54, X-65, U34 등의 여성용 샤프트(shafts)는 모두 Cushin Ladies로 합치자. 우리는 개별적인 호젤(hosel) 브랜드군에 대해서도 똑같이 할 것이다. 하지만 그것을 PING Hosel로 오버 브랜딩함으로써 핵심부에 더 가까이 다가가게 할 것이다. 우리는 이러한 노력들은 판매량의 큰 손실 없이 혼잡 상태를 깨끗이 정리할 것으로 가정한다. 왜냐하면 대부분이 클럽 구매에 부가되는 것들이기 때문이다.

이제 최근에 부상한 경쟁자에 대항해 더 잘 경쟁하기 위한 포트폴리오를 재구축해 보자. 우리의 브랜드 포트폴리오 분자는 카르스텐의 새로운 라인들, 구체적으로 말하면, Ti3, i3, TiSI, ISI Tour는 서로 밀접하게 붙어 있지만 EYE와 ZING의 강력한 현 브랜드들과는 멀리 떨어져 있는 것을 보여준다. 일단의 신규 브랜드, 즉 모든 I Line을 Big Bertha에 대항해 싸우기 위한 강력한 매스(mass) 브랜드로 분할하자. 카르스텐 브랜드가 그 분할에 포함될 것이고, 그것은 I Line의 기술적인 면에 신뢰성을 부여할 것이다. I Line은 회사의 프로모션 예산의 대부분을 지원받을 것이고, 선두권 프로골퍼, 골프공 회사들, 그리고 PGA 이벤트와의 새로운 외부적 제휴로부터 혜택을

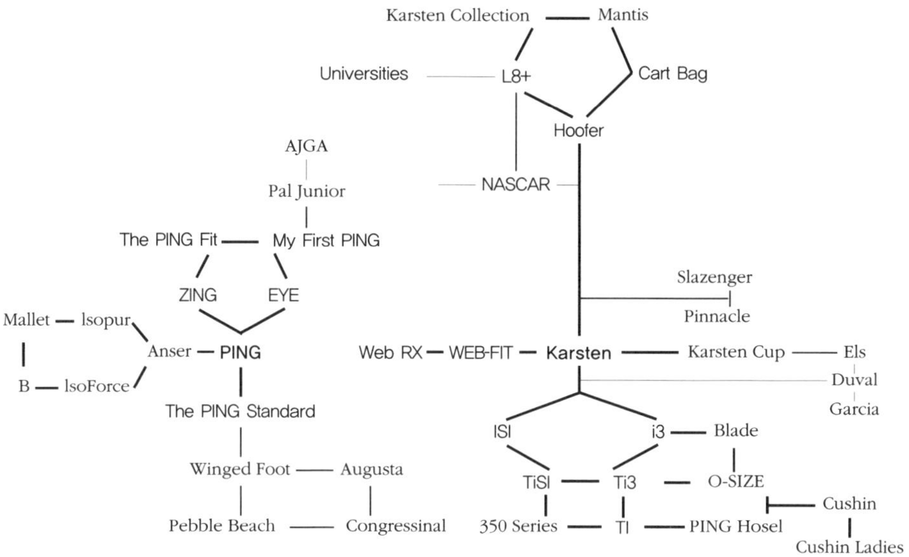

그림 15.4는 핑을 위한 브랜드 포트폴리오 분자 가설도이다. 이 가설도는 그림 15.3에 있는 핑 브랜드 포트폴리오 분자 단면도가 카테고리 내에서의 경쟁의 증가라는 도전에 대처하기 위해 어떻게 재구성되어야 하는가에 대한 우리의 제안이다.

볼 것이다. 또한 그것은 좀더 전통적인 스포츠 매장에서 팔려 나갈 것이다. 그래서 우리는 카르스텐과 핑이라는 서로 다른 2개의 분자를 가지게 된다.

더 오래 되고, 잘 구축된 브랜드인 PING과 ZING, EYE 모두는 사업 초기에 만들어졌다. 많은 골퍼들은 아직까지 이러한 클럽들을 자랑스럽게 사용하고 있다. 골퍼들에게 있어서 PING, ZING, EYE는 표준이다. 이들 브랜드는 새로운 테크놀러지에 의한 공격에 잘 견뎌

낼 수 있다. 자, 그러면 PING과 ZING, EYE 샷을 날려보자. 우리는 공식적으로 The PING Fit처럼 각각의 모든 구매에 대해 이루어지는 맞춤화를 브랜드화할 것이다. 부모로부터 젊은 골퍼에게 전수되는 맞춤 클럽으로 만들기 위해서 PING과 ZING 라인에 새로운 서비스를 제공하는 것은 어떤가? My first PING 서비스는 골프채의 길이를 다시 맞춰주는 것이다. 이제 우리는 이러한 브랜드를 내놓았고, 그것들을 목표 고객층을 위해 재활성화했으므로, 우리는 매력적인 소비자층을 만족시킬 기회를 갖고 있다.

PING은 명품으로 시작했다. 자, 그것을 계속 구축해 보자. 우리는 아이언 라인인 The PING Standard로 확장을 창출할 것이다. 그것은 최초 PING의 깊숙한 날(deep edge)을 가지고 있지만 좀더 매끈하고 세련된 형태이다. 우리는 날 전체가 티타늄, 골드, 연마된 스틸로 되어 있다는 새로운 메시지를 강화하기 위해 외관을 변화시켜야 할 것이다. 그립은 질 좋은 가죽이다. 아마도, 우리는 일부 콜렉션용으로 금으로 도금한 퍼터를 내놓을 것이다. 각각의 구매는 Augusta, Winged Foot, Pebble Beach, Congressional 같은 전세계 최고급 컨트리클럽에서 이루어진다. 각 골프 클럽은 그립에 맞게 개발된 핸드 몰드를 가진 맞춤용이다. 모든 골프 세트는 정교한 기술적 스윙 분석 후에 판매되고, 각각에는 제조자가 손으로 직접 쓴 싸인이 들어간다. 최신 상품이 지배하는 골프 시장에 소구하는 대신에 그림 15.4에서 보는 것처럼 핑 분자는 골프의 영원한 측면을 강조하면서 멋진 골프 세트가 일생에 한 번 소유하는 럭셔리 제품이라는 주장을 펼칠 것이다.

이것은 핑을 위한 올바른 전략인가? 그것은 브랜드 포트폴리오 매

210

니저가 그 도구를 가지고 만들 수 있는 수십 가지 중 하나일 것이다. 최적의 분석과 날카로운 판단만이 무엇이 최선인지 말해 줄 것이다. 솔헤임이 단지 한 가지 새로운 디자인만을 생각해낸 다음 그것을 만들기 시작하지는 않았을 것이다. 수많은 골프 클럽 디자인들이 있었을 것이다. 솔헤임은 그것들을 디자인한 다음 각각을 테스트해 최고의 것을 찾아냈을 것이다. 똑같은 논리가 브랜드 분자 디자인에도 적용된다.

밀러 맥주

5장에서, 우리는 브랜드 포트폴리오의 형태를 결정하는 요인들에 대해 이야기했다. 캐딜락 분자는 시간이 창조했다. 카르스텐 포트폴리오는 관리적 접근 때문에 그것의 사업 방식처럼 보인다. 카르스텐 포트폴리오는 혁신과 기술에 초점을 맞추어 창조되었고 브랜딩은 뒤늦게 이루어졌다. 밀러 맥주(Miller Beer) 또한 관리적 접근에 의해 창조된 포트폴리오이다. 그렇지만 밀러의 경우 전체적인 포트폴리오를 희생하는 대신 브랜드에 과도한 초점이 맞춰졌다.

밀러사(Miller Brewing Company)는 1972년 필립모리스(Philip Morris)에 의해 인수될 당시 아주 소수의 브랜드만을 보유하고 있었다. 그 이후로, 밀러는 82개 이상의 상표(표 15.1)로 이루어진 분자들의 집합체로 성장했고, 또 다른 외부 포트폴리오와 수십 개의 상호관계를 맺고 있다. 그림 15.5에서 보여지는 밀러의 분자 자체는 비교적 소규모이다.

밀러 브랜드 포트폴리오는 많은 도전에 직면하고 있다. 그것은 버드와이저 분자와 비교해 볼 때 크기가 작은 편인데, 이는 광고집약적인 카테고리에서 상당히 불리한 요소이다. 최근의 광고는 너무 형편없었고, 판매에 지장을 줄 정도였다. 더 중요한 것은 브랜드 포트폴리오가 악화되고 있다는 것이다. 앞서 우리는 포트폴리오 내의 브랜드들이 서로 다른 역할을 수행하는 것의 중요성에 대해 말했다. 밀러 포트폴리오에서는 모든 브랜드들이 동일한 시장을 공략하고 있다. 포트폴리오가 어떤 불규칙한 집합체보다도 못한 분자처럼 보이는 정도까지 브랜드들이 뒤섞여서 경합하고 있는 것이다. 여기서 어떻게 포트폴리오가 이 지경에 이르게 되었는지 살펴보자.

1990년대 중반에, 밀러는 두 강력한 세력들 사이에 사로잡혀 있었다. 안호이저 부쉬와는 수익을 깎아내리는 가격전쟁을 벌였고, 군소 맥주 업체들에 의해서는 점유율을 잠식당하고 있었다. Lite는 밀러 포트폴리오에서 가장 잘 팔리고 있었다. High Life는 쇠퇴하고 있었고, 점점 더 가격경쟁이 치열해지는 카테고리에서 경쟁하고 있었다. Miller Genuine Draft는 일부 시장에서는 그런대로 괜찮았지만 전국적 광고를 하기 위해 상당한 돈을 계속 쓰기에는 너무 많은 시장에서 뒷걸음질치고 있었다. Red Dog은 잘하고 있지만 Plank Road Brewery의 방패 아래 교묘하게 출시되었고, 밀러라는 이름과는 철저히 단절되어 있었다.[4]

1995년에 밀러 최고경영자 잭 맥도우(Jack McDonough)는 밀러 포트폴리오가 강력한 선도 브랜드를 결여하고 있고, 그로 인해 허우적거리고 있다는 사실을 인식했다. 안호이저 부쉬의 이사 시절에 맥도우가 누렸던 프리미엄 플래그십(flagship) 브랜드와 같은 종류의 브랜드 자산을 구축할 의도로 'Spinnaker'라 불리는 프로젝트를 시작

Miller Trademark Brands	Brands Acquired in 2000	Plank Road Brewery Brands	Jacob Leinenkugel Brewing Company Brands	Celis Brewery Brands	Shipyard Brewing Company Brands	Import Brands
Miller Lite	Henry Weinhard's Private Reserve	Red Dog	Leinenkugel's Original Premium	Celis White Export Ale	Shipyard Golden	Molson
Miller Lite Ice	Henry Weinhard's Dark	ICEHOUSE	Leinenkugel's Light	Celis Grand Crv	Goat Tsland Light Ale	Molson Export Ale
Miller Genuine draft	Henry Weinhard's Poter	Southpaw Light	Leinenkugel's Northwoods Lager	Celis Pale Ale	Fuggles Pale Ale	Molson Canadian
Miller Genuine draft Lite	Henry Weinhard's Amber Ale	ICEHOUSE Light	Leinenkugel's Genuine Bock (seasonal)	Celis Golden	Old Thumper Extra Special Ale Ale	Molson Canadian Light
Miller High Life	Henry Weinhard's Pale Ale		Leinenkugel's Red Lager	Celis Raspberry	Blue Fin Stout	Molson Light
Miller High Life Light	Henry Weinhard's Hazelnut Stout		Leinenkugel's Winter Lager (seasonal)	Celis Dobbel Ale	Longfellow Winter Ale (seasonal)	Molson Ice
Miller High Life Ice	Henry Weinhard's Blackberry Wheat		Leinenkugel's Autumn Gold (seasonal)	Pale Rider Ale	Longfellow India Pale Ale (seasonal)	Molson Excel Non- alcohol brew
Miller Beer	Henry Weinhard's Hefeweizen		Leinenkugel's Honey Weiss		Mystic Seaport Pale Ale	Molson Red Jack Ale
Sharp's non alcohol brew	Henry Weinhard's Red Lager		Leinenkugel's Berry Weiss (seasonal)		Chamberlain Pale Ale	Foster's Lager
Milwaukee's Best	Hamm's		Leinenkugel's Auburn Ale		Sirius Summer Wheat Ale (seasonal)	Foster's Special Bitter

Milwaukee's Best Light	Hamm's Draft		Leinenkugel's Big Butt Doppelbock (seasonal)		Prelude Ale (seasonal)	Sheaf Stout
Milwaukee's Best Ice	Hamm's Special Light		Leinenkugel's Maple Brown Lager			*President
Meister Bräu	Olde English 800 malt Liquor		Leinenkugel's Creamy Draft (draft only)			**Shanghai
Meister Bräu Light	Olde English 800 Ice		Leinenkugel's Hefeweizen (draft only)			
Magnum Malt Liquor	Mickey's Malt Liquor					
	Mickey's Ice					

* 출처. Cerveceria Nacional Doninicana, Santa Domingo, Dominican Republic
**출처. Shanghai Foster's Brewery Co. Ltd., Shanghai, People's Republic of China

했다. 그는 Miller Beer를 출시하기로 결정했다.

하지만 그것은 성공적이지 못했다. 밀러는 이 모든 소음들이 무엇을 의미하는지에 대한 소비자들 사이의 혼돈을 발견했다. 소비자들이 혼돈을 느낀 것은 이미 다양한 이름의 밀러 맥주에 대해 들어왔기 때문이다. 밀러사는 특별히 High Life와 Genuine Draft 같은 다른 밀러 제품들과 Miller Beer가 다른 제품이라는 것을 알리기 위해 광고를 시작했다.[5] 하지만 그것은 먹혀들지 않았다. 맥도우는 하나의 이상적 표준(golden standard)을 가지고 모든 밀러 브랜드들을 묶어 내고 싶어했다. 그래서 그 후광을 이용해 밀러 포트폴리오의 나머지 부분의 격을 높이고자 했다. 더 나아가, 밀러는 과거에 좋은 평가를

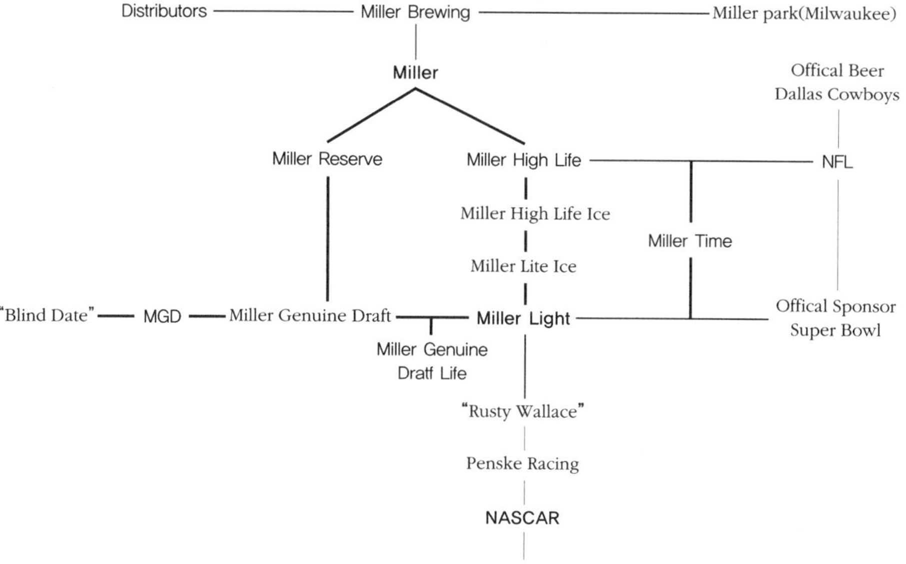

그림 15.5는 밀러 맥주의 브랜드 포트폴리오 단면도이다. 이 분자에는 총 20개의 브랜드가 있다.

받았지만 인기를 끌지 못했던 Miller Reserve로 진정한 프리미엄 맥주를 창출하려는 진지한 시도를 했다. 그 해 9월, 〈게리 하르무치 Gerry Khermouch〉는 밀러가 Miller Beer 지원 자금을 Lite 쪽으로 되돌리는 중이라고 보도했다.[6]

사실상 Miller Beer의 출시는 포트폴리오에 도움이 되지 못했을 뿐만 아니라 포트폴리오 내의 다른 브랜드들의 자원을 가져감으로써 부정적인 영향을 미쳤다. 1995년에 Genuine Draft를 위한 미디어 광고에 거의 4천만 달러를, Red Dog을 위해서는 6천만 달러를 지출

했었지만, 1996년 2월 밀러는 Miller Beer의 전국적인 출시에 자금을 대기 위해, Red Dog 예산 대부분을 포함해 다른 브랜드들의 예산을 가져갔다.[7] 심지어 High Life의 빈약한 자금마저도 가져갔다. 밀러는 4개의 광고회사를 통해 3개의 서로 다른 캠페인을 실시했다. 10월, 회사는 마케팅 부서의 축소와 구조조정을 단행했다. 그리고 나서 밀러는 자신의 대표 상표로서 Lite 브랜드로 되돌아갔다.

오늘날, 밀러는 경영상의 변화와 브랜드 리포지셔닝을 지속하고 있다. 프로모션 노력의 상당 부문은 계속해서 브랜드들을 다같이 밀고 있으며, 이는 포트폴리오 전체적으로 독특성과 차별성의 결여를 초래하고 있다. 1999년에 밀러는 Miller Genuine Draft, MGD. Miller Genuine Draft Light, Miller Lite를 함께 프로모션하였는데, 소비자들이 행운의 병뚜껑을 찾으면 CDNOW 웹사이트에서 맞춤 CD를 만들 수 있게 하는 것이었다.[8] 2000년 후반 밀러는 히스패닉계 대상 프로모션들에 여러 개의 브랜드를 사용했다. Miller Lite는 텍사스의 히스패닉 복싱 타이틀 이벤트를 후원하였고, Miller Genuine Draft는 멕시칸 내셔널 축구팀을 후원하였으며, MGD는 솔로 콘 (Solo Con) 초청 뮤직 프로그램을 후원했다.[9] 그 브랜드들은 내부적으로나 외부적으로 상호교환할 수 있는 것으로 보여졌다.

밀러 브랜드 포트폴리오는 소수의 보다 차별화된 브랜드들을 창출할 필요가 있다. 다시 말해, 포트폴리오를 단순화하고 개방하는 것이다. 또한 서로 다른 브랜드들이 선도 브랜드를 돌아가며 맡게 하기보다는 진정으로 강력한 선도 브랜드를 구축할 필요가 있다. 마지막으로, 이런 모든 전략들이 뿌리내리는 데는 얼마간의 시간이 필요하다.

소비자의 관점에서, Miller Beer와 Miller High Life는 똑같은 하·

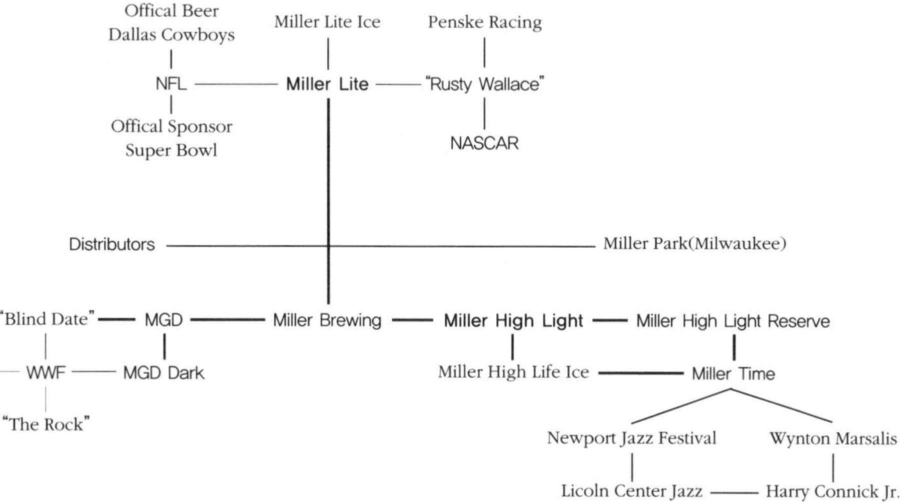

그림 15.6은 밀러 브랜드 포트폴리오 분자 가설도이다. 이 가설도는 그림 15.5에 있는 밀러 브랜드 포트폴리오 분자가 고객 혼란과 Miller High Life 브랜드에 대한 충성도 결여라는 전략적 도전에 대응하기 어떻게 재구성되어야만 하는가에 대한 우리의 제안이다.

나이다. 그러므로 이 2개의 브랜드는 Miller High Life로 병합하자. 다음으로 Miller Genuine Draft와 MGD는 포트폴리오 분자에서 너무 가까우므로 Miller Genuine Draft보다는 MGD를 프로모션하고 그 긴 브랜드 이름은 없애버리자. 브랜드 이름을 짧게 하는 것은 필연적으로 Miller High Life와 MGD 간에 어느 정도 거리가 생기게 만들 것이다.

그 다음으로, 이 두 대형 브랜드들의 포지셔닝 작업을 해보자. Miller High Life의 경우, 그 이름이 있는 곳에 우리의 돈을 쓰자.

Miller High Life를 재즈 시대와 세련된 과거 시절이라는 그것의 핵심으로 데려가 주는 몇몇 파트너들을 찾아보자. 브랜드의 대변자로서 헤리 코닉 주니어(Harry Connick Jr.) 또는 웬톤 마살리스(Wynton Marsalis)는 어떤가? 링컨 센터에서의 최신의 선도적 재즈 이벤트나 뉴포트 재즈 페스티벌과의 실질적인 제휴, 그리고 줄리어드(Juilliard)에 매년 기부를 하는 것도 멋진 시도일 것이다. 또한 향수를 불러일으키기 위해 주요 대도시에 있는 모든 담배가게에 작은 Miller High Life 냉장고를 제공하자. 그리고 얼마 동안은 이 방식을 고수하자.

MGD의 경우, 다른 브랜드들과 더 멀리 떨어지기 위해 젊어지고 자극적이 되자. 파트너십은 X세대에 초점을 맞추자. X-게임이나 최고 인기 스포츠 도전 프로그램들과 MGD의 제휴를 시도할 수 있다. 프로 레슬러인 The Rock이 방송과 링에서 MGD를 홍보하게 하자. 마지막으로, Miller Lite를 끝까지 유지하고 Miller가 아닌 Lite를 내세워라. 그 브랜드는 Miller High Life와 MGD로부터 분리된 공간에서 살아야 하고, 그곳에 계속 머물러 있어야 한다.(그림 15.6을 보라.)

다시, 캐딜락과 펑에서와 마찬가지로 우리가 밀러를 위해 제시한 계획은 하나의 정답이 아니라 선택사항이라는 것을 강조하고자 한다. 하지만 무엇을 하든지 간에, 밀러 브랜드 매니저는 1분기 이상 그것을 해야만 한다. 비록 지난 백년 동안 30개 이상의 광고 문구를 사용했을지라도, 버드와이저는 전반적으로 동일한 포지셔닝을 유지하고자 주의 깊게 노력했다. 이를 위해 대개 여러 가지 광고 문구를 사용하거나 서로 다른 2개의 광고 캠페인을 동시에 수행했다.

19세기 말 '병맥주의 왕(King of Bottled Beers)'으로서 버드와이저를 출시한 이래, 계속해서 안호이저 부쉬는 공개적으로 '모든 병맥주의 왕(King of All Bottled Beers)' (1906~1950)이나 그 이후 지금까지 '맥주의 왕(King of Beers)'으로서 그 지위를 뒷받침해 왔다. 브랜드 시스템의 모든 구성요소들, 즉 패키지에서 품질 기준, 라인 확장에 이르기까지 그러한 주장을 뒷받침했다. 심지어 이러한 엄격하게 단일한 집중은 1975년 Miller Lite의 출시 이후 7년 동안이나 회사가 어려움을 겪게 만들기도 했다. 그리고 마침내 Bud Light를 주력 상품으로 내세우고 나서야 상황이 호전되었다. 안호이저 부쉬의 이사들은 가벼운 맥주(light beer)가 브랜드 시스템의 약속을 전달하는 데 실패하지 않을까 걱정했다. 밀러는 포트폴리오 관리에 대한 유사하고 더 전략적인 접근으로부터 이익을 얻을 수 있을 것이다.

요약

우리는 앞서 브랜드 포트폴리오가 과도하게 그리고 부실하게 관리되고 있다고 말했다. 다행스럽게도, 어느 정도 심도 있게 도구들을 설명함으로써 그 구별이 이제 조금 더 분명해졌다. 우리는 또한 브랜드에 사용되는 도구와 서로 다른 점에 대해 말했다. 포지셔닝은 대개 새로운 광고 문구를 개발해냄으로써 브랜드를 띄우기 위한 임시방책 쯤으로 생각되어 왔다. 우리는 포트폴리오의 리포지셔닝이 새로운 약속을 전달하기 위한 다수의 전략적 조치들을 요구하는, 시간이 소요되는 작업이라 말한다.

이것은 빅 아이디어이고, 광범위한 조직적인 함의를 갖고 있는 아이디어이다. 3부 브랜드 포트폴리오 관리의 실행에서 우리는 그 함의가 무엇이고, 그것을 성공적으로 다루기 시작한 두 조직을 살펴본다.

브랜드 포트폴리오 관리의 실행 3부

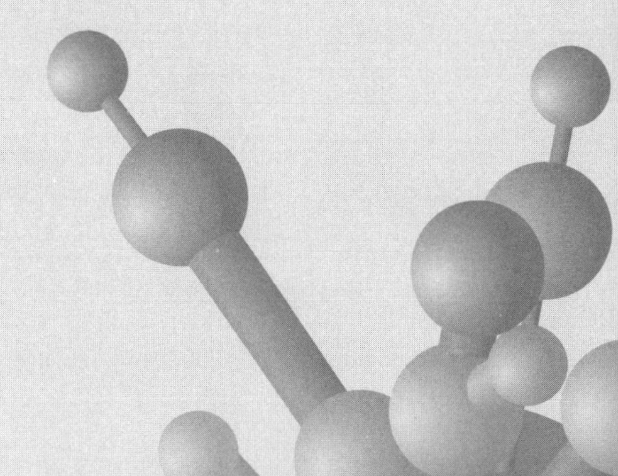

16

브랜드 포트폴리오 관리 : 3M 사례

그것에는 아무것도 필요없다. 당신은 올바른 시점에
적절한 견해를 말하기만 하면 그 도구는 저절로 작동한다.

_ Johann Sebastian Bach

브랜드 포트폴리오 접근으로 나아가는 것, 즉 도구들을 사용해 수익을 증가시키고, 리스크를 관리하고, 포트폴리오를 최적화하기 위해 브랜드 사용의 기초를 재고하는 것은 새로운 형태의 조직을 요구한다. 첫째, 그것은 사업 단위들과 개별 브랜드들 전체를 볼 수 있는 브랜드 포트폴리오 매니저라는 새로운 역할의 필요성을 제기한다. 포드(Ford)가 회사 내부에 프리미어 오토 그룹(Premier Auto Group : PAG)이라는 회사를 만든 것은 그리 오래 전이 아니다. 인수한 전통적인 브랜드들을 최적화할 목적으로, PAG는 수년 내 경쟁사인 메르세데스와 경쟁하는 최고급차를 창조할 책임을 맡고 있는 단일 매니저의 지휘하에 Jaguar, Volvo, Aston Martin, Lincoln, Land Rover 브랜드 포트폴리오들을 그룹으로 묶었다.[1] 브랜드 포트폴리오 매니저는 매우 중요한 역할이다. 브랜드 매니저는 포트폴리오 비전과 가이드 라인을 설정하고, 브랜드 사용에 대한 브랜드 매니저들 간의 분쟁을 해결하고, 언제 어디에 도구를 사용할지를 결정하는 사람이다.

게다가 포트폴리오 접근으로 나아가는 것은 조직문화의 변화를 요구한다. 브랜드 매니저들은 그들의 개별 브랜드들을 중시하는 것과 포트폴리오의 장기적인 이익 측면에서 사고하는 것 간에 균형을 유지해야 한다. 브랜드 매니저들은 브랜드들을 자산으로 생각하고, 브랜드의 위험과 수익을 측정하는 것을 시작해야 한다. 실제로 브랜드 포트폴리오에 기초한 조직에서는 누구나 브랜드 포트폴리오가 유지되고, 보존되고, 구축되어야 하는 자산이라는 생각을 가져야 한다.

우리는 거기에 도달한 어떤 조직도 찾아내지 못했다. 하지만 매우 근접한 조직이 3M™이다. 회사의 역사는 대부분의 산업재 회사들처럼 기술이 중심이 된 제조회사의 역사였다. 3M은 초기에 브랜딩에 대해 무관심했고 마케팅에 대해서는 회의적이었다. 그러나 회의론에도 불구하고, 아마도 그것 때문에, 3M은 실제로 브랜드 포트폴리오 관리의 개념을 밀고 나갔다. 3M은 우리의 브랜드 포트폴리오 매니저와 유사한 역할을 만들었으며, 각각의 브랜드에 대해서 브랜드 포트폴리오의 윤곽을 그리고, 각각의 비전과 가이드 라인을 창조하기 시작했으며, 수익을 측정하는 방법을 정의하기 시작했다.[2]

배경

3M

포춘 100대 기업이자 다우존스 산업지수를 구성하고 있는 회사 중 하나인 3M은 1999년에 매출이 거의 160억 달러를 기록하였으며,

전세계에 걸쳐 7만 명 이상을 고용하고 있다.[3] 3M은 코팅된 연마재 (사포)와 그 다음엔 3M의 첫 번째 유명 브랜드 제품인 스카치 투명 테이프(Scotch® Transparent Tape)와 마스킹 테이프(masking tape) 같은 테이프의 제조업자와 판매업자로서 1902년에 설립되었다. 그로 부터 3M의 연구개발과 기술 엔진은 다음과 같은 수많은 관련 제품과 카테고리를 만들어냈다.

- 소비자용과 사무용에서 공업용으로까지 사용 가능한 테이프들
- 지붕널을 위한 지붕용 작은 알갱이
- 교통 표지판, 자동차 번호판, 차량 마킹을 위한 반사 시트
- 의료용 수술 테이프
- 광섬유 커넥터, 미세전자 회로, 그리고 전자상거래 통신망 소재

오늘날, 3M 조직은 전세계에 산재해 있는 60개 이상의 3M 자회사 들의 업무를 조율하는 인터내셔널 그룹과 몇몇 스탭 그룹뿐만 아니 라 6개의 글로벌 사업 부문(마켓센터)으로 그룹화된 40개 이상의 제 품 사업부로 구성되어 있다. 이러한 사업부 중에서 산업재 시장과 운 송, 그래픽, 안전 시장, 그리고 건강관리 시장이 3M 매출의 60% 이 상을 차지하고 있고, 이 3개의 시장은 비교적 소수의 브랜드에 의존 하고 있다. 한편, 2000년도 회사 매출의 약 17%를 차지하고 있는 소 비재와 사무용품 시장은 3M에서 가장 많이 알려진 대다수 브랜드를 보유하고 있다.(표 16.1 참조)

3M 브랜드 포트폴리오는 몇 가지 이유에서 흥미롭다. 첫째, 3M은 비교적 최근에 브랜드들에 초점을 맞추었음에도 불구하고 Scotch나

| 표 16.1 | 3M 사업부문 요약

사업부문	2000년 매출비중%	사용 중인 브랜드
산업재 시장	21%	Scotch Scotchgard™ 3M Perfect-IT™ Trizact™ Scotch-Brite™
운송, 그래픽, 안전 시장	21%	3M Scotchlite™ Scotchprint®
건강 관리 시장	19%	Aldara™ Littmann®
소비자 / 사무용 시장	17%	Scotch Scotchgard Scotch-Brite Post-it O-Cel-O™ Nomad™
전자 / 통신	15%	3M Microflex Volition™ Scotch
특수 재료	7%	3M Dyneon™ Scotchgard Novec™

표 16.1은 3M의 사업부문 요약이다. 2000년 3M의 총매출은 196억 5천9백만 달러였다. 주요 선도 브랜드 및 신규 브랜드 목록은 표 오른편에 제시되었다.

출처 : 다우 존스 인터랙티브(DJI), http://www.djinteractive.com

Post-it®과 같은 매우 강력한 브랜드를 만들어냈다. 또한 3M은 수많은 브랜드들을 만들어냈다. 이러한 브랜드들 대부분은 소규모이면서 특정한 기술과 관련되어 있다. 3M은 아직까지도 그러한 소규모 브랜드들을 '상표(trademarks)'라 부른다.

흥미로운 것은 1명의 매니저가 하나의 브랜드를 맡으면서 그 브랜드와 관련된 모든 마케팅 커뮤니케이션을 통제하는 전통적인 브랜드 관리 조직과 달리, 3M에서는 브랜드들이 종종 여러 사업 단위에 걸쳐 공유된다는 것이다. 7개의 서로 다른 사업 단위들이 스카치 브랜드를 공유한다. 1990년대 중반에, 3M은 이런 복잡하고 어려운 브랜드 포트폴리오를 더 잘 이해하고 관리하기 위한 통합된 노력을 시작했다.

상표에서 브랜드로

딘 아담스(Dean Adams)는 기업 브랜드 관리 이사로서 3M의 기업 브랜드 부서를 이끌고 있다. 이 부서는 우리가 찾던 진정한 '브랜드 포트폴리오 매니저'에 가장 근접하다. 아담스의 사무실에는 3M 브랜드 패밀리를 보여주는 손으로 만든 오래된 포스터 몇 개가 있다. 적어도 오늘날 브랜드 포트폴리오의 관점에서 자세히 살펴보면, 포스터의 수많은 구성요소들은 엉성해 보인다. 거기에는 친숙하지 않은 로고를 가진 친숙한 브랜드들이 있다. 친숙하지 않은 브랜드들이 3M 브랜드 옆에 자리잡고 있고, 아주 잘 알려진 브랜드 옆에 친숙하지 않는 브랜드들이 놓여 있다. 1993년경, 3M 브랜드들의 그룹화에는 심각한 복잡함이 있다. 아담스는 이 포스터는 하나의 역사적인 관점으로서 3M이 어디에서 시작했는지를 상기시킨다고 말한다.

아담스는 물리학자의 배경을 가지고 있지만 3M 마케팅 부문에서 많은 경력을 쌓아 왔다. 그가 기업 마케팅 업무를 맡아온 지는 2년이 되었다. 그의 직책은 3M 방식으로 상표 매니저(Trademark Manager)였다. 당시 3M에서 브랜드 관리는 광고 관리와 집행을 의미했다. 상표 매니저라는 자리는 기업 마케팅 그룹 내에 있었고 '로고 감독관(logo-cop)'의 역할이 주어졌다.

아담스의 업무는 법률 부서와의 상당한 공조를 필요로 했고, 그래서 뛰어난 상표 변호사인 밥 호크(Bob Hoke)와 업무 제휴를 맺기까지 했다. 그 당시, 브랜드와 그것들을 가장 잘 활용하는 방법에 대해 3M 내부와 외부에서 많은 토론이 있었다. 아담스와 호크도 그 주제에 관해 논의를 시작했다. 그 후 6개월 동안 아담스는 열심히 언론사들을 찾아다녔고, "5피트 높이의 책을 읽었으며", 최고의 브랜드 전문가들을 만나 의견을 들었다.[4]

그 전문가들 중 두드러졌던 1명이 바로 컨설턴트 래리 라이트(Larry Light)였다. 아담스와 그의 팀은 "조직에 충격을 줄 것"으로 기대하는, 브랜드에 관한 교육 프로그램을 만들기 위해 라이트와 공동 작업을 했다. 그들은 이해하기 쉬운 하나의 메시지를 개발했다. 하지만 그것은 3M 조직을 위한 본질적으로 새로운 사고였다. 그들의 말에 의하면, 상표는 브랜드와 동등한 것이 아니었다. 대신에, "브랜드는 고객의 마음속에 살아 있는 하나의 약속이다."

이런 고객 중심적인 재정의는 3M에게 있어 중요한 전환이었다. 이런 전환은 브랜드에는 법적 등록이나 로고 이상의 것이 있다는 개념을 제기했다. 물론 전반적인 이미지나 사용자의 경험도 포함되었다.

심지어 아담스는 브랜드의 일부로서 스카치 테이프 디스펜서의 형태에 관해서도 이야기했다.

3M은 아담스의 제안에 흥미를 느꼈지만, 그것은 기본적으로 수량적으로 관리되는 회사였다. 브랜드에 대한 아이디어는 흥미롭지만 그것을 어떻게 수익과 연결시킬 것인가? 그 연결관계는 1995년에 명확해졌다. 브랜드팀은 1994년에 브랜드 가치평가 방법론을 연구하기 시작했지만, 아직 자료수집을 시작하지는 않았다. 그러던 중 포스트 잇 제품을 판매하는 사업부와 광고 및 유통 프로그램에 관한 작업을 하면서 그들은 자신들이 필요로 하는 자료를 수집할 기회를 갖게 되었다. 그들의 분석은 포스트잇의 브랜드 가치가 자신들이 상상했던 수백만 달러가 아니라 수십억 달러라는 결론을 내놓았다. 그들은 조용히 내부적으로 그러한 조사결과를 논의하기 시작했다.

1996년, 〈파이낸셜 월드Financial World〉는 정기적인 '브랜드 가치' 평가에 3M의 참여를 요청했다. 이 잡지는 아담스에게 스카치와 포스트잇 브랜드에 관한 상세한 판매량과 가격자료를 제공해 줄 것을 요청했다. 아담스는 요청받은 정보가 3M의 지적재산권이라 생각되었기 때문에 거절했다.

9개월이 지난 후, 〈파이낸셜 월드〉는 재차 요청했다. 그들은 3M 브랜드들의 가치를 계산하기 위해 컨설턴트를 고용했고, 그 컨설턴트의 조사결과에 대한 3M의 의견 개진을 요청했다. 〈파이낸셜 월드〉는 포스트잇 노트의 브랜드 가치를 11억 달러, 스카치 브랜드는 24억 달러로 산출했다. 아담스는 자신의 작업에 기초해 "상당히 근사하다."라고 말했다. 그 내용은 곧 인쇄물로 출간되었고, 3M 브랜드 가치평가 뉴스가 전해지자 회사 브랜딩 부서의 전화벨 소리가 울려대기 시작했다. 중간 관리자들은 "우리 브랜드에 대한 책임은 누가 지는가? 우리가 특허권이나 생산설비를 관리하는 것과 똑같은 엄격함으로 브랜드 자산을 관리할 수 있는가? 만일 우리가 브랜드 자산을 구축하거나 파괴하고 있다면 어떻게 알 수 있는가?"를 알고 싶어했다.

브랜드에서 브랜드 포트폴리오로

브랜드 자산 수치가 나오기 훨씬 이전부터, 3M은 브랜드를 단순히 법률적인 상표 이상의 것으로 사고하려는 움직임을 보이기 시작했다. 1994년의 중요한 회의는 그 무대를 만들었다. 전임 최고경영자 데시몬(L. D. DeSimone)은 "나에게 그것을 입증해 보라"고 했던 인물이었다. 그래서 아담스와 그 당시 기업마케팅 담당 부사장이었던 드류 데이비스(Drew Davis)는 약간의 초조함을 가지고, 먼저 3M 브랜드 포트폴리오에 관한 사고를 위한 계층적인 피라미드를 제안했다.

피라미드 밑에서부터 꼭대기로 올라가면서, 각 시그먼트는 더 적은 수의 더 가치 있는 브랜드들을 나타낸다. 맨 바닥 열은 2,500개 상표들의 집합을 나타내고, 다음 위 열 시그먼트는 등록된 1,500개 이상의 3M 상표를 나타낸다. 그러한 등록상표 중에서 300개는 브랜드로 생각되고, 각각은 어떤 시장 가치를 갖고 있기 때문에 아래쪽 시그먼트와 구별된다. 그 위에 '강력한' 브랜드로 여겨지는 100개의 후보자 명단이 있다. 피라미드 꼭대기 삼각형은 7개의 브랜드를 포함하고 있는데, 각각은 상당한 브랜드 가치를 포함하고 있기 때문에 적극적인 관리를 필요로 한다. 7개의 브랜드는 Scotch, Post-it, Thinsulate™, Scotchgard, Scotch-Brite, O-Cel-O, 그리고 3M이다. 이것들이 첫 번째 브랜드 분자이다. 브랜드팀은 걱정할 필요가 없다. 데시몬의 반응은 "왜 7개 뿐인가?"였다. 데시몬은 팀에게 지지를 보냈고, 최고경영층에 그러한 브랜드 메시지를 확산시킬 수 있도록 자신의 영향력을 빌려주었다.

3M은 이제 브랜드들이 새로운 가치를 창출할 수 있는, 보다 실질적인 수준까지 브랜드 배후에 있는 컨셉을 밀어붙이고자 했다. 자발적으로 지원한 첫 번째 그룹은 소비재와 사무용품 사업부의 포스트잇 브랜드팀이었다. 포스트잇 제품들은 그 팀이 브랜드를 둘러싼 문제들을 다루기 시작하기 훨씬 이전의 성공 사례였다. 지속적인 혁신은 이미 그 제품을 미국내 거의 모든 사무실에 들여보냈다.

첫째, 3M은 서로 다른 컬러의 포스트잇 노트를 제공하였고, 그 다음엔 특정한 문구를 미리 인쇄한 포스트잇을, 그 다음엔 개인이나 회사 이름이 특정 위치에 미리 인쇄되게 한 맞춤형 노트를 제공했다. 그 다음엔 일종의 전통적이지 않은 포스트잇 노트인 팝업 노트, 그 다음엔 원래의 정방형 패드 사이즈의 절반보다 작은 소형 노트인 팝업 노트가 나왔다. 그러나 비교적 얼마 되지 않은 젊은 브랜드인 포스트잇 브랜드는 이미 복잡하고 관리하기 어렵게 되어가고 있었다.

아담스, 라이트, 그리고 포스트잇 관리팀은 포스트잇 브랜드를 더 잘 이해하기 위한 일련의 워크샵을 시작했다. 그 첫 번째로, 팀은 기업내 기존 의견들로부터 포스트잇의 브랜드 약속을 도출하는 시도를 했다. 그 결과는 "포스트잇 제품들은 어떤 특정한 기술적 사항을 만족시키는 재부착 가능한 접착력을 포함하고 있다."[5]였는데, 그다지 호소력이 없었다.

팀은 최종 사용자들이 포스트잇 브랜드를 어떻게 생각하는지 밝혀

내기 위해 정량조사와 함께 전세계 수많은 포커스 그룹들을 조사하는 광범위한 조사연구를 의뢰했다. 그것은 프로세스와 내용 측면 모두에서 어려움을 겪었다. 그 데이터는 관여된 나라들의 범위가 넓었기 때문에 복잡했다. 마침내 팀은 실질적이고 소비자 지향적인 브랜드 이미지의 기초를 구축할 수 있었다. 그것은 어려운 반복 과정이었지만 결과는 그러한 노력들을 정당화했다. 그 새로운 약속은 다음과 같다. "포스트잇 제품들은 빠르고, 친근하고, 재부착 가능한 커뮤니케이션과 업무 완수를 돕는 조직의 도구를 약속한다." 이러한 브랜드 약속은 마케팅 임무와 커뮤니케이션 요구 사항들을 명확하게 할 뿐만 아니라, 연구개발 작업을 하는 R&D 부서와 공동 마케팅을 하는 유통채널 파트너들에까지 확산된다. 브랜드 약속은 브랜드 포트폴리오 비전과 가이드 라인을 향한 첫 단계를 구성한다.

그 연구는 또한 포스트잇 팀이 포스트잇 브랜드 포트폴리오를 재구성하도록 이끌었다. 그것은 포스트잇을 포트폴리오의 선도 브랜드, 즉 구매를 위한 분명한 중심적인 이유로 만들었다. 그것을 중심으로 모든 다른 브랜드들은 회전한다. 스냅업(Snap-up)이나 프리미엄 블루(Premium Blue) 같은 포트폴리오 내 지지부진한 수많은 브랜드들은 지원 브랜드가 되었다. 그것은 또한 회사가 스틱 접착제와 같은 브랜드 약속에 부합하지 않는 제품들로부터 포스트잇 브랜드를 떼어내도록 재촉했다.

그러나 이러한 포트폴리오에 있어서 가장 큰 효과는 몇 개의 새롭고 중요한 브랜드들의 추가였다. 3M은 포트폴리오 상의 낡은 경계에서 벗어나, 선도 브랜드와의 보다 직접적인 연결과 새롭게 정의된 약속을 가진 집중화된 제품들을 만들어냈다. Post-it Software

Notes(종이도 아니고, 접착제도 아닌), Post-it Easel Pads, Post-it Flags 등이 그것이다. 이러한 것들은 그 제품 라인에 있어서 중요한 브랜드들이 되었다.[6] 이들 모두는 포트폴리오 내에서 분명한 성장 지향적인 위치를 가졌다. 그렇게 재구성된 포스트잇 포트폴리오는 또한 3M 브랜드가 선도 브랜드가 아님을 분명히 선언했다. 회사의 용어상에서 3M 브랜드는 포스트잇 브랜드를 보증한다. 포스트잇 포트폴리오의 전반적인 크기는 비교적 동일하게 남아 있었지만 그것은 좀더 탄탄해지고 통제 가능해졌다.

물론, 포스트잇에 대한 작업은 단지 3M 피라미드 꼭대기에 있는 나머지 강력한 브랜드들을 위한 비전의 한 요소였다. 포스트잇이 재구축을 경험했던 것처럼 또 다른 20개의 브랜드팀들은 유사한 '연구조직'을 만들기 시작했다.

브랜드 포트폴리오 관리의 제도화

부사장이자 포스트잇 노트 부문의 총괄 매니저였던 척 하스타드(Chuck Harstad)는 후에 기업 마케팅 담당 사장이 되었다. 하스타드는 브랜드 포트폴리오 관리 과정에서 직면하게 되는 많은 조직적 장벽들을 일소했다. 브랜드 포트폴리오 관리를 시범 정책에서 하나의 사업 방식으로 전환시킨 것은 그 누구보다도 하스타드였다.

1998년 초에, 하스타드는 그 당시 다른 팀으로 포스트잇 브랜드팀의 프로세스가 확산되도록 하는 데 부분적으로만 효과적이었던 기업 브랜드 관리 위원회의 의장으로 지명되었다. 하스타드는 위원회의 의장직을 수락하였고, 즉시 위원회를 개편하는 데 착수했다. 그 첫 단계는 거의 전적으로 3M 브랜드의 자산 가치를 구축하는 데 초점을 맞춰 그 목표를 재정의하는 것이었다. 그 때 하스타드는 위원회의 후견인으로 최고경영자인 데시몬을 위촉하였고, 또한 회원 자격도 변경했다. 새 위원회에는 3M의 최고경영자들, 마케팅 부문 부사장, 기술 부문 부사장, 최고의 상표 변호사, 유럽지역 부사장 그리고 3M PR 부서장과 같은 3M의 여러 고위층 간부들이 포함되었다.

아담스와 하스타드 그리고 컨설턴트인 라이트의 변함없는 지원을 받으면서 이 팀은 3M에서 브랜드 관리를 위한 전략과 정책을 수립하는 업무를 담당했다. 1999년 2월, 이 위원회는 3M 전반의 전략과 집중을 위한 척도로서 일련의 새로운 브랜드 지명(designation)을 포함한 브랜드 관리 정책을 개발했다. 위원회는 모든 향후의 노력들을 이끌 '권위 브랜드(authority brand)', '전략적 브랜드(strategic brand)', '제품 상표(product trademark)'라는 새로운 브랜드 지명에 합의했다. (우리는 이와 같은 단순한 3단계 구조가 너무나 유용하다는 것을 발견하고 우리의 브랜드 분자 지도에 채택했다. 대신 우리는 폭넓은 독자들에게 좀더 유용한 '선도(lead)', '전략적(strategic)' 그리고 '지원(support)'이라는 용어를 사용했다.) 그들은 이러한 특정한 정의를 회사 내에 도입하기로 했다.

브랜드 관리 위원회는 또한 브랜드 포트폴리오에 대한 갈등을 해결하고 회피하는 것을 돕는 명확한 의사결정 정책들을 수립했다. 예컨대, 위원회는 하나의 브랜드를 3M의 전략적 브랜드로 지명하는 기준을 결정했다. 왜냐하면 그러한 지명과 함께 내부적 위신은 물론 경영진의 관심과 재정적 지원이 따르기 때문이다. 이러한 지명을 얻으려면 브랜드팀은 브랜드 관리 위원회에 신청을 하고 승인을 받아야 한다. 또한 위원회 자체는 브랜드 철수와 같은 몇몇 어려운 문제의 해결을 돕는다. 이제 회사는 브랜드 포트폴리오 관리의 강력한 옹호자를 갖게 되었다. 그리고 또한 하위 수준에서 관리할 수 없는 문제들을 해결할 수 있는 기반을 마련했다.

하스타드는 팀이 정책을 넘어 실행으로 나아가게 했다. 2000년 1월, 하스타드는 3M의 모든 선도 브랜드들을 체계적으로 이동시키는 과정을 평가하기 위한 수백만 달러짜리 조사 및 트랙킹 프로그램을 지휘했다. 그 계획은 3년 안에 기본적인 포트폴리오 정책의 재조정과 그에 따른 예산과 프로세스의 재편을 요구한다. 하스타드는 또한 각각의 포트폴리오에 대한 체계적인 재평가를 유도하고 있으며, 이 책을 쓰고 있는 지금, 스카치 포트폴리오의 재평가가 대대적인 조사와 함께 진행 중이다.

브랜드 관리 위원회의 작업과 동시에, 3M의 기업 아이덴티티와 e-비즈니스 부서들은 3M의 모든 웹사이트를 위한 일관된 브랜드 접근 방법을 개발 중이다. 3M은 자사가 인터넷을 어떻게 사용하는지와 자사의 전자상거래 정책이 전반적인 브랜드 포트폴리오에 미치는 특정한 영향에 대한 엄격한 진단을 한다. 그리고 그 과정에서 새로운 자사의 내부적 방법론을 도입했다. 예를 들면, 3M의 경영진은 회사가 인터넷 상에서 하는 어떤 일에 대한 암묵적인 브랜드 약속, 즉 단순성, 사용 편리성, 그리고 속도를 꼼꼼히 점검한다.

인터넷 브랜드의 브랜드 약속을 정의하는 것은 중요한 생각이며, 우리의 연구와도 일치한다. 일단 당신이 한 브랜드를 새로운 공간으로 가져가거나 새로운 어떤 것과 결합시키면, 그것은 독자적인 브랜드가 된다. 즉, 회사 이름 뒤에 '닷컴(.com)'을 붙이는 것은 전반적인 브랜드 약속이 인터넷 브랜드에 암묵적인 브랜드 약속들을 포함해야 한다는 것을 의미한다.

이것은 실행에 있어 브랜드 포트폴리오적인 사고방식이다.

평가

3M에서의 변화가 완전하다고 말하는 것은 순진한 생각일 것이다. 매니저들은 여전히 때때로 브랜드의 협소한 정의에 관해 이야기한다. 그리고 누구나가 포트폴리오 의사결정에 있어 전략적인 접근의 아이디어를 받아들이는 것은 아니다. 그러나 그것은 매우 인상적인 시작이다. 3M에서 시작했다는 것 때문에 더욱 인상적이다. 우리의 판단으로는 3M에서 했던 작업은 많은 포트폴리오들을 위한 좋은 모델이 될 수 있다. 어떤 조직도 그처럼 방대하고 광범위한 브랜드 포트폴리오에 대한 그 같은 전반적인 브랜드 포트폴리오 관리 사례를 제공할 수 없을 것이다.

- **조직** 3M은 브랜드 포트폴리오 매니저의 역할을 만들어냈으며, 브랜드 포트폴리오 의사결정에 고위층과 중간관리자 모두를 관여시키는 방법을 알아냈다.
- **프로세스** 3M은 적소에 브랜드 포트폴리오 비전과 가이드라인을 설정하는 정의된 프로세스를 가지고 있다.[7] 그것은 분쟁을 해결하고 포트폴리오를 최적화하기 위한 '도구'를 실행하는 프로세스를 가지고 있다.
- **문화** 3M에 있는 대부분의 사람이 지금은 브랜드를 자산으로

이해하고 있다. 또한 매우 높고, 심지어 무한한 레버리지를 위한 잠재력을 가진 자산으로 이해하고 있다.

3M은 지금도 브랜드 약속과 '유통채널 약속(channel promise)'을 일치시키는 작업을 하고 있다. 파트너들과의 공동 마케팅 협력은 가능하지만, 그것의 목표가 수익을 창출하면서 최종 사용자들의 이익과 욕구에 부응한다는 궁극적인 목적에 배치되지 않아야 한다. 3M은 자료수집과 평가를 좀더 엄밀히 할 필요가 있다고 믿는다. 아담스가 주장하듯이 양적이고 질적인 엄밀한 가치평가 없이는 고객시장에 따라 브랜드 포트폴리오를 재구성하려는 시도는 공허한 것이 된다.

그럼에도 불구하고 3M은 유용한 사례이다. 3M은 산업재 회사로서, 브랜딩 개념이 소비재 회사만이 아니라 모든 기업에 유용하다는 것을 보여준다. 그리고 어떤 유형의 회사도 브랜드에 관한 좋은 사고에 대해 독점권을 가지고 있지 않다는 것을 보여준다. 3M이 단지 7년 만에 상표 관리에서 브랜드 포트폴리오 관리로 전환한 사실은 기본적인 컨셉의 굳건함을 증명한다. 그리고 끊임없이 3M이 성취하고자 했던 것에 대한 엄격한 사고와 그것을 성공적으로 제도화한 것은 비슷한 상황에 직면하고 있는 다른 회사들을 위한 로드맵을 제공한다. 한마디로 말해서, 3M과 같은 넓이와 복잡성을 가진 회사가 그것을 한다면, 당신의 회사도 할 수 있다.

17

조직 저항의 극복

우리는 브랜드 관리 조직을 브랜드 포트폴리오 관리 조직으로 전환하는 것이 다음 10년간 경영자들에게는 기회가 될 것이라고 생각한다. 그러나 어느 누구도 그것이 쉬울 것이라고는 말하지 않는다. 특히, 우리는 그 길을 가는 데 있어 3가지 장벽이 가로막고 있다는 것을 안다.

- 주어진 과제에 관한 상이한 정의
- 단기적인 조직의 우선순위들
- 증가하는 포트폴리오의 복잡성

회사들이 이러한 3가지 문제들에 얼마나 잘 대처하는가가 얼마나 빨리 브랜드 포트폴리오 관리를 실행할 수 있는지를 결정한다.

'훌륭한 브랜드들을 가진 회사'를
'훌륭한 브랜드 포트폴리오 매니저'로 전환시키기

우리가 1장에서 논의한 것처럼, 모든 사람들이 브랜드에 대해 서로 다른 철학적 정의를 가지고 있는 것처럼 보인다. 컬럼비아 대학의 돈 섹스톤(Don Sexton)은 그가 모두 다르고 모두 타당한 17가지 정의를 수집했다고 말한다. 더욱 놀라운 것은 모든 사람들이 브랜드에 대한 서로 다른 작업 정의(working definition)를 가지고 있으며, 좀더 구체적으로 말하자면, 그 브랜드(the brand)에 대한 서로 다른 작업 정의를 가지고 있다.

예를 들면, 우리가 포르세(Porsche) 스포츠카 마케터들과 이야기할 때, 그들은 그 브랜드(the brand)라는 용어를 사용하고, 그 용어가 의미하는 것은 포르세이다. 그 용어와 관련해서 Carrera와 911은 단지 제품 이름이다. 우리가 몇몇 GM의 마케터들과 이야기할 때도 그들은 그 브랜드(the brand)라는 용어를 사용하고, 그 브랜드라는 용어가 의미하는 것은 코르벳(Corvette)이다. 그들에게 있어, 시보레와 GM은 단지 보증을 위해 추가된 사업부와 기업 브랜드일 뿐이다. 비록 두 차종 간에 분명한 차이가 있을지라도, 기본적 수준에서 코르벳과 911은 유사한 고객층에게 경쟁적인 가치 제안들을 내놓고 있는 직접적인 경쟁자들이다. 이 두 브랜드들은 치열하게 경쟁한다. 하지만 그 브랜드(the brands)를 담당하는 관리자들은 같은 단어에 대한 근본적으로 서로 다른 정의를 사용하고 있다.

모든 조직은 내부적인 관점에 기초해 그 브랜드(the brand)가 무엇인지에 대한 자신들만의 견해를 가지고 있다. 여기 또 하나의 분명하지 않은 사례가 있다. 3M에 있는 매니저들은 우리가 3M 브랜드 포트 폴리오에서 Post-it Notes와 Post-it Self-Stick Table Top Pads가 전략적으로 상이한 브랜드라고 주장할 때 난감해한다. 3M의 매니저들은 계속해서 그것들을 포스트잇 브랜드라고 말할 것이다. 하지만 그것은 너무 단순하다.

어떤 것을 브랜드라고 부르는 것이 그것을 브랜드로 만드는 것은 아니다. 서로 다른 이름이 항상 서로 다른 브랜드를 의미하지는 않는다. 상이한 이름들이 항상 상이한 브랜드를 의미하지는 않는다. 그리고 동일한 이름이 동일한 브랜드를 의미하지도 않는다. 몇 가지 분명한 사례들을 고려해 보자. 데이터 저장장치 회사인 EMC와 EMC Insurance는 동일한 이름을 사용한다. 그러나 그들은 분명히 동일한 브랜드가 아니다. 또한 Helios Chemical Company와 뉴질랜드의 Helios Communications, Helios Software, Helios Consuling, Helios Health도 동일한 브랜드가 아니다.

혼동은 대개 소비자들이 그 브랜드를 정의한다는 발상이 매우 이해하기 어려운 관점이기 때문에 발생한다. 하나의 법적인 브랜드 실체가 여러 가지 소비자 브랜드가 될 수 있다는 주장은 이해하기가 더 어려운 발상이다. 그것을 어렵게 만드는 것은 우리가 자동적으로 내부적 관점에서 브랜드들에 관해 생각한다는 점이다. 이것은 입체 그림(Magic Eye drawing)과 상당히 유사하다. "이제 거의 알아볼 수 있어. 아니, 다시 해야겠어.(I can almost see it. No, there it goes again.)" 우리는 여기서 스스로를 반복하고 있다. 하지만 브랜드 포트폴리오 관리의 완전한 잠재력을 실현하고자 한다면 당신은 브랜드를 정의해야만 하고, 그것과 소비자 관점에 기초한 정의 간에 선을 그어야 한다. 그것은 어려운 일인가? 그렇다. 그 라인이 희미한가? 물론 그렇다. 하지만 여러분은 꾸준히 노력해야 한다. 사라져버릴 문제를 가정하는 것은 어떤 성과도 없을 것이다.

동시에, 우리는 브랜드 관리의 지엽적인 정의를 물리쳐야 한다. 브랜드 관리는 당신이 무엇을 조직하고자 하느냐에 관한 것이지, 당신이 어떻게 조직하느냐에 관한 것은 아니다. 3M과 GM으로 다시 돌아가보자. 3M에서 브랜드 관리는 자산으로서 브랜드들을 생각하고, 그 브랜드를 정의하는 데 있어 서로 다른 사업부들의 작업을 조율하기 위해 기업 자원을 사용하는 것을 의미한다. 그렇지만 GM처럼 브랜드 관리가 각각의 자동차 라인(예, 본네빌)을 그것의 개발 책임을 맡고 있는 매니저에게 할당하는 것을 의미하는 곳에서는 각각의 브랜드마다 임명된 매니저는 존재하지 않는다. 거기서는 P&G에서처럼, 브랜드 관리는 손익계산(P&L)이 갖추어진 라인 기능으로 간주된다. 3M에서 브랜드 관리는 스탭(staff)에 의해 수행된다. 3M과 GM 모두 자신들의 접근방법을 설명하기 위해 '브랜드 관리'라는 용어를 사용한다. 그러나 3M과 GM이 정작 브랜드 관리를 수행할 때는 매우 다른 프로세스와 조직적 구조에 관해 이야기한다.

그와 같은 정의가 정말로 중요한가? 우리는 그렇다고 생각한다. 우리의 예전 동료, 폴 브랜스탠드(Paul Branstand)는 "당신이 생각해낸 답은 문제를 집어내는 도구(handle)에 달려 있다."고 말하곤 했다. 브랜드와 브랜드 관리에 대한 정의는 매니저들이 브랜드 포트폴리오 관리에 대해 얼마나 수용적인지에 대한 실질적인 함의를 가지고 있다. 중역들이 그들 브랜드의 최적화가 전적으로 자신들의 책임이라고 자동적으로 가정할 때, 이는 그들로 하여금 브랜드 포트폴리오 관리를 포용하는 것을 주저하게 만든다. 그리고 거기에는 올바른 전략적 대화가 자리잡을 수 없기 때문에 기회를 잃어버릴 수 있는 실질적인 위험이 있다.

요컨대, 정의란 놀랍도록 복잡한 주제이다. 그리고 그 의미는 단순하지 않다. 잘못된 정의는 당신이 브랜드 포트폴리오 관리의 문제와 기회를 가정하는 데 있어 동떨어진 방향으로 이끌 수 있다. 브랜드 가치를 실제로 활용하려면 우리는 '훌륭한 브랜드들을 가진 회사'에서 '훌륭한 브랜드 포트폴리오 매니저'로 전환해야 한다. 우리가 생각하는 핵심은 전체 브랜드 포트폴리오를 정의하는 훈련을 하게 하고, 소비자의 관점에서 그렇게 하게 하는 것이다.

브랜드를 우선순위에 두기

불과 몇 년 전에, 비즈니스 전문가들은 브랜드를 위한 추도미사(requiem)를 불렀다. "1990년대는 브랜드 통합의 시대였다. 브랜드들은 사라질 것이다."라고 1993년에 푸르덴셜(Prudential) 애널리스트, 앤드류 쇼어(Andrew Shore)는 말했다.[1] 쇼어의 비관론은 혼자만의 전망이 아니었다. 멋진 포장이나 마케팅 비용이 필요 없는 유통업자 상표(private label)가 인상적으로 성장하고 있었다. 식품마케팅협회(The Food Marketing Institute)는 소매업자와 소비자들이 실제로 제품 진열대에 있는 브랜드의 5~25%는 필요로 하지 않는다고 보았다. P&G는 White Cloud 욕실티슈, Top Job 클렌저, Puritan 식용류를 없애버렸다.[2] 〈비즈니스 위크〉 지는 왕년의 폴 메카트니(Paul McCartney) 앨범의 타이틀을 흉내내어 "Brands on the Run(브랜드,

자취를 감추다)"이라는 표제를 달았다.[3]

그러나 브랜드의 종말에 대한 소문들은 완전히 잘못된 것으로 판명되었다. 우리는 브랜드의 수와 브랜드의 중요성이 감소하는 것을 본 적이 없다. "1993년의 브랜드 대절망(The Great Brand Despair of 1993)"은 지나갔고, 완전히 새로운 세대의 전문가들 사이에서 브랜드 담론이 새로운 정점에 도달했다. 이러한 모든 끔찍한 예언이 있은 지 3년 후, 'The Brand's the Thing'이라는 제목의 〈포춘〉 지 기사는 결정적으로 브랜드에 대한 낙관적인 입장을 취했다. "브랜드는 요즘 모든 사람들의 마음속에 있는 것처럼 보인다."라고 1996년 〈포춘〉 지는 단정했다. 그러한 열정은 지속적으로 강화되었다. 1993년에 대중적인 비즈니스 정기 간행물들에서 '브랜드'라는 단어를 찾아보면 78,598개가 나오지만 1998년에 똑같이 조사해 보면 220,642개가 발표된 것으로 나타났다.

방송 매체와 애널리스트들 사이에서 브랜드의 부침은 마케팅 부서 내부의 삶과 매우 흡사하다. 특정 이슈가 어느 날은 최상의 의제였다가 또 다른 날은 최하위 의제가 될 수 있으며, 또는 그 반대의 경우일 수도 있다.

또 다른 어느 날, 또 다른 위기, 또 다른 예산 삭감은 우리를 아래로 끌어내리고, 또 다른 신선하고 새로운 마케팅 아이디어는 우리를 끌어올린다. 또 다른 입소문은 브랜드를 서가 뒤편으로 몰아낼 것이다. 이것이 마케팅의 현실이다. 하지만 브랜드와 브랜드 포트폴리오 관리는 너무도 중요해서 구석으로 제쳐놓을 수 없다. 당신은 정말로 변화의 과정에 꼭 맞는 방법을 찾아야만 한다. 우리가 생각하는 답은 3M에서 척 하스타드(Chuck Harstad)가 했던 것을 하는 것이다. 그는

244

최고경영층에서 브랜드를 받아들이게 한 다음 변화를 아래로 확산시
켰다. 브랜드가 중요하지 않은 의제로 밀려나지 않게 하자.

문제의 거대함에 압도되지 않기

브랜드 관리에서 브랜드 포트폴리오 관리로 전환하는 데 있어 마
지막 장벽은 브랜드 포트폴리오 자체에 있다. 우리는 브랜드 포트폴
리오들의 크기와 복잡성이 폭발하는 것을 보고 있다. 그 결과로서 대
부분의 마케팅 부서들은 배를 구하기 위해 정신없이 응급조치에 나
서고 있다. 우리가 생각하기에 요구되는 수준의 변화를 만들어내는
것은 어려울 것이다. 왜냐하면 변화를 만들어내기에는 매니저들이
일상적인 업무로 너무 바쁘기 때문이다. 하지만 그러한 변화는 일상
적인 업무들에 대처하는 것을 더 쉽게 해 줄 것이다. 브랜드 포트폴
리오 관리가 그 답일 수도 있다. 그러나 그들이 선체를 고치기 위해
오랫동안 응급조치를 중단할 여유가 있을까?

오늘날의 시장에 있는 브랜드의 수를 보자. 우리가 16장에서 본 것
처럼, 브랜드의 정의로서 상표를 사용하는 것은 상당히 원시적인 개
념이다. 그럼에도 불구하고, 만일 당신이 브랜드들을 세어보기를 원
한다면 그것은 매우 실용적인 개념이다. 미국특허상표청(The United
States Patent and Trademark Office)은 CASSIS(The Classification and
Search Support Information System)라 불리는 데이터베이스를 통해
미국의 상표와 서비스마크를 조사한다.

시간의 경과에 따른 마크의 증가를 살펴보고자 우리는 먼저 정부
자료를 활용해 자동차, 주요 식품, 주류, 금융보험, 이렇게 4개 분야

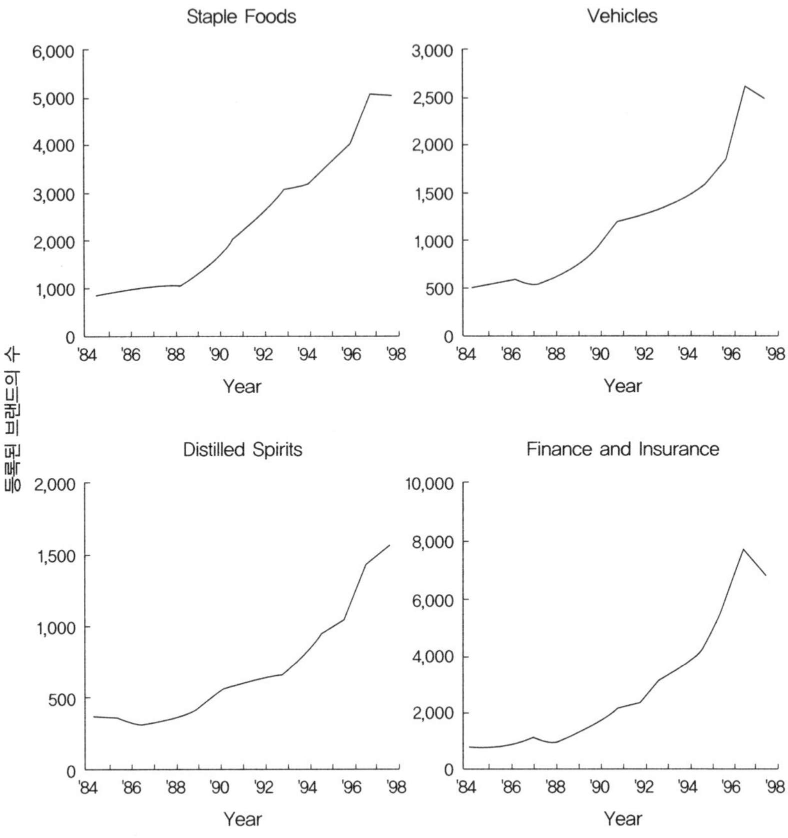

그림 17.1은 15년간에 걸쳐(1984~1998) 4개의 주요 산업군에서의 총 신규 브랜드 수를 평가한 분석을 나타낸다. 이 데이터는 1990년대 각 산업에서 신규 브랜드의 폭증을 보여준다.

의 상표와 서비스마크를 집계했다. 우리는 1900년 이후 등록 신청된 모든 기록을 대상으로 했다. 그리고 일관된 데이터를 만들기 위해 전체 기록을 꼼꼼히 살폈다. 특히, 우리는 중복된 상표와 서비스마크를

246

제거하였으며, 신청일과 산업 분야에 따라 데이터베이스를 분류했다. 여기서 우리 분석이 시작되었다.

그림 17.1에 나타난 결과는 놀라운 비율의 확산을 보여준다. 4개의 산업군 각각은 상표 수에 있어 엄청난 증가를 보여왔다. 이들 4개의 영역에서 상표 수가 1990년보다 평균 3.6배 증가하였고, 브랜드 통합의 예측이 만연하던 때인 1993년보다는 2배 이상 증가했다.

더욱 흥미로운 것은, 최근 10년간에 걸친 상표 수의 성장을 동일한 4개 영역에서의 매출 성장과 비교해 보는 것이다. 예를 들면, 자동차 매출이 연평균 5.6% 성장한 반면에, 자동차 산업에 있어서의 상표와 서비스마크의 수는 약 23.5% 증가했다. 주요 식품처럼 성숙기에 있는 카테고리에서조차도 상표는 매출에 비해 거의 7배까지 빠르게 증가했다. 상표의 수가 매출 성장에 비해 폭등한 반면 마케팅과 프로모션(Marketing & Promotion) 지원은 매출 성장에 뒤졌다. 자동차와 같은 몇몇 사례에서는 상표의 성장과 마케팅과 프로모션 지원은 거의 정반대의 관계가 되었다.[4]

브랜드와 브랜드 포트폴리오의 수는 지속적으로 늘어날 것이다. 포트폴리오가 더 복잡해지는만큼, 포트폴리오를 관리하는 것 역시 복잡해지고 있다. 요즘 브랜드를 마케팅하는 데 관여하는 사람의 수를 생각해 보라. 간단한 예로, 안호이저 부쉬의 유통채널 파트너인 술집 주인을 생각해 보자. 1990년대에, 안호이저 부쉬는 익살(gag)과 제품 품질 메시지를 전달하는 2가지 트랙의 창조적인 계획을 위해 스웨덴 비키니팀 풍의 이미지를 피하기로 의식적인 결정을 내렸다. 하지만 안호이저 부쉬는 여전히 '젖은 T셔츠 콘테스트'를 후원하는 프로모션 자금을 요청하는 술집 주인들과 일을 해야만 한다.

파트너들은 또한 의도가 좋지 않은 방식으로 브랜드에 영향을 미칠 수 있다. 질레트(Gillette)는 1998년 3중날 마하3 면도 시스템의 도입으로 큰 반향을 불러일으켰다. 그 뒤 1999년에 질레트의 주요 소매 파트너 중 하나인 CVS는 3중 면도날을 가진 액티 플렉스(Acti-Flexx)라는 자체 브랜드를 내놓았다. 그것은 지금 어디에서나 질레트의 혁신적인 제품보다 1~2달러 낮은 가격으로 매장에 걸려 있다.

심지어 공급업자들 같은 보이지 않는 파트너들조차도 브랜드에 영향을 미칠 수 있다. 아니타 로딕(Anita Roddick)과 바디샵(The Body Shop)의 경우를 보라. 로딕은 1976년 영국에서 처음 매장을 연 이후, 바디샵을 가장 독불장군 같은(maveric) 기관이자 가장 총체적인(holistic) 브랜드로 성장시켰다. 로딕은 제3세계의 노동 관행, 동물 실험, 그리고 바디샵의 건강용품과 미용제품에 유독 성분을 함유하는 것을 거부했다. "우리는 단순하고 정직하게 여성이 원하는 모든 제품을 판매한다." "우리는 그것들을 누구도 착취함이 없이 , 동물들을 해치는 일 없이, 지구를 파괴하는 일 없이 합리적인 가격으로 판매한다. 우리는 거짓과 속임수 없이, 심지어 광고 없이 판매한다."라고 그녀는 말한다.

바디샵은 1994년 〈Business Ethics〉 지가 그것의 일부 친환경적인 주장에 대해 의문을 제기했을 때 충격을 받았다. 탐사보도 기자인 존 엔틴(Jon Entine)이 쓴 시리즈 기사를 통해, 잡지는 바디샵이 부드러운 제품을 만드는 원료 성분과 관련한 몇 가지 놀랄만한 사실을 기사화했다. 엔틴은 로딕이 유기 성분뿐만 아니라 재생 불가능한 석유화학 제품과 동물 실험을 한 물질이 포함된 다른 바디샵 제품 성분들을 구하기 위해 전세계를 여행했다고 폭로했다. 그 기자는 또한 일단의 제품들이 포름알데히드에 오염되었거나 그 성분을 함유하고 있다는 사실을 밝혀냈다. 환경친화적인 라디오 방송을 포함해 수많은 미디어들이 그 이야기를 다루었고, 2년간에 걸쳐 바디샵을 난타했다.[5]

실질적으로 브랜드 포트폴리오 관리는 더 단순해지지는 않을 것이다. 그렇다면 해결책은 무엇인가? 우리는 그것이 브랜드 포트폴리오 관리를 중심으로 조직역량을 구축하는 것에 투자하는 것이라고 생각한다. 분자를 창조하라. 하부 구조를 바꿔라. 더 나은 정보시스템에 투자하라. 변화의 선두에 서라.

| 성공의 열쇠 |

컨설턴트로서 우리는 가끔씩 최고경영자의 방에서 뛰쳐나간다. 우리의 주장을 최고경영자가 받아들이지 않기 때문이 아니라 우리가 10개의 각기 다른 방식으로 10번째 말했고, 그리고 기회가 주어진다면 11번째 찾아갈 것이기 때문이다. 따라서 우리는 조직적 저항의 도전에 대해 장황하게 얘기하고 싶지 않다. 하지만 브랜드 포트폴리오 관리는 몇 가지 큰 변화들을 요구할 것이고, 그것이 효과적으로 이루어지게 하는 최선의 방법은 모든 요소들이 미리 제자리에 있게 하는 것이다.

- 모든 사람이 동일한 정의를 공유하도록 브랜드 포트폴리오 분자를 사용하라. 브랜드 포트폴리오 분자가 기준이 되어야 한다.
- 변화 프로그램을 하향식으로 추진함으로써 강제성을 부여하라.
- 변화가 일어날 수 있도록 하부 구조를 갖추어 놓아라.

18

참호에서 배운 교훈들

일부 문제들은 너무 복잡해서 당신이 아주 영리하고 정통하다 해도
그것들에 관해 결정을 내리기 어렵다.
_ Laurence J. Peter, Peter's Almanac

이제 당신은 우리가 알고 있는 것을 알고 있다. 당신은 이미 브랜드 포트폴리오 관리의 이론과 현재 실행을 이해하고 있고, 이러한 지식을 활용할 수 있는 기본틀을 갖고 있다. 그러나 또한 우리는 빠듯한 예산, 충분치 않은 자료, 그리고 사내 정치의 현실적인 압박 하에서 문제들을 다루면서 수집한 더 실제적인 교훈들이 있다. 앞서 17개 장에서 제시했던 모든 사례연구를 우리가 한 것은 아니지만 우리는 보고, 듣고, 배웠다. 우리가 다루었던 것들은 아마도 당신이 출발하는 데 도움이 될 것이다. 여기에 우리가 배운 교훈들이 있다.

작용과 반작용

아이작 뉴턴은 처음으로 운동의 제3법칙, 즉 모든 작용에는 동등한

반작용이 있다는 사실을 관찰했다. 이런 작용과 반작용의 법칙은 브랜드 포트폴리오에도 적용된다. 간단히 말하면 이렇다.

한 집단에게 브랜드 포트폴리오를 좀더 매력적이게 하는 것은 또 다른 집단에 대해서는 그것을 덜 매력적이게 한다.

어떤 것도 공짜는 없다. 1990년대에 나비스코(Nabisco)는 일련의 A1 스테이크 소스의 확장을 통해 양념 식품을 선호하는 소비자의 트렌드를 충실하게 따랐다. 신제품을 출시한 나비스코는 매체 광고의 초점을 신제품에 맞췄다. 예컨대, A1 Bold & Spicy와 A1 Thick & Hearty는 출시 기간에 A1 브랜드 광고의 대부분을 차지했다. 나비스코는 매장에서도 신제품이 눈에 띄는 곳에 놓이도록 관리했다. 그러나 1997년에 이르러, A1 매니저들은 새로운 향의 변형 제품에 너무 과도한 지원이 이루어졌다는 사실을 깨달았다. 비록 트레이드마크인 갈색 병과 빨갛고 흰 라벨이 거대한 소비자 에퀴티와 2억 3천 2백만 달러의 스테이크 소스 카테고리에서 39.4%의 시장 점유율을 가졌을라도, 나비스코의 조사는 냉동고에 제품을 보관하는 소비자들이 사실 그것을 아주 드물게 사용한다는 것을 발견했다. 스테이크를 소비하는 소비자의 90%는 A1을 사용하지 않았다. 그리고 확장은 기대한 성과를 내지 못했다. 특히, Bold & Spicy의 판매는 전년도에 비해서 38.2%까지 떨어졌다.

1996년 연간 보고서에서, 나비스코는 주주들에 대한 겸허한 사과와 함께 핵심 브랜드를 다시 전면에 내

A1 스테이크 소스

252

세우겠다는 약속을 했다. 1997년 중반에, 나비스코는 스테이크하우스 레스토랑 산업의 부활에 맞춰, 제품 라인에 대한 폭넓지만 기본적인 개편을 시작했다. 나비스코는 1998년에 30주에 걸쳐 샘플과 무료 조리법을 나눠주는 "A1 Rolling Steakhouse Tour"를 시작하였으며, 그 기간 동안에 판매량이 5% 상승하는 것을 보았다. 나비스코는 또한 전 제품 라인을 재디자인해 확장 제품의 포장이 A1 병에 더 비슷해지게 하였고, 그래서 매장 진열에 있어 좀더 통일된 브랜드 외관을 만들어냈다. 나비스코 레스토랑 단골 고객들을 위해서는, 서브웨이 샌드위치 샵(Subway Sandwich Shops)에서의 'A1 브랜드가 들어간 스테이크 샌드위치' 같은 소비자 프로모션을 포함한 일련의 프로모션 제휴들을 개발했다.[1] 핵심에 다시 초점을 맞춘 것은 매우 성공적이었다.

브랜드를 리포지션하거나 브랜드 포트폴리오를 확장하는 많은 시도들은 보통 예상치 못한 반작용이나 상쇄적 파장에 직면한다. 신규 고객을 유인하기 위해 포트폴리오에 추가되는 브랜드 확장은 기존 매출을 잠식하고 마케팅 비용을 유발한다. 성장을 위한 폭넓은 기반을 확보하기 위해 전반적인 포트폴리오 포지셔닝을 확대하는 시도들은 마케팅 메시지의 희석화로 귀착되며, 공백을 메우기 위한 새로운 전략적 브랜드의 추가를 요구한다. 리포지셔닝 노력들은 현재 고객들은 뒷전에 두고 새로운 고객을 유인하려는 의도가 있다. 마케팅 파트너들과의 합의 사항은 그 브랜드가 표방하는 것에 있어 근본적인 변화로 이어진다. 전반적인 브랜드 포트폴리오에 광채를 더하도록 의도된 신제품은 실패작이 되곤 한다. 그리고 재빨리 사라져 버리면서 브랜드 포트폴리오 자산에도 약간의 손실을 입힌다.

예를 들어, 11장에서 기술한 라이선스 사업이 어떻게 잘못되었는지 분석하기 위해 되돌아보는 일은 어렵지 않다. 하지만 현실에서, 캘빈 클라인은 라이선스 거래를 협상하고 사인했을 때 잠재하는 이면의 결과를 내다보지 못했다. 마찬가지로 밀러사도 Lite가 핵심인 밀러 브랜드로부터 매출의 상당 부분을 끌어갈 것이라고 예상하지 못했다. Miller Lite를 도입한 이래로 밀러의 일반 맥주 브랜드 판매는 상당히 감소했다.[2] 폭스 TV는 〈누가 백만장자와 결혼하기를 원하는가?〉, 〈동물들의 공격〉, 〈세계 최악의 운전자〉 같은 선정적인 쇼 프로그램들이 자신의 이미지를 훼손시킨다는 것을 발견했다.[3]

이 사례들은 모두 좋은 의도의 작용이 예기치 않은 불리한 반작용을 만들어낸다는 것을 보여준다. 물론 때로는 예기치 않은 반작용이 긍정적이기도 하다. 하지만 우리는 서툴게 사고된 전략들로부터 당신을 구하기 위해 행운에 의지하지는 않을 것이다. 중요한 개념은 모든 전략에는 결과가 있다는 것이다. 대행사가 리포지셔닝 프로그램을 제안하거나 새로운 사업 부서가 공동 브랜딩 사업을 제안할 때는 항상 시간을 들여 만일의 상황을 검토하고, 원치 않는 변화들의 초기 경고를 제공하는 측정을 실행하고, 비상 대책을 수립해야 한다. 브랜드 포트폴리오 매니저들은 자신들의 실행 계획의 잠재적인 이점을 설교하는 것만큼이나 반대의 모든 결과들을 이해하고 예측해야만 한다.

단순성

"모든 것이 동일하다면 가장 단순한 답이 최선이다."

254

오캄스 라저(Occam's Razor)는 이렇게 말했다. 브랜드 포트폴리오에 있어, 이 말은 명확히 적용된다. 우리가 보아왔던 것처럼 브랜드 포트폴리오는 언뜻 보기보다는 당연히 복잡하고 훨씬 더 광범위하다. 각각의 브랜드는 적어도 4가지 차원에서 포트폴리오 내의 다른 브랜드들과 연결되어 있다. 경계들은 명확하게 정의되지 않으며 변화의 효과는 예측하기 어렵다. 5개 브랜드 포트폴리오에는 1백여 개의 결합들과 4백여 개의 관계들이 있다. 10개의 브랜드 폴트폴리오에는 3백만 개 이상의 순열조합(permutation)이 있다. 그 복잡성은 가히 압도적이다. 그 모든 복잡성에 맞서 단순성은 좋은 것이다.

새로운 브랜드 포트폴리오에 있어서 단순성은 종종 미래에 대한 통찰에서 나온다. 새턴(Saturn)은 역사상 가장 성공한 자동차 출시 사례 중 하나이다. 비교적 소규모 딜러망과 그다지 많지 않은 광고예산에도 불구하고, 새턴은 2년 만에 미국에서 10번째로 큰 자동차 회사가 되었다. 출시 계획을 세우면서 새턴의 경영진은 하나의 문제에 대해 열띤 논쟁을 했다. 그것은 새턴이 일본이나 미국 자동차 회사들의 전례를 따라 Chevrolet Lumina, Cadillac Escalade, Oldsmobile Aurora 같은 명확히 구별되는 모델명을 개발해야 하는지, 아니면 많은 유럽 자동차 회사들이 하는 것처럼 단순한 모델 넘버로 할 것인지의 문제였다. 광고계의 스타이자 출시 업무를 주도한 할 리니(Hal Riney)는 단순한 모델 넘버를 주장하였고, 그것이 받아들여졌다. 그는 소수의 구성요소를 가진 포트폴리오를 관리함으로써, 전략과 자원을 집중시킬 수 있다고 주장했다.[4] 그가 옳았다.

오래된 포트폴리오의 경우, 단순화 작업은 더 복잡하다. 그것은 자원의 재할당, 많은 매니저들과 유통 파트너들의 이해와 수용을 요구한다. Legend, Integra, Vigor 같은 개별적인 자동차 라인 브랜드를 구축하기 위해 5억 달러 이상을 썼음에도 불구하고, 혼다의 아큐라(Acura) 사업부는 1995년 새턴의 방식을 택하였고, 전반적인 아큐라 브랜드를 지원하는 데 오로지 숫자와 문자만을 사용하는 훨씬 더 단순한 포트폴리오로 전환했다.

때로는 시장이나 회사 구조가 어떤 조직으로 하여금 필요 이상으로 복잡한 포트폴리오 디자인으로 나아가게 만든다. 그 같은 경우, 우리는 '작용은 반작용을 낳는다' 라는 첫 번째 규칙을 떠올린다. 완벽하게 논리적이고 자연스런 조치처럼 보이는 것이 어떤 결과를 가져올지에 대해 심사숙고하는 것이 중요하다.

할리 데이비슨은 부엘(Buell) 브랜드에 대해 그렇게 했다. 부엘은 할리 데이비슨 브랜드 포트폴리오와 사촌지간이다. 부엘은 항상 할리와의 밀접한 관계로 인해 덕을 보았다. 그 설립자는 할리와 동문이었고, 할리는 그들이 사업을 시작할 수 있도록 격려와 자원을 제공했다. 할리는 1993년 이후로 부엘의 지분 49%를 통제하였고, 1998년에는 부엘의 나머지 지분 대부분을 인수했다.[5] 그들의 공유된 역사를 고려해, 할리와 부엘 경영진들은 할리 브랜드를 지렛대로 활용하기 위해 브랜드들을 타화수분하는 것(cross-pollinating, 다른 꽃의 꽃가루를 받는 것)에 대해 심사숙고했다. 그들은 현명하게도 부엘 브랜드 포트폴리오를 시작부터 가능한 독립된 포트폴리오로 남겨두기로 결정을 내렸다. 부엘은 미국 제조공장, 고품질, 심지어 일부 공유된 기술, 공유된 딜러망 같은 할리 브랜드 포트폴리오의 많은 속성들을 공유하는 반면, 스타일과 구매층의 측면에서는 분명히 다르다.

할리의 입장에서는, 크롬 도금된 복고적 외관은 할리 브랜드 포트폴리오에서 핵심적인 역할을 한다. 따라서 두 포트폴리오를 연결하는 것은 다소 차이가 있는 두 개의 포트폴리오를 관리하는 것의 복잡성보다 훨씬 더 거대한 복잡성을 만들어낼 것이다.

그와 같은 경우, 브랜드 포트폴리오는 단순하면 단순할수록 관리하기가 더 쉽다.

동질성이 아니라 통일성

밀러 맥주의 사례가 보여주는 것처럼, 포트폴리오로서 관리되지 않는 브랜드들은 시장에서 서로를 방해할 수 있다. 제대로 된 포트폴리오 관리는 이에 대한 대응책을 제공해야 한다. 만일 당신이 서로 다른 브랜드를 위한 서로 다른 역할에 대해 생각하고 있다면, 당신은 아마도 실험을 장려할 것이다. 만일 당신이 적절한 위험통제 수단을 갖고 있다면 위험을 받아들이는 데 좀더 편안함을 느껴도 된다. 한마디로, 브랜드 포트폴리오 관리는 창조적인 작업이다.

우리는 브랜드 포트폴리오를 구축하는 데 있어 목적의 통일성 (unity)과 응집성(cohesiveness)을 원한다. 우리는 동질성을 원하지 않으며, 특히 무색무취한 동질성을 원하지 않는다. 시카고 대학의 마케팅 교수인 스티브 슈간(Steve Shugan)은 그의 학생들에게 "뜨거운 차를 좋아하는 사람도 있고, 차가운 차를 좋아하는 사람도 있지만 어느 누구도 미지근한 차를 좋아하지는 않는다."라고 말한다. 전략가처럼 사고하는 것이 마케터처럼 사고하는 능력의 상실을 의미하지 않게 하는 것은 우리 모두에게 달렸다. 즉, 공격적이고, 기업가적이며, 창조적이 되라.

19

무한함의 함의

한 알의 모래에서 세상을 보고
한 떨기의 들꽃에서 세상을 본다.
그대의 손바닥에 무한을 쥐고.
_ William Blake, "Auguries of Innocence"

경영서적의 제목들은 겸손을 떨 이유가 없다. 그러나 언뜻 보기에 이 책(원서)의 제목, 'The Infinite Asset(무한대의 자산)'은 지나쳐 보일지도 모른다. 우리는 그렇게 생각하지 않는다. 'infinite'라는 단어를 사용하면서, 우리는 경쟁적 자산으로서 브랜드를 독특하게 만드는 2가지 측면을 포착하고자 했다.

첫째, 브랜드는 거의 영원하다는 것이다. 시카고에서 게리(Gary)까지 자동차로 달릴 때, 당신은 호숫가에 늘어서 있는 거대한 격납창고를 지나치게 된다. 이 거대한 회갈색 콘크리트 건물들은 부서져 내리고 있다. 그 건물의 한쪽에는 예전 소유주였던 펠스테프(Falstaff) 맥주의 이름이 적혀 있다. 펠스테프 브랜드는 약 100년 전에 세인트루이스에서 시작되었다. 오늘날 펠스테프 맥주는 패브스트(Pabst)에 의해 생산되고 있다. 펠스테프는 전략의 변화를 거치고, 주인이 바뀌고, 심지어 맥주 양조장을 잃어버리면서도 지속되고 있다. 더욱 중요한 것은 로버트 크라이스(Robert Crais)의 유명한 탐정소설 시리즈의 영웅, 엘비스 콜(Elvis Cole)을 포함한 충성스런 고객층을 유지하고 있다는 것이다. 비록 콘크리트 격납창고들은 부서져 먼지가 되고 있을지라도 브랜드는 아직까지도 건재하다.

브랜드와 그것을 둘러싼 구전은 매우 오랫동안 지속된다. 윈스턴(Winston)이 "담배가 낼 수 있는 최상의 맛"이라고 주장한 지 수십 년이 지났지만 소비자들은 그 말을 잊지 않고 있다. 심지어 캠페인을 아주 어렸을 때 접한 소비자들까지도 그 브랜드에 친숙하다. 팩커드 벨이 보여준 것처럼 이런 잠재적인 자산은 항상 명석하고 통찰력 있는 브랜드 포트폴리오 매니저에 의해 활용될 수 있다.

브랜드 포트폴리오는 또 다른 관점에서도 무한하다. 브랜드 포트폴리오는 그 소유자에게 놀라운 레버리지를 제공한다. 우리가 이 책에서 보아온 빅스(Vicks), 포스트잇(Post-it), 필립스(Philips) 같은 수많은 사례들처럼 브랜드 포트폴리오는 제조 공장, 부동산, 설비 등에 대한 수억 달러의 투자 없이도 성장의 기회를 제공한다. 자산에는 많은 종류가 있다. 현금, 공장, 유통망, 특허권과 같은 경성 자산(hard asset)과 조직적인 학습능력, 핵심 경쟁우위와 같은 연성 자산(soft asset)이 있다. 모두가 중요하다. 하지만 이 모든 것들은 더 커지고, 더 현대화된 공장, 핵심 경영진을 고용하는 것과 같은 새로운 진보에 의해 구식이 되어버리거나 모방될 수 있다. 브랜드만이 예외다.

인터넷 영역에서 마이크로소프트(Microsoft), 야후!(Yahoo!), 넷스케이프(Netscape) 사이의 전쟁은 브랜드가 기술과 같은 경성 자산에 대해 갖는 우위의 좋은 사례이다. 인터넷이 성장함에 따라 소비자들이 인터넷을 시작하는 플랫폼을 차지하기 위한 싸움도 커져 갔다. 2가지 유형의 회사가 그 권리를 놓고 경쟁해 왔다. 인터넷에 접속하고 검색하는 소프트웨어 제공 업체와 홈페이지나 포털을 제공하는 웹사이트가 그것이다. 이 회사들은 또한 온라인 소매상들에게 광고 공간과 상거래 기회를 제공하기 때문에, 인터넷 접속 서비스 업체의 소프트웨어 판매나 서비스 수수료보다 훨씬 더 많은 수익을 차지하게 된다. 이러한 경쟁자들 가운데 가장 눈에 띄는 세 회사인 마이크로소프트, 넷스케이프, 야후!를 살펴 보면, 다른 유형의 자산이 아닌 브랜드에 기초해 경쟁하는 것에 대한 찬반론이 분명해진다.

넷스케이프

비록 지금은 거의 몰락했을지라도, 넷스케이프 커뮤니케이션(Netscape Communication)은 분명 매일 우리가 매킨토시나 PC를 켜자마자 보게 되는 웹 브랜딩(Web Branding)의 시대를 창조했다. 역설적이게도, 넷스케이프는 자신의 창조물을 활용하는 데 실패함으로써 몰락했다.

짐 클락(Jim Clark)과 마크 앤드리센(Marc Andreessen)은 지금은 누구나 당연히 사용하는 웹 브라우저를 만들었다. 이 기술은 수백만 명의 사람들을 인터넷으로 끌어들였고, 소매 브랜딩과 정보 서비스에 엄청난 혁명을 만들어냈다. 클락과 앤드리센은 이 기술을 누구나 활용할 수 있는 '프리웨어'로 만들었다. 그 기술은 누구나 쉽게 인터넷을 사용하고 여행하는 법을 배울

넷스케이프

수 있게 했다.

1994에 모사익 커뮤니케이션즈(Mosaic Communications)로 처음 시작한 넷스케이프는 독특한 테크놀러지와 혁신을 통해 성장한 회사가 되었다.

1993년 1월, 앤드리센은 새로운 유형의 소프트웨어 애플리케이션 (그 후에 X Mosaic과 Mac Mosaic으로 불려짐)을 태아 단계에 있던 인터넷에 올림으로써 그 씨앗을 뿌렸다. 일리노이즈 대학에 있는 전미 수퍼컴퓨팅 애플리케이션 센터(National Center for Supercomputing Applications)에서 프로토 타입으로 개발된 모사익은 실제로는 웹 그 자체와 같이 작동했다. 그것은 문서(documents), 인터넷 검색 도구 (internet search tools), 과학적인 데이터(scientific data), 그리고 그밖의 파일들을 하이퍼텍스 '페이지'의 단일 프레임 하에서 통합하는 방식으로 작동하였고, 파일(File), 항해(Navigate), 옵션(Options), 주석 (Annotate), 문서(Documents), 매뉴얼(Manuals), 도움말(Help)과 같은 오늘날에도 친숙한 7개의 옵션에 의해 조작되었다. 모사익은 항해 안내자로서 URL(document universal resource locator) 방식을 도입했으며, 하이퍼텍스트 레퍼런스를 다른 주요 사이트들에 사용했다.

클락은 앤드리센과 손을 잡았고, 그들은 모사익이 100만 카피 이상 유포되던 시점인 1994년 4월에 모사익 커뮤니케이션즈를 설립했다.[1] 두 사람은 대부분의 닷컴 기업들에 훨씬 앞서서 궁극적으로 성공하는 수익 모델을 이해했다. 그 당시 앤드리센은 "인터넷에서 광고하는 방법들이 있고, 우리는 우리가 그것을 어떻게 할지를 정확히 알고 있다고 생각한다."라고 말했다. 클락은 인터넷이 "진정한 정보의 고속도로이자 상업적 시장"이라고 예언적으로 주장했다.[2]

1994년 12월, 새로운 넷스케이프사는 다른 네트워크 브라우저들보다 10배가 빠르고, Windows, Mac, X Windows 모두에서 작동 가능하며, 개인 정보와 거래를 처리할 수 있는 최초의 안전한 공개 소프트웨어 시스템인 Navigator 1.0을 출시했다. 그 서버 소프트웨어는 또한 온라인 출판, 금융서비스, 쌍방향 쇼핑과 같은 최초의 온라인 상업 서비스와 높은 보안성을 제공했다.[3]

Netscape Navigator 1.1은 다음해 봄에 출시되었으며, 성능이 더 향상되었다. 그것은 더 빨라졌으며, 텍스트를 먼저 보여주고, 그 다음에 그래픽이나 사진을 보여주었다. 그래서 사용자들은 스크린에 그래픽이 로드되는 것을 기다리는 동안 읽기를 시작할 수 있었다. Navigator 1.1은 특별한 배경그림, 깜박거리는 텍스트, 그리고 심지어 애니메이션 기능까지 추가되었다. 넷스케이프의 점유율은 인터넷 사용자의 75%까지 치솟았다. 1995년 8월에 넷스케이프가 상장되었을 때 그 회사는 22억 달러의 가치가 나갔다. 그 가치는 곧이어 3배로 뛰었다.

1995년 9월, 넷스케이프는 Navigator 2.0과 Navigator Gold 2.0을 배포했다. 그것들은 온라인 애플리케이션에 대한 접근, 비디오와 오디오 편집 지원, 완전히 통합된 브라우징, e-메일, 뉴스그룹, FTP 기능, 디지털 ID와 메시지 암호화, 디지털 시그니처, 라이브 편집 기능 등을 포함했다.[4] 또한 인터넷 브라우저를 위한 기반으로서 당시 강력한 인터넷 서비스 제공자인 프로디지(Prodigy)와의 Navigator 2.0 라이선스 계약에 서명했다.[5]

이 시점에서 클락과 앤드리센은 빌 게이츠의 주목을 받게 되었다. 넷스케이프는 어디에서나 75~85%의 브라우저 점유율을 차지했다.

인터넷 익스플로러(Internet Explorer)는 기술적으로 열세였다.[6] 마이크로소프트는 Internet Explorer 1.0을 Windows 95 배포에 맞추기 위해 서둘러 출시했다. Internet Explorer 1.0은 네비게이터보다 느렸고, 네비게이터처럼 복잡한 3차원 배경과 첨단의 페이지 구성요소들을 보여줄 수 없었고, 모든 표준 넷스케이프 확장들을 지원하지도 못했다.

다음해 5월에 넷스케이프는 또 다른 혁신적인 3.0 버전을 출시했고 브라우저 시장에서의 우위를 계속 이어갔다. 앞선 기술로 구축된 새로운 네비게이터는 '공유 칠판(shared whiteboard)' 기능을 포함하고 있었다. 이것은 두 사람이 공유 문서상에서 함께 작업하면서 인터넷을 통해 서로 대화할 수 있도록 해 주는 것으로, 최초의 온라인 장거리 전화와 같은 것이었다. 네비게이터는 또한 사용자들이 벤더가 발행한 전자 인증서에 기초해 좀더 안전한 거래를 할 수 있게 하는 새로운 기술을 제공했다. 넷스케이프는 선도자의 지위를 구축하였고, 주요한 전략적 무기로서 기술을 활용함으로써 그 지위를 유지하려 했다. 하지만 그것은 성공하지 못했다.

야후!

미국에서 가장 큰 광고주들은 수십 년 동안 자동차, 포장 제품, 패스트푸드, 소프트음료, 금융서비스와 같은 몇 가지 기본적인 카테고리에 속한 기업들이었다. 그러나 1999년 크리스마스가 다가오자, 미국의 TV시청자들은 TV 프로그램들을 후원하는, '닷컴' 접미사를 달고 있는 신규 브랜드들의 대대적인 유입을 목도하기 시작했다.

MySimon.com은 가장 낮은 가격의 제품을 찾는 이들을 위해 제품들에 대한 

가격비교 서비스를 제공했다. CNET.com은 컴퓨터와 소프트웨어에 대한 비기술적인 정보를 제공했다. Amazon.com은 책과 음반, 선물용 제품 등을 판매했다. Gift.com은 소비자들이 가족이나 친구를 위해 알맞은 선물을 구매하거나 주문할 수 있는 인터페이스를 제공했다. Autoweb.com은 차량을 쇼핑하고 구매할 수 있는 인터랙티브 서비스를 제공했다. Pets.com은 "애완동물은 운전할 수 없다."라고 광고에서 주장하면서, 집까지 배달되는 애완용품을 제공했다. E*TRADE와 Ameritrade는 개인적으로 주식거래를 할 수 있는 손쉬운 접근방법을 미국인들에게 제공했다. ABC 방송사는 하프타임 쇼에 대한 단독 스폰서십을 E*TRADE에 3백8십만 달러에 판 것을 포함해 '닷컴' 기업들에게 크리스마스 이후 슈퍼볼 경기 1개월치 광고의 약 25%를 팔았다.[7]

미국에서 이와 같은 서비스와 브랜드, 영리한 광고들이 쏟아지는 가운데, 웹상에서 최초의 브랜드이자 여전히 최고의 접속량을 보이는 브랜드들 중 하나가 신규 닷컴들이 제공하는 거의 모든 것을 제공하기 위해 자신의 서비스의 폭을 조용히 확대하고 있었다. 그리고 지금 그것은 그 당시와 마찬가지로 간단하게 야후!로 알려져 있다.

1994년, 회사 설립자 데이비드 파일로(David Filo)와 제리 양(Jerry Yang)은 웹에서 자신들과 친구들의 관심 분야를 탐색하는 습관을 맞춤화된 데이터베이스로 전환해 누구나 이용할 수 있게 했다. 이는 인터넷을 어렵게 여기는 일반인들이 더 쉽게 항해할 수 있도록 만드는 수단이었다. 소문에 의하면 야후!는 'Yet Another Hierarchical

Officious Oracle database'의 두문자어에서 나왔다고 한다. 이는 파일로와 양의 대중적인 태도를 나타내는 것이다. 그러나 1년쯤 지나서 검색과 범주화 기능을 확대하였을 때 파일로와 양은 그들의 서비스가 다른 경쟁자가 진입하는 데 실질적인 장벽이 없는 복제 가능한 기술이라는 것을 깨달았다. 실제로 그들이 혁신적인 메뉴를 사이트에 올리고 나서 6일 정도 지나면 동일한 메뉴가 라이코스(Lycos)나 AOL에도 올라와 있는 것을 발견했다.

1995년 11월 말, 야후!는 예언적 통찰력을 가지고 Reuters New Media, Softbank, Capital Group Ventures 등 새로운 인터넷 고객 그룹들에게 약 12%의 지분을 매각했다.[8] 이미 수익을 내고 있었으며, 낮은 비용으로 운영되고 있던 야후!는 운영 자금을 추가로 마련할 필요가 없었다. 그 당시 야후!의 운영 담당 부사장이었던 제프리 몰렛(Jeffery Mallet)에 의하면, "회사는 운영 자금보다는 인터넷 커뮤니티 외부에 브랜드를 노출시키고 마케팅할 자금을 확보하고자 했다."[9]

1996년 2사분기, 상당한 투자 자금이 유입되자 마케팅 부사장 카렌 에드워드(Karen Edwards)는 야후! 브랜드를 알리는 데 수백만 달러의 예산을 사용했다.[10] 1996년 중반에 2주 동안 그녀는 세 곳의 전략적 시장인 뉴욕, LA, 샌프란시스코에서 공중파 방송을 통해 기발한 광고캠페인을 전개했다.[11] 또한 샌프란시스코 3Com 파크에서 반짝이는 'Yahoo! for Barry Bonds' 사인물 같은 기발한 프로그램들을 추진했고, 지프 데이비스(Ziff Davis)의 〈Yahoo! Internet Life〉 지에서 스노보드에 이르기까지 다양한 라이선스 제품을 통해 브랜드를 노출시켰다.[12] 그녀는 또한 Ben&Jerry's, Sega, Visa, MCI와의 공동 프로모션을 위해 온라인 노출을 상호 교환하는 공동 브랜딩(co-branding)을 실시하기도 했다.[13]

이를 맥락 속에서 생각해 보자. 야후!는 많은 소비자들이 '야후!'가 무엇인지를 알기 훨씬 이전부터 기본적인 소비자 브랜드로 자신을 표현하기 시작했다. 한 초기 광고는 나이든 어부가 망망대해 작은 배에서 야후!에서 얻은 미끼 정보를 이용해 잡은 물고기를 끌어올리며 'Ya-hoooo' 요들송을 부르는 장면을 보여주었다. 이러한 이미지는 사실적인 제품 메시지보다는 친근하고 매력적인 브랜드 창출을 가져왔고, 1997년 전미 광고주협회(ANA) 컨퍼런스에서는 야후!를 "정보고속도로에서의 화기애애한 노변 식사"로 묘사하기도 했다.

이 과정에서 야후!는 브랜드 포트폴리오를 적극적으로 관리해 왔다. 에드워드에 의하면, 브랜드는 Yahoo.com에서 너무도 중요해서 따로 설명이 필요 없다. 1997년, 〈브랜드위크〉 지에 의해 '올해의 마케터'로 선정된 에드워드는 자연적 성장과 인수에 의한 성장을 통해 포트폴리오를 이끌어왔다.

야후!는 지오시티(Geocities), 로켓메일(Rocketmail), 브로드캐스트닷컴(Broadcast.com) 등 몇몇 대형 사이트를 인수했다. 지오시티는 거의 하룻밤 사이에 Yahoo! Geocities가 되었고, 야후!는 재빠르게 그 온라인 커뮤니티 사이트의 사용자 주도 맞춤형 애플리케이션을 MyYahoo에 편입시켰다. 야후!는 즉각적으로 그 사이트를 야후만의 스타일과 컨텐츠로 재단장하였고, 야후의 개인 대 개인 경매나 이메일, 메신저 서비스를 모든 지오시티 사용자들에게 확대했다.[14] 로켓메일 사용자들 역시 스팸 메일을 걸러내는 '스팸' 메일박스 기능이 추가되는 등 Yahoo.mail 고객으로서 자신들의 서비스가 강화된 것을 발견했다.

야후!는 자신의 금융 사이트로 'On The Money'라는 서브 브랜드를 고려하다가, 재빨리 브랜드의 맥락에서 그것을 재고해 Yahoo! Finance로 재명명했다. 지금 야후!의 브랜드 포트폴리오에는 Yahoo! Mail, Yahoo! Shopping, Yahoo! Broadcast, Yahoo! Bill Pay, Yahoo! Sports, Yahoo! Geocities, Yahoo! Auto, Yahoo! Auctions 등이 포함되어 있다.

야후!는 또한 축약적 서브 브랜드의 일종으로 Y!를 사용하고 있는데, Y! Messanger, Y! Mobile, Y! Greetings 같은 서비스들이 그것이다. 야후!는 기능과 외관에서 핵심 브랜드를 반영하고 있는 어린이 전용 사이트인 Yahooligans!도 개발했다.

에드워드는 이렇게 말한다, "우리는 사람들에게 Yahoo! Finance, Yahoo! Sports, Yahoo! Shopping을 하라고 이야기하고 있지만 그것은 사실 네트워크화된 야후!에서 당신이 얻을 수 있는 모든 것에 관해 이야기하고 있는 것이다. 한 가지 명심해야 할 것은, 우리의 서비스를 이용하는 대다수의 사람들은 야후!를 통해 서비스를 찾는다는 사실이다. 우리가 오프라인에서 수행하는 모든 것은 왜 사람들이 맨 처음 야후!에 접속해야만 하는가를 알게 하는 것이다. 이는 많은 중요한 개별적인 이유들 때문이기도 하지만 총합(aggregate)으로서가 더욱 중요하다. 야후!는 당신이 의지하는 종합적인 브랜드이다. 그것은 당신이 그 주의 어느 밤이든 모든 종류의 방송 프로그램을 기대하고 볼 수 있는 방송국인 The WB와 같다. 하루의 마지막에, 우리는 야후!가 이러한 모든 다양한 것들을 대변하기를 원한다."[15]

"최고경영자 겸 회장인 팀 구글(Tim Koogle)은 야후!의 성장을 위한 핵심은 브랜드, 컨텐츠의 질, 그리고 유통이다."라고 항상 언론에 강조하면서 매번 '브랜드'를 제일 먼저 언급한다.[16] 브랜드는 야후!를 다른 주요 브랜드의 탐나는 파트너로 만들었고, 1999년에 스프린트 와이어리스(Sprint Wireless) 그리고 케이마트의 Bluelight.com과 컨텐츠 교류 계약을 체결했다. 2000년 초 야후!는 전년도 대비 대대적인 사용자 증가세를 기록했다. 1998년 12월 하루 평균 1억 6천7백만 페이지뷰와 비교해 1999년 12월에는 하루에 약 4억 6천5백만 페이지뷰를 기록했다.

야후!는 넷스케이프와 비교해 볼 때 흥미로운 점이 있다. 둘다 설립 시기도 비슷하고 기술적인 혁신의 결과로 세상에 출현했지만, 각기 다른 전략을 선택했다. 한쪽은 지속적인 기술 향상을 추구하는 전략을 선택하였고, 다른 한쪽은 브랜딩을 선택했다. 그 결과 그들은 매우 상이한 위치에 놓이게 되었다. 아직 야후!는 비교적 브랜드 포트폴리오 관리를 단순하게 사용하는 케이스이다. 야후!는 강력한 브랜드에 의존하였고, 2장에서 논의했던 확장과 병합이라는 도구를 사용해 왔다. 하지만 기술과 경쟁하기 위한 브랜드 포트폴리오 사용에 있어 더 나은 사례가 있다. 바로 마이크로소프트이다.

마이크로소프트

마이크로소프트는 항상 기술에 있어서는 열세였지만 브랜드 포트폴리오 사용에 관해서는 그렇지 않았다. 인터넷 공간에서 성장하려는 마이크로소프트의 노력에 버금가는 것은 어디에도 없다. 1996년 12월, 진주만에서 빌 게이츠(Bill Gates)는 선마이크로시스템즈(Sun Microsystems)의 자바 인터넷 언어와 그의 프로그래머 군대 사이에

닫혀져 있던 문을 열겠다는 연설을 했다. 이는 마이크로소프트의 온라인 세계로의 진입을 알리는 것이었다.

이 때까지만 해도 빌 게이츠에게 컴퓨터는 소비자들의 책상 위에 놓여 있는 하나의 장비이자 사무실 빌딩 안의 네트워크일 뿐이었다. 하지만 1996년 진주만 연설 무렵, 이미 마이크로소프트는 소프트웨어 독점을 쟁취하기 위한 전투 준비를 했고, 모든 네트워크와 기기들이 연결되는 거의 어느 곳이나 자신이 존재하게 하는 데 몰두하고 있었다.

마이크로소프트의 전략은 마이크로소프트의 거대한 브랜드 포트폴리오를 이용해 공동 브랜딩과 제휴 파트너들을 유인하는 것이었다. 마이크로소프트는 자신의 가장 강력한 브랜드인 마이크로소프트(Microsoft)와 윈도우즈(Windows)를 이용해 파트너들을 끌어들였고, 자신의 브라우저 브랜드인 인터넷 익스플로러와 ISP 브랜드인 msn.com이 선두를 따라잡도록 도왔다. 표 19.1이 보여주듯이, 초기의 전략은 마이크로소프트의 브라우저와 넷스케이프 네비게이터 간의 기술 격차를 좁히는 데 초점이 맞춰졌다. 1996년에 빌 게이츠는 기업 중심의 기술 파트너십, 즉 인터넷 서비스 공급업체들, 전통적인 소매업체들, 컴퓨터 및 관련 하드웨어 제조업체들에 초점이 맞춰진 광범위한 유통 협정을 추진하는 방향으로 계획을 발전시켰다.

마이크로소프트는 기본적인 기능 면에서 마이크로소프트 인터넷 익스플로러와 시장 선도자 간의 큰 격차에 직면했다. R&D를 통한 거대한 혁신으로 그 차이를 좁히려고 하기보다는 마이크로소프트는 네비게이터와 기능적으로 동등하

마이크로소프트 윈도우즈

270

	1995	1996	1997	1998
Technology	Progressive Network	UUNET	Intervista	ArborText
	Real Audio	Blue Sky Software	Matrox	DataChannel
	InContext	Motorola	PenOp	Inso
	Spider	Citrix	Hewlett Packard	
	Spyglass Browser	Colusa Software	Verifone	
	Sun Microsystems	Dolby Labs	Alladin Systems	
	Java	Intel DEC	Navitel	
	Oracle VBS	NTN Comm.	Apple	
	IBM	FTP Software		
	Netscape	Metrowerks		
		Adobe		
		Macromedia		
		QUALCOMM		
		White Pine Software		
		Dimension X		
		Verisign		
		Cyberion		
		Net Objects		
		Everex Software		
		TrueVison		
		PointCast		

표 19.1은 1995년에서 1998년 사이에 마이크로소프트와 기술 파트너십을 체결한 회사들을 나타낸다. 이 자료는 DJI(http://djinteractive.com)에서 있는 마이크로소프트 기업 정보를 참고했다.

고 프로그래머와 사용자 모두와 호환할 수 있는 패키지를 개발하기 위해 일련의 확장적인 파트너십을 선택했다.

마이크로소프트는 당시에 가장 널리 보급되어 있는 2개의 응용프로그램들과 관계를 발전시켰다. 첫 번째는 당시 인터넷의 킬러 앱

(killer app)으로 인정받고 있던 자바 인터넷 애플리케이션을 개발한 선마이크로시스템즈였다.[17] 그 다음엔 맥킨토시와 윈도우즈 모두에서 작동하는 자신의 브라우저 제품에 넣기 위해 오라클(Oracle)과 비주얼 베이직 스크립트(Visual Basic Script)에 대한 라이선스 계약을 체결했다.[18]

마이크로소프트는 브라우저의 기능을 강화하기 위해 스파이글래스 모자익(Spyglass Mosaic)과 브라우저 기술 및 World Wide Web 편집 툴의 사용에 관한 라이선스 계약을 체결했다.[19] 프로그래시브 네트웍스(Progressive Networks)와의 거래는 마이크로소프트가 리얼 오디오 플레이어(RealAudio Player)를 사용할 수 있게 했고, 나중에는 개인 서버도 사용하게 되었다. 그 둘은 마이크로소프트의 인터넷 익스플로러의 기본 속성이 되었다.[20]

기술과 최소한의 경쟁적 기능이 갖추어지자 마이크로소프트는 미국과 해외에 있는 수많은 인터넷 서비스 공급업체들, 즉 인터넷에서 가장 큰 포털들, 신생 기술 기업들(예를 들어, WebTV, DirecTV), 몇몇 케이블 운영자들, 그리고 심지어 (USWeb[21]과 Wal-Mart[22] 같은) 비전통적인 소프트웨어 유통 채널과의 제휴를 추진했다. 그 리스트는 인터넷 접속을 제공하는 주요 업체들의 명부라 할 수 있다. 대형 인터넷 서비스 공급업자들에는 Mindspring[23], Netcom[24], Earthlink[25], BellAtlantic[26], Ameritech[27]가 있었고, 대형 포털에는 AOL[28], CompuServe[29], Prodigy[30]가 포함되어 있었다.

라이선스 파트너십과 일련의 마케팅과 공동 브랜딩 관계를 통해 마이크로소프트 브랜드들은 많은 하드웨어와 소프트웨어 제품들의 핵심적인 자산이 되었다. 예를 들어, 컴퓨터를 구매할 때 부가가치 제품으로 덧붙여지거나 호환성 라이선스를 사용해 또 다른 회사의 소프트웨어 제품을 보증했다.

다시 말해서, 소비자들은 소프트웨어 판매대에서 '윈도우즈와 호환 가능한' 이라는 인증 마크가 있는 제품을 찾는다. 1997년, 마이크로소프트는 확대된 유통 협정에 사인했는데, 이번에는 케이블 업체들과 포괄적인 컨텐츠 라이선스 계약을 체결했다.

대부분 사람들은 마이크로소프트가 여러 기술 기업들과 수많은 실체적 협정을 맺을 수 있을 거라고 생각할 것이다. 하지만 그 이상으로 인상적인 것은 고객 확보를 위해 브랜드 제휴를 활용한 것이었다. 통신 산업에서 마이크로소프트는 1996년 제휴 전략 초기부터 MCI, AT&T, Sprint[31], British Telephone[32], France Telecom, Deutsche Telekom AG[33], 6개의 베이비 벨(Baby Bells)[34]과 제휴를 추진했다. MCI와의 첫 번째 협정은 온라인 벤처사업에 관한 협력, MCI 고객에 대한 교차판매, 그리고 교차 마케팅 활동 등에 관한 것으로, 나머지 업체들과의 제휴를 위한 발판이 되었다.[35] 마이크로소프트는 심지어 인트라넷 애플리케이션 개발을 위해 DEC 및 MCI와도 작업했다.[36]

제휴는 계속되었다. 마이크로소프트는 컨퍼텍(ConferTech)과 데스크탑 오디오, 데이터, 화상회의 서비스를 함께 개발하고 출시했다.[37] 마이크로소프트는 인터넷 사용자들이 좀더 빠르고 효과적으로 웹 검색을 할 수 있게 하는 자동찾기 기능을 만들기 위해 야후!와도 작업했다.[38] 또한 스타사이트(StarSight)와는 인터렉티브 TV의 개발에 뛰어들었다.[39] 이러한 각각의 관계는 장기적인 미래의 성장 기회를 위한 엔진을 제공했다.

제휴 퍼즐의 마지막 조각은 인터넷 익스플로러 시작 페이지에 실

| 표 19.2 | 마이크로소프트 컨텐츠 제휴

1996	1997
ESPNET Sports zone	Headland DigitalMedia (Pearson)
Hollywood Online	Reed Elsevier
MTVOnline	Dunn and Bradstreet
InvestorsEdge	First Call
MicroWarehouse	Forbes
Riddler.com	Time Warner
WSJ Interactive	Dow Jones
	TVNZ One News
	Intuit (Quicken)
	IVI Publishing (Mayo Clinic)
	Wave Phone
	Greenhouse Networks
	Data Channel
	Audio Net
	Wired Digital

표 19.2는 1996년에서 1997년 사이에 마이크로소프트와 컨텐츠 공유 파트너십을 체결한 회사들을 나타낸다. 이 자료는 DJI(http://djinteractive.com)에 있는 마이크로소프트 기업 정보를 참고했다.

제적인 컨텐츠를 제공하여 인터넷 익스플로러 자체를 목적지로 만드는 것이다. 빌 게이츠는 이것을 차별화의 핵심 영역으로 보았다. 표 19.2에 마이크로소프트가 1996년과 1997년 사이에 체결한 컨텐츠 관련 제휴 목록이 나와 있다.

　인터넷 익스플로러는 특정 주제에 대해 관심 있는 사용자들을 위한 지정 사이트(designated location)인 수많은 '채널들'을 활용했다. MTV Online이나 WSJ.com과 같은 컨텐츠 제공자에게 있어 인터넷 익스플로러 채널로 지정되는 것은 분명히 최고의 명당을 차지하는 것이었다. 다른 노력들에서처럼, 마이크로소프트는 자신의 타겟 파트너 선정에 있어서도 야망의 수준을 낮추지 않았다. 음악 뉴스와 볼거리는 MTV, 스포츠는 ESPN, 금융정보는 다우존스와 던 앤 브래드스트리트(Dunn & Bradstreet), 첨단 기술 정보와 쇼핑은 마이크로웨어하우스(Microwarehouse), 엔터테인먼트는 타임워너(Time Warner), 건강정보 서비스는 마요 클리닉(Mayo Clinic)과 제휴를 맺었다. 최고의 브랜드 포트폴리오들과의 이러한 제휴는 사용자 인식의 측면에서 인터넷 익스플로러에 실질적인 경쟁우위를 제공했다. 그리고 이러한 거래는 그 브랜드들이 경쟁자의 잠재적 자산이 되지 못하게 미연에 방지함으로써, 경쟁자들이 그들의 소프트웨어에 대해 트래픽이 적고 그다지 유명하지 않은 채널들과 제휴할 수밖에 없게 만들었다.[40]

전체적으로, 마이크로소프트는 127건의 제휴와 공동 브랜딩 관계를 구축했다. 오로지 강력한 마이크로소프트와 윈도우즈 브랜드를 사용함으로써 마이크로소프트는 원하는 파트너들을 끌어들일 수 있었고, 자신의 새 브랜드들을 성장시켰다. 마이크로소프트는 브랜드 포트폴리오를 사용함으로써 다른 수단에 의해서는 가능하지 않은 방식으로 재빨리 포털 사업을 강화했다. 마이크로소프트는 브랜드들 사이의 공간에서 가치를 창조해냈다.

우리가 이번 장을 끝낼 무렵, 그들은 다시 새로운 제휴를 추진하고 있다. 이번에는 새롭게 떠오르는 무선 시장이 그 대상이다. 마이크로소프트와 스타벅스는 마이크로소프트 인터넷 서비스의 유료 사용자들을 위해 스타벅스 커피숍에서 무선 인터넷 접속 서비스를 제공하기 위해 협력하고 있다. 사용자들은 스타벅스 카드를 사용해 비용을 지불하게 될 것이다. 또 다른 회사인 모바일스타 네트워크(MobileStar Network)는 그 서비스 운영의 기본 통신망이 될 무선 데이터 네트워크를 제공하고 있다.[41]

정면 대결

넷스케이프의 사례가 입증하는 것처럼, 기술은 브랜드보다 덜 강력한 경쟁 이점인 것으로 드러났다. 1996년 8월까지, 넷스케이프가 선도했던 모든 영역에 대해 마이크로소프트는 네비게이터의 독특한 차별성을 제거하기 위해 움직였다. 그 달에 마이크로소프트는 많은 사용자들이 성능과 기술적 측면에서 네비게이터와 상당히 동등하다고 여기는 Explorer 3.0을 내놓았다. 넷스케이프의 시장 선점에도 불구하고 넷스케이프는 마이크로소프트의 더 크고, 더 강하고, 더 잘 배치된 브랜드 포트폴리오에 지고 있는 자신을 발견했다.[42] 예를 들면, 인터넷 익스플로러는 PC에 무료로 장착되었고, 마이크로소프트는 불티나게 팔리는 윈도우즈 소프트웨어에 익스플로러를 번들로 제공했다. 넷스케이프는 연방공정거래위원회(Federal Trade Commission)에 정식으로 제소하였지만 너무 늦었다. 기세는 이미 역전되었다.[43]

1996년 10월 무렵, 넷스케이프의 가치는 9개월 만에 30억 달러로 57%가 감소했다. 2사분기 판매는 7천5백만 달러였지만 이익은 단지 9십만6천 달러였다. 이러한 불균형은 신제품 개발에 들어가는 엄청난 개발 비용 때문이었다. 〈포춘〉 지는 "넷스케이프의 장례식 예상"이라는 제호로 기사를 실었다.[44] 그로부터 약 6개월 동안 인터넷 익

276

스플로러의 사용은 평균 310% 증가한 반면 네비게이터의 사용은 160%나 감소했다.[45] 1997년 3월, 주피터 커뮤니케이션즈(Jupiter Communications)의 소비자 인터넷 기술 그룹은 네비게이터의 시장 점유율을 59%라고 추정하였고, 그 해 말 38%까지 하락할 것으로 예측했다. 인터넷 익스플로러의 시장 점유율은 21%대에 있었다.

1997년 5월, 넷스케이프는 마이크로소프트 브랜드 포트폴리오와 그 제휴 그룹들을 물리치기 위한 시도로서 Netscape Communicator 베타 버전을 들고 나왔다. 넷스케이프는 Communicator를 공개된 표준 브라우징과 이메일, 그룹웨어 서비스로 포지션했다.

하지만 마이크로소프트와 로터스(Lotus) 양자는 완전하게 통합되고 오랜 검증을 거친, 이메일과 네트워크 소프트웨어 제품으로 인트라 네트워크된 클라이언트들의 니즈를 이미 충족시켰다. 그들의 더 폭넓은 결합은 향상된 넷스케이프 제품에 대한 니즈를 없애버렸다.

1997년 10월, 〈PC 매거진〉이 마이크로소프트 Internet Explorer 4.0과 Netscape Communicator 4.0에 대한 성능을 평가했을 때 마이크로소프트가 앞섰다.[46] 1년이 지나자, 마이크로소프트가 넷스케이프의 41%보다 높은 44%로 시장 점유율 선두 자리를 차지했다. 1998년 10월, AOL은 넷스케이프를 42억 달러에 인수했다. 이러한 거래에도 불구하고 AOL의 최고경영자 스티브 케이스(Steve Case)는 윈도우 시동시 데스크탑의 최고 자리에 놓이는 조건으로 AOL의 유비쿼터스 소프트웨어의 구성요소로서 인터넷 익스플로러를 유지하려 했던 것으로 밝혀졌다.[47]

야후!는 기술이 지속 가능하지 않으며, 자신의 사업이 더 지속 가능한 경쟁 자산인 브랜드에 기초해야 한다는 사실을 재빨리 깨달았기 때문에 성공했다. 마이크로소프는 최초나 가장 차별적이 됨으로써가 아니라 포트폴리오를 지렛대로 활용함으로써 승리했다. 야후!는 브랜드가 기술보다 더 강력하다는 것을 입증했다. 마이크로소프트는 '브랜드들'이 '브랜드'보다 더 강력하다는 것을 입증했다. 클라크와 앤드리센의 경우, 기술에만 의존하는 것은 치명적이라는 사실을 입증했다. 특히 기술이 쉽게 복제될 수 있는 시대와 산업 분야에 있었기 때문에 그러했다.

최종적 사고

만일 당신이 뒷좌석에 3명의 어린 자녀들을 태우고 시골길을 운전하고 있다면, 브랜딩은 그다지 중요하지 않다. 만약 눈에 보이는 유일한 레스토랑이 맥도널드라면, 그것은 좋은 것이다. 하지만 눈에 보이는 유일한 레스토랑이 하쉬와 하버다쉬어리의 해리 하우스(Harry's House of Hash and Haberdashery)이고, 뒷좌석에 탄 어린 자녀들이 배고파서 아우성을 친다면 당신은 차를 세울 것이다. 맥도널드의 브랜드는 경쟁이 없는 세계에서는 대단하게 생각되지 않는다.

하지만 길가 오른편에 맥도널드가 있고, 길 건너편에 버거킹이 있는 세계에서 맥도널드의 이름은 갑작스럽게 가치 있는 것이 된다. 그리고 버거킹, 웬디스(Wendy's), 칼 주니어(Carl Jr.'s)와 그밖의 수많은 패스트푸드점들과 줄지어 있다면, 맥도널드의 브랜드는 금값이 된다. 특히 해피밀 경품(Happy Meal prize)이 아이들이 좋아하는 영화나 TV쇼의 캐릭터라면 말이다. 결국, 그것은 브랜드가 그렇게 중요한 이유이다. 경쟁이 치열할수록 상대적 측면에서 브랜드의 가치

278

는 올라간다.

　실질적으로 이러한 가치를 창조해 내기 위해서는 하나의 브랜드가 아니라 브랜드들을 관리하는 방법을 이해해야 한다. 진정한 가치는 브랜드들 사이의 공간에서, 새로운 방식으로 브랜드들을 결합하는 데서, 탁월한 강점과 경쟁적인 유연성을 가진 브랜드들의 포트폴리오를 창조하는 데서 만들어진다. 그 가능성은 무한하다.

연구 조사에 관해

우리는 짐작과 추측, 가설의 과잉으로 고통받고 있다.
사실, 즉 절대적으로 부정할 수 없는 사실의 프레임워크를 이론가와
기자들의 윤색(embellishment)으로부터 분리하는 것은 쉬운 일이 아니다.

_ Sherlock Holmes in Arthur Conan Doyle, "silver Blaze'

우리가 이 책에서 제시한 기본 틀과 도구들은 4가지 유형의 조사에서 도출되었다. 첫 번째는 우리의 컨설팅 작업이다. 우리의 클라이언트들은 마케팅 세계의 훌륭한 단면을 제공한다. 클라이언트들은 소비재와 B2B 기업들, 제품을 파는 회사와 서비스를 파는 회사, 그리고 기존 사업 영역과 최첨단 사업의 영역에서 활동하고 있는 기업들에 걸쳐 있다. 가능한 경우에 우리는 이들 클라이언트의 이름을 이 책에서 언급했다.

두 번째는 새로운 사례연구이다. 우리는 특별히 이 책을 위해 4가지 사례연구를 개발했다. 캐딜락(Cadillac), 밀러 맥주(Miller Beer), 3M 그리고 야후!(Yahoo!)를 주요한 예로 사용한 광범위한 '포털 전쟁'에 관한 사례가 그것이다. 우리는 캐딜락이 불행하게도 브랜드 포트폴리오를 잘못 관리하는 회사의 대표적인 예라고 믿는다.

밀러 맥주는 전후 시대의 가장 성공적인 단일 신제품을 출시했음에도 불구하고, 성공적인 브랜드로 지속시키고 성장시키는 데 실패한 세계에서 가장 세련된 마케터에 관한 좋은 사례를 제공한다. 다른 한편, 3M은 최고의 마케팅 실행 사례를 보여준다. 미네아폴리스에 본사를 둔 이 산업용품 회사는 미래 브랜드 매니저들을 위한 모델로서 기능할 수 있는, 브랜드 포트폴리오 관리에 대한 구조화된 접근방법을 찾기에는 특이한 장소처럼 보일 수 있다. 마지막으로 야후!와 그것의 경쟁무기로서 브랜드 포트폴리오의 사용은 설득력 있는 교훈을 제공한다. 그 교훈은 가상 세계에서 전통 산업 분야로 쉽게 전환될 수 있다.

세 번째는 이전 작업들에서 선별된 사례이다. 특별히 우리는 할리 데이비슨(Harley-Davidson), 애플 컴퓨터(Apple Computer), 프로비디언(Providian), 아이엠스(Iams), 보스톤 맥주(Boston Beer)의 사례 연구를 업데이트하였고, 이들 회사들을 바람직하고, 바람직하지 않은 브랜드 포트폴리오 관리의 사례로 광범위하게 사용했다.

네 번째는 언론 기사와 학계 문헌들이다. 당신이 보아왔던 것처럼 우리는 어떤 이론들과 좋은 행동들, 나쁜 실행들에 대한 우리의 기술(description)을 강화하기 위해, 그리고 우리의 설명을 보완하기 위해 이러한 자료들에서 사례들을 가져왔다.

우리는 브랜드들과 브랜드 포트폴리오를 분석하는 데 거의 2년이라는 시간을 투자했다. 우리는 먼저 브랜드군이 예전 어느때보다도 실제로 훨씬 더 큰 비율로 성장하고 있다는 가정들을 확인하는 작업에서 출발했다. 그 작업은 분류검색지원 정보시스템(CASSIS : Classification and Search Support Information System)이라 불리는 데

기업	포트폴리오
American Express	Green Card
America Online(AOL)	
Anheuseur–Busch	Budweiser
Apple	iMac
Booz · Allen & Hamilton	
Callaway Golf	
Charles Schwab	
DaimlerChrysler	
EMC	
Ford	
General Motors(GM)	Cadillac
Gillette	Mach3
Harley–Davidson	
Intel	Pentium
Karsten	PING
Kodak	
Lego	
Levi Strauss	
Microsoft	Windows
Miller Beer	
Morgan Stanley Dean Witter	Van Kampen
Nestle	Crunch
Netscape	Communicator
Nike	
Pepsi	
PricewaterhouseCoopers (PwC)	
Procter & Gamble (P&G)	Pantene
Starbucks	Frappuccino
3M	
Young & Rubicam	

우리는 표 AW.1에 열거된 30개 기업 각각의 브랜드군을 연구했다. 그 기업들은 테크놀러지, 소비자 포장제품, 내구성 소비재, B2B 제조기업, 자동차, 금융서비스, 소비재 제조업 카테고리에 걸쳐 있다. 각 회사들에 대해 우리는 그들의 브랜드 목록을 작성하였고, 우리의 방법론에 따라 그들의 브랜드를 분류했다. 우리는 오른쪽 란에 제시된 13개 기업을 대상으로 한 특정한 브랜드 포트폴리오 지도를 작성했다.

이터베이스를 통해 미국 내의 상표와 서비스 마크를 추적하는 미국 특허상표청(U.S Patent and Trademark Office)에서 시작했다. CASSIS 는 데이터를 10개의 특정한 산업군으로 분류하며, 100만 개 이상의 개별 데이터를 보유하고 있다. 이들 데이터를 브랜드의 사용 가능한 대용물(proxy)로 전환하는 것은 상당한 처리 과정을 요구한다. 예를 들어, "포드 컴퍼니 라이선스 플레이트 프레임(Ford Company license plate frames)"은 포드사(Ford Company)와는 별개의 상표를 가지고 있다. 상당한 양의 수작업 처리 후, 우리는 명확하고 사용 가능한 데이터군을 얻을 수 있었다.

우리는 우리의 분석 목적을 위해 4개의 주요 산업군, 즉 자동차산업, 와인과 주류산업, 주요 식품산업(냉동식품, 식료품, 유제품, 육류, 가금류, 생선), 금융서비스산업(보험서비스 포함)을 살펴보았다. 이 4개의 산업은 모든 미국 내 소비의 약 22%와 GDP의 15% 이상을 차지한다. 그것들은 소비재에서 B2B, 서비스에서 제품, 내구성 제품에서 소프트 제품까지, 비교적 폭넓은 유형의 산업들을 포괄하고 있다.

데이터베이스의 일관성을 강화하고 중복을 제거하는 작업을 한 후, 우리는 확고하고 깊이 있는 브랜드와 예비 브랜드의 데이터군을 얻어냈다. 이 데이터군을 가지고 우리는 1장, 6장, 17장에서 사용된 브랜드 트렌드 분석을 만들었다.

우리는 또한 30개의 회사(표 AW.1의 왼쪽에 열거된)를 분석하였고, 특히 13개 포트폴리오에 역점을 두었다.

각각의 포트폴리오에 대해 우리는 포트폴리오 내의 총 브랜드 수를 고려하였고, 소비자 구매 의사결정에서의 중요도와 전체로서 포트폴리오에 대한 영향에 따라 각각의 순위를 정하였으며, 그 다음으

로 우리가 수량적으로 포트폴리오를 기술하는 데 사용할 수 있는 일
련의 표준율(normative ratios)을 계산했다. 이러한 비율은 크기, 다른
포트폴리오들과의 상대적인 상호 연결성, 통제 정도 등을 포함한다.
각각의 서브 시스템에 대해 우리는 현재의 브랜드 수와 포트폴리오
에 대한 그들의 상대적인 중요성뿐만 아니라 어떻게 그리고 어디에
서 그 포트폴리오가 다른 브랜드 포트폴리오들과 연결되었는지를 평
가했다. 예를 들면, 어떻게 맥도널드의 포트폴리오가 오랜 동안 지속
되는 일련의 마케팅과 프로모션 노력들을 통해 디즈니의 포트폴리오
와 밀접히 묶여져 있는지를 고려한다. 우리는 또한 포트폴리오 내 각
브랜드가 어떻게 다른 브랜드들과 연관되어 있는지를 분석했다. 우
리의 분석들을 설명하기 위한 가장 직접적인 방법은 그것들을 오래
전에 우리가 화학 수업에서 구성해 보았던 플라스틱 분자들에 비유
해 보는 것이다. 이 경우, 분자들은 매우 큰 편이었지만, 우리는 의지
할 만한 원소표(particle)를 가지고 있지 않았기 때문에 모든 원자 입
자 하나 하나를 만들어야만 했다.

대부분의 브랜드 포트폴리오들은 수년에 걸친 분석으로 축적된 상
당히 많은 시장조사 데이터들을 가지고 있다. 분자들을 구축하는 최
선의 방법은 이러한 데이터를 사용하는 것이다. 하지만 우리는 이러
한 데이터들의 단지 일부분에만 접근할 수 있었고, 이 모든 데이터를
가졌다 할지라도 비공개 지적소유권 데이터는 이 책에서 사용할 수
없었다. 대신에 우리는 분자를 만들어내기 위해 공식적으로 활용 가
능한 2차적 정보를 사용했다. 이러한 분석들은 이 책 전체에 걸쳐 사
용되었으며, 이 책에서 3, 4, 5, 14장에 가장 중요하게 사용되었다.

우리가 이 책에서 제시한 개념과 솔루션의 일부는 성공적으로 실

행되었으며, 또 일부는 실행되어서 그 결과를 기다리고 있는 중이거나, 또 다른 일부는 부분적으로 실행되어졌지만 매우 유망하다. 그러나 그것들 모두는 현실세계에 근거를 두고 있다.

우리는 여러분들에게 브랜드 포트폴리오 관리에 관한 약간은 새롭고, 희망적으로 도전적인 사고 방식을 제공할 뿐만 아니라 여러분이 이전에는 가능하다고 생각하지 않았을 수준에서 당신의 브랜드 포트폴리오를 평가하고 활용하는 접근방법의 형태로, 간편하게 활용할 수 있는 수단을 제공하고자 했다.

그뿐만 아니라, 우리는 사실상 거대하게 복잡한 주제들에 단순함을 부여하려고 했다. 하지만 판사 올리버 웬델 홀메스(Oliver Wendell Holmes)가 말했던 것처럼, "복잡성의 한 측면을 단순화하기 위해서는 어떤 일도 하지 않겠지만, 복잡성의 다른 측면을 단순화하기 위해서라면 기꺼이 모든 것을 바치겠다."고 마음 먹었다. 다시 말해서, 우리는 단순화를 위한 단순화를 하려고 하지 않았다. 우리의 의도는 브랜드 포트폴리오를 이용해 가치 창출하는 것에 대한 굳건하고 유용한 접근방법을 제공하는 것이었다.

우리는 우리가 그렇게 했다고 생각하며, 당신도 동의하기를 바란다.

| 감사의 말 |

나는 사람들이 영원히 기억할 멋진 책을 쓰기 위해
스코틀랜드 해안에서 떨어진 한 섬에서 여름을 시작했다.

_J. P. Donleavy, preface to the Penguin Edition of The Ginger Man

우리는 복잡한 브랜드 포트폴리오를 관리하는 과제를 단순화할 책을 쓰기 시작했다. 그리고 J. P. Donleavy처럼 그 작업은 우리가 예상했던 것보다 훨씬 더 오래 걸렸다. 그래서 우리는 오랫동안 고생해야 했던 에이전트인 Philip Spitzer와 편집자 Kirsten Sandberg에게 가장 먼저 감사를 드린다. Kirsten은 기본 구상, 이야기 구성, 집필에 이르는 모든 단계에서 이 책을 고쳐 주었으며, 그 결과 훨씬 더 나은 책이 될 수 있었다. 또한 우리는 HBS Press의 Jill Connor, Erin Korey, Walter Keichel에게도 감사한다.

이 책을 집필하는 데 기여한 다른 많은 사람들에게도 감사를 보낸다. 초고를 위해 〈브랜드위크〉지의 전 편집장이었던 Matthew Grimm은 컨설팅 용어들을 읽을 수 있는 문장으로 바꾸어 주었다. 사실 그의 도움은 그 이상이었는데, 개념들에 이의를 제기했고 사례

연구를 제공해 주었다. Regina Fazio Maruca는 마지막 원고에서 비슷한 역할을 해 주었다. Jamison Wong, Jana Volavka, Katie Deutsch, Jed Freedlander, Akhil Gupta, 그리고 Jane Megquier는 조사연구를 도와주었다. Randy Johnson은 3-D 브랜드 분자를 만드는 방법을 찾아내 디자인을 해주었다.

조언과 제안을 해준 우리의 클리이언트와 동료들에게도 감사한다. 영앤루비컴의 Peter Georgescu와 하버드 대학의 Ben Shapiro는 읽기조차 어려웠던 초기 초고 단계에서 특별한 도움을 주었다. 3M의 Dean Adams와 Anne Greer, John A. Goldsmith, 노스웨스턴 대학의 Don Schultz와 Phillip Kotler, John Wiley의 Ruth Mills와 Andrew Jaffee, 다이아몬드 테크놀러지 파트너스의 John Sviokla, 에머슨의 CMO Kathy Button Bell, Y&R의 Stewart Owen, 하얏트의 마케팅담당 부사장, Tom O'Toole, 부즈·앨런 & 해밀턴의 David Newkirt, Reckitt-Benckisser의 Marcel Belt, 하버드 비즈니스 리뷰의 Paul Hemp, 그리고 Steve Silver 모두가 통찰력 있는 의견을 제공해 주었다.

Leigh Speakers Bureau의 Robin Wolfson, Danny Stern, Tom Neilsen, 그리고 Larry Leeson, 마스터스 포럼의 Tom Miller, 노스웨스턴 코퍼레이션의 Greg Mather, 스미스클라인 비첨의 Kenneth Neher, 배스앤바디웍스의 Tom Woodside, 톰슨커넥트의 Jeff Negrin, John Horton, 그리고 다른 사람들은 신선한 시각을 제공해 주었고, 그들의 피드백은 이 책을 정교화하는 데 매우 소중했다.

이 외에도 여러 사람들이 우리의 원고를 읽고 책이 나아갈 명확한 방향을 제공했다. 우리는 그들이 시간을 내서 원고를 읽어주고 격려

288

를 해준 데 대해 감사한다.

　책을 쓰는 작업이 영원히 끝나지 않을 것처럼 보였을 때 우리에게 격려의 말을 해준 Barbaba Martz, Brian Fischer, Joel Kurtzman, Jack Lederer, 그리고 Michael A. Hill.에게 감사함을 느낀다. 두 번째 초고는 잘 써지지 않고, 이미 아홉 달이 늦어졌을 때 그 심정은 믿기지 않을 만큼 외롭다. 작은 친절은 당신이 알고 있는 것 이상이다.

　마지막으로 우리의 클라이언트 모두가 훌륭한 질문을 했다. 그리고 몇몇 질문들은 그것에 답하기 위해서라도 이 책을 써야만 할 정도로 훌륭했다. 지브라 테크놀러지의 전 전략담당 부사장 Jack LeVann과 최고경영자 Ed Kaplan, 노스웨스턴 코퍼레이션의 Mike Childers, 아데코의 Barry Asin, TXU의 Brian Dickie, 그리고 컴팩의 Giovanna Imperia에게 특별히 감사를 드린다.

힐과 레더러는 〈하버드 비즈니스 리뷰〉에 실린 "See Your Brands Through Your Customer's eyes"라는 글을 통해 이 책에서 다루고 있는 기본 개념과 적용 방식을 게재하면서 주목을 받았다. 여러분이 이 책을 읽고 나서 무엇을 얻게 되고 어떻게 활용해야 하는지, 그리고 켈러가 왜 이 책의 서문을 썼는지에 대해 살펴보고자 한다.

힐과 레더러는 지금의 브랜드 포트폴리오 관리방식이 시대에 뒤떨어진 접근법이라고 단언한다. 그렇다면, 브랜드의 지존인 데이비드 아커(David A. Aaker)도 시대에 뒤떨어진 접근법을 주장하고 있는 것인가? 도대체 무슨 근거로 힐과 레더러는 그렇게 단언하는 것인가?

힐과 레더러의 주장은 이렇다. 지금의 브랜드 포트폴리오 관리방식은 기업 내부에 초점이 맞추어진 기업 중심적인 관점이며, 시장에서 소비자가 구매 의사결정을 내리는 현실에서 벗어나 있다. 지금의 브랜드 포트폴리오 관리방식은 브랜드 관리자들 개개인이 담당하는 해당 브랜드만의 제품 특징이나 마케팅 성과에 의해 시장에서 성공하거나 실패하는 것을 당연시하는 관점이다. 힐과 레더러의 주장에 의하면 이것은 근시안적 사고방식이다. 저자들은 시장에서는 고객의 선택에 영향을 주는 많은 변수들이 발생하고 있으므로 고객의 선택에 영향을 주는 해당 브랜드와 관련된 모든 브랜드들을 폭넓게 포함시켜 관리해야 한다고 주장한다. 해당 브랜드의 구매 결정에 영향을 줄 수 있는 연관된 목록을 작성하고, 브랜드 역할별로 분류, 재분류하고, 소비자 조사결과에서 나온 데이터를 반영하여 브랜드 영향력을 파악함으로써 해당 브랜드의 분자구조 내에서 브랜드들간의 매듭, 연결의 크기, 위치, 강도를 3차원 분자구조로 파악하는 것이 진정 소비자의 시각에서 접근하는 것이라고 강조한다. 한 브랜드의 성공이 그 브랜드만의 독자적인 특성에 의해 이루어지고, 그 브랜드가 독립적인 실체로 관리되어야 한다는 고정관념을 근본적으로 뒤엎을 것을 제안한다.

오늘의 시장 현실을 생각해 보자. 제휴협력(alliance), 공동 브랜딩(co-branding), 성분 브랜딩(ingredient branding), 공동 마케팅(co-marketing), 하이브리드 마케팅(hybrid marketing) 또는 공생 마케팅(symbiotic marketing), 럭셔리 마케팅(luxury marketing) 등 온갖 브랜드 마케팅이 다반사로 행해지고 있고, 동종업계 브랜드는 물론 이종업계 브랜드와의 합종연횡이 난무하고 있다. 예컨대, 은행 및 카드사와 정유사와의 제휴카드, 항공사, 백화점, 자동차 회사는 물론 패밀리 레스토랑, 커피전문점과의 제휴카드 등은 이미 보편화되었다. 각자의 지갑 속에 있는 신용카드를 꺼내 살펴보아도 알 수 있다.

이 모든 것이 더 좋은 기능으로, 더 많은 혜택을 부여함으로써 더 높은 가치를 창출하는 브랜드가 되기 위한 것이다. 따라서 저자들은 이제 기업에 있는 각각의 브랜드 관리자들이 단지 자신이 맡고 있는 브랜드만 담당하고 관리하면 된다는 근시안적 사고방식을 버리라고 말한다.

힐과 레더러는 브랜드 포트폴리오 관리방식에 대해 좀더 폭넓은 정의를 사용하면서 전통적인 브랜드 포트폴리오 관리방식과는 다르게 자사 브랜드 포트폴리오 내에 자사 기업이 소유하고 있든 아니든 소비자의 구매 의사결정에 영향을 미칠 수 있는 모든 브랜드들을 포함시키는 360도 시야를 가질 것을 강조한다.

저자들은 이 책에서 고객의 시각에서 브랜드 포트폴리오를 파악하고, 관리하는 3차원적 브랜드 맵핑 접근법을 보여주고 있다. 이는 분자구조로 이루어진 지도의 형태를 띠며 개별 브랜드들은 구의 형태를 갖는다. 그리고 그러한 구의 크기, 위치, 연결의 두께와 길이는 고객이 해당 브랜드들을 어떻게 보고 있는지를 반영한다. 분자구조에서 중앙에 위치한 브랜드는 소위 '선도 브랜드'라고 불리우는 가장 영향력이 큰 브랜드이다. 그리고 각 개별 브랜드들은 구의 크기, 색깔, 위치를 사용해 각 브랜드의 특성을 보여준다. 여기서 구의 크기는 해당 브랜드의 역할을 의미한다. 브랜드 포트폴리오 내에서 가장 큰 구는 '선도 브랜드'를, 중간 크기의 구는 '전략적 브랜드'를, 그리고 가장 작은 구는 '지원 브랜드'를 나타낸다. 구의 색깔은 브랜드가 고객의 구매 의사결정에 영향을 주는 정도를 표현한다. 분자구조 내에서 각 구의 위치는 브랜드와 브랜드 간의 시장 포지셔닝과 관련된 근접성 정도와 브랜드에 대한 기업의 관계를 의미한다. 또한 연결고리의 두께는 브랜드 담당자가 통제할 수 있는 정도를 나타낸다. 그 자세한 분석 내용을 GM의 캐딜락 자동차, 밀러 맥주, 골프 브랜드 핑에 대한 브랜드 포트폴리오 분자 가설도 분석으로 설명하고 있을 뿐만 아니라 브랜드 포트폴리오를 최적화하기 위한 다양한 도구들을 제시하고 있다.

켈러의 브랜드 마케팅 이론의 중추는 무엇일까? 그는 소비자 의사 결정 이론에서 기억의 구조에 관한 개념화를 통해 브랜드 지식(brand knowledge)을 설명했다. 기억의 구조에 관한 개념화는 '연상 네트워크 기억 모델(associative network memory model)'로 설명된다.

연상 네트워크 기억 모델은 사람의 기억 속에 축적된 지식이 일련의 노드(node)와 링크(link)에 의해 연계된 정보를 저장하는 것으로 파악한다. 노드, 즉 매듭은 다양한 여러 매듭들이 연계된 정보를 저장한다. 하나의 매듭에서 다른 매듭에 이르는 '확산적 활성화(spreading activation)' 과정은 사람의 기억 속에 존재하는 사건이나 정보의 추출 폭을 결정하게 된다. 외부의 정보가 부호화될 때 혹은 기억 속에 저장되어 있는 정보가 장기 기억 속에서 추출될 때 매듭들이 활성화되는 것이다. 이렇듯 사람의 기억 속에서 활성화된 매듭과 모든 연계된 다른 매듭들 사이의 연상의 강도가 '확산적 활성화'의 폭을 결정하고 기억으로부터 추출될 수 있는 정보의 폭을 결정한다는 원리이다. 브랜드 지식은 그래서 소비자의 브랜드에 대한 회상(recall)과 재인(recognition)과 관련된 브랜드 인지(brand awareness)와 소비자들이 자신의 기억 속에 지니고 있는 브랜드와 연계된 연상들의 집합체(the set of association)와 관련된 브랜드 이미지(brand image)로 구성된다고 했다.

또한 켈러는 "소비자 기반 브랜드 자산의 개념화, 측정 그리고 관리"라는 논문에서 어떤 브랜드 지식 구조가 소비자들의 마음속에 존재하고 있는지에 따라, 그리고 이러한 소비자들의 브랜드 지식 구조에 의한 잠재력에 기업의 어떤 활동이 영향을 미치고 있는지에 따라 고객에 기반한 브랜드 자산의 개념이 다양하게 정의될 수 있다고 했다. 그는 또 다른 연구논문인 "브랜드 통합체 : 브랜드 지식의 다차원성"에서는 복잡한 마케팅 세계에서 마케터들이 강력한 브랜드를 구축하는 가장 효과적이고 효율적인 수단은 무엇일까?라는 문제 제기를 하면서 '브랜드 지식 전이 모델'과 브랜드를 '브랜드 지식의 2차적 원천'인 사람, 장소, 사물, 그밖의 브랜드라는 4가지 구성요인에 연결시키는 것이 새로운 브랜드 지식의 창출과 기존의 브랜드 지식을 활성화하고 레버리징하는 것이며, 브랜드로 자산을 전이시키는 방법이라고 강조했다.

켈러 교수는 특히, 힐과 레더러가 쓴 이 책의 접근방식을 언급하면서 브랜드 확장, 공동 브랜드, 성분 브랜드, 브랜드 제휴 파트너 등과 같이 기업이 브랜드를 소유하고 있든 아니든 브랜드 포트폴리오는 소비자의 구매 의사결정과 관련 있다고 했다. 따라서 힐과 레더러의 이 책은 소비자의 시각에서 브랜드 구매 의사결정에 영향을 주는 부분과 전체를 모두 파악하는 브랜드 자산관리 모형으로 확대 적용될 만한 가능성이 충분하다고 판단되며, 실무적으로도 활용가치가 크다고 할 수 있다.

옮긴이를 대표하여
윤경구

1장

1 Philip Kotler, Marketing Management (Prentice Hall, 1991), 482.

2 Steve Liesman and Carla Anne Robbins, "Forum Sues Harvard, Two Ex-Advisers," Wall Street Journal, 25 October 2000.

3 This is still not a sound example of effective umbrella branding. See Part 2.

4 David Aaker, Building Strong Brands (Free Press, 1996), 242.

5 Kevin Lane Keller, Strategic Brand Management (Prentice Hall, 1998), 392.

6 Jay Tolson, "What's in a Name? When it's a Brand, Lots, Including Image, Money, Power," US News and world Report, 9 October 2000, 52.

2장

1 Iams has since been purchased by Procter & Gamble.

2 Most managers and analysts will probably use computer simulation to create the brand molecule, as we did, which allows far more subtle grading than simply black, white, or gray.

3 Kevin Lane Keller, Strategic Brand Management (Prentice Hall, 1998), 375-376.

4 Robert Johnson, "Cutthroat Business : How Universal Makes a Killing at Halloween," Wall Street Journal, 31 October 2000.

5 IQ Section (Adweek Interactive Report), "Dot-Bombs," Adweek, 27 November 2000, 17.

6 David Kiley, "Pontiac Pumps $100M Into Grand Am In Biggest Model Push," Brandweek, 25 May 1998, 8.

7 Becky Ebenkamp, "We're All Brands Around Here," Superbrands Section, Brandweek, 21 June 1999, S13.

8 Starbucks employee, interview by Sam Hill, 42nd St. and Madison Ave. New York City, 24 November 1999.

3장

1 Jacob Jacoby, George Szybillo, and Jacqueline Busato-Schach, "Information Acquisition Behavior in Brand Choice Situation, Journal of Consumer Research, no.3 (1997):212.

2 Automotive News Market Data Book, quoted by Rick Popely In the Chicago Tribune, "The New Look of Luxury Imports And SUV's Take Over the High End for Bummer Car Buyers," 5, November 2000.

3 Brand Management is a commonly used term. In practice, actual implementation varies widely among companies. For example, compare 3M' s very different interpretation in chapter 16.

4 David Aaker, Building Strong Brands (Free Press, 1996), 242.

5 There ara several alternative approaches to this. One is to creat a set of positioning axes based on the market research for each set of brands. For example, perhaps it is possible to map the Cadillac system using the axes of Luxury, Performance, and Value. Or "Currency" (defined as up-to-date image). We have not yet debugged any of the alternative approaches.

4장

1 This visualization works well for services, industrials, and Consumer durables. It' s less useful for consumer package goods.

2 "Record 1999 Sales," Car & Truck News, 28 February 2000.

3 Jerry Bell, "Too Cool for Chrysler?" Wall Street Journal, 20 July 2000, B1.

4 Glen Sandford, "1985-1993," ⟨http://www.apple history.com/h4. html⟩ (accessed 20 July 2000).

5 Joe Wilcox, "New Mac Cravings Leave Some Buyers Hungry," 4 August 2000, ⟨http:/www.news.cnet.com/news/0-1006-200-2435027.html?tag

＝st.ne.1006.sndstry.ni〉 (accessed 11 August 2000).

6 Lucas Graves, "1999 Marketers of the Year: Apple Computer," Marketing Computers, January 1999, 〈http://www.marketing computers.com/mc/search/article-display.jsp-vnu-content-id＝427070〉 (accessed 11 August 2000).

7 Dennis Sellers, "Apple Sales up 25 Percent Overall," MacCentral, 22 December 1999, 〈http://www.maccentral.com/ macworld.com/news/9912/22.salesup.shtml>(accessed 11 August 2000).

8 Graves, "1999 Marketers of the Year : Apple Computer."

9 Ball, "Too Cool for Chrysler?"

10 iMac now works with other ISPs as well.

5장

1 Credit Suisse/First Boston.

2 Tim Tresslar, "Iams : A year after the sale," Dayton Daily News, 6 August 2000.

3 Microsoft is a particularly unwieldy system. There were over 600 registered trademarks for the company in 1999. We have noted only those that were unique and live.

6장

1 This is debatable. In the late 1980s, the U.K. consultancy Interbrand had begun valuing brands as stand-alone entities to enable companies to reflect them more accurately on their balance sheets.

2 David Aaker, Managing Brand Equity (Free Press, 1991), 17.

3 Tony Jackson, "In a Grey Area," Financial Times, 6 December 1996

4 Richard Cole, "Odwalla Says Recall is Complete," Seattle Times, 2 November 1996.

5 Gregory L. White, and Joseph B. white, "GM is Likely to Phase Out

Oldsmobile," Wall Street Journal, 12 December 2000; and Vanessa O'
Connell and Joseph B. White, "After Decades of Brand Bodywork, GM Parks
Oldsmobile-For Good," Wall Street Journal, 13 December 2000.

6 As we write this, there is some speculation that it was actually problems with
Ford's recommended tire pressures that created these problems, and thus it
could be argued that Ford contaminated the Firestone system. Either way, the
point stands.

7장

1 Peter H. Farquhar et al., "Strategies for Leveraging Master Brands : How to
Bypass the Risks of Direct Extension," Marketing Research, no. 4 (1992):32.

2 Al Ries and Laura Ries, The 22 Immutable Laws of Branding (HarperCollins,
1998), 11.

3 Betsey Spethmann, "Big Talk, Little Dollars," Brandweek, 23 January 1995
on front cover, continued to page 6.

4 Jean B. Romeo, "The Effect of Negative Information on the Evaluations of
Brand Extensions and the Family Brand," Advances in Consumer Research,
no. 18 (1991) : 399.

5 Jim Mateja, "Cadillac's New Mid-Size Catera is Everything Cimarron Was
Not," Ft. Lauderdale Sun-Sentinel, 9 December 1996.

6 Pam Weisz, "Tartars Set To Do Battle," "Adweek East / National, 28 March
1994, 9;" "Arm & Hammer sets sights on Mentadent, Client News," Adweek
East / National, 27 June 1994, 13; John McManus, ed., "SuperBrands 97
Category Ranking: Health & Beauty Aids," SuperBrands Section, Brandweek,
October 1996; Matt Grimm, ed., "SuperBrands 96 Category Ranking: Health
& Beauty Aids," SuperBrands Section, Brandweek, November 1995.

7 Carolyn Dunn, "The Oral Care Market," Household and Personal Products on
the Internet," February 2000, 〈http://www.happi.com /special/feb981.htm〉
(accessed 9 March 2001).

8 James Hickey, "The Oral Care Market," Household and Personal Products on

the Internet," February 2000, ⟨http://www.happi.com /special/feb002.htm⟩ (accessed 9 March 2001).

9 Charlotte Mason and George Milne, "An Approach for Identifying Cannibalization within Product Line Extensions And Multi-Line Strategies," Journal of Business Research, No.31 (1994) : 163-170.

10 This is the next frontier for this vein of research. As more portfolios are mapped and their performance compared, these sorts of heuristics should become more established.

11 Motoko Rich, "Holiday Inn Express Aims to Home Image," Wall Street Journal, 24 July 2000.

12 Barbara Loken, Deborah Roedder John, "Diluting Brand Beliefs : When do Brand Exention have a Negative Effect?" Journal of Marketing, no.57 (1993) :3.

13 Thomas K. Grose, "Brand New Goods," Time, 1 November 1999, 110.

8장

1 Jean-Noel Kapferer, Strategic Brand Management : Creating and Sustainig Brand Equity Long Term (Free Press, 1992), 96.

2 Based on calculation of share of top thirty brands representing 43 percent of the market. Helios calculation based on data from Global Drinks Records, Euromoney Publications, 1999.

3 Kevin Lane Keller, Strategic Brand Management : Building, Managing and Measuring Brand Equity (Prentice Hall, 1998), 116.

4 Xerox even thought of moving to "The Knowledge Company" at one point.

5 Don Sexton, "Branding" (speech give at the DuPont Internal Branding Forum, Wilmington, Delaware, 16 September 1999) and subsequent follow-up telephone conversation with Sam Hill, 27 July 2000. Given the dearth of good case studies of repositionings, the authors have urged Dr. Sexton to publish this excellent example.

6 Michael R. Riley, "Joseph Schlitz Brewing Co. : A Chronological History," 28

January 2001, ⟨http://www.antiquibles.com /Schlitz/history.htm⟩.

9장

1 Johnson & Johnson, Australia, under the Leadership of Fred Vermeer and Chris Kelly.

2 T.R.Knudsen et al., "Current Research : Brand Consolidation Makes a Lot of Economic Sense," McKinsey Quarterly, no.4(1997) : 189-193.

3 Ernest Beck, "Still Hungry, Unilever Faces Full Plate Now," Wall Street Journal, 31 May 2000.

4 A Los Angeles Times article, "Briefly / Consumer Products : Unilever's Acquisitions Boost Profit," (5 August 2000, C2) Suggests Unilever does not see a difference between cutting Brands and reducing support levels.

5 Vanessa O'Connell and Joseph B. White, "After Decades of Brand Bodywork, GM Parks Oldsmobile-For Good," Wall Street Journal, 13 December 2000.

6) John O.Whitney, "Strategic Renewal for Business Units," Harvard Business Review, July-August 1996, 85.

7 Associated Press Wire, "Massive Brand Reduction Planned to Save $1.4 Billion," Chicago Tribune, 22 September 1999.

8 Emily Nelson and Nikhil Deogun, "Course Correction: Reformer Jager Was Too Much for P&G; So What Will Work?-Under New Boss Lafley, Firm Still Has a Need to Get its Sales Growth Moving-Another Earnings Warning," Wall Street Journal, 9 June 2000, A1.

9 Whitney, "Strategic Renewal for Business Units."

10 "P&G sells Clearasil to UK Chain," Plain Dealer (Cleveland, OH), 18 October 2000.

11 "Dial to Acquire the Coast Brand From Procter & Gamble," PR Newswire, 25 April 2000.

12 Laurie Elynn, "Packard Bell Striking Pay Dirt with Consumer Market Strategy," San Diego Union Tribune, 22 November 1994.

10장

1 Christina Binkley, "Marriott Aims New Brand at Families, Women Travelers," Wall Street Journal, 13 October 1998.

2 John J. Keller, "Maw Bell : AT&T Lays Plans to Gobble Local Phone Service," Wall Street Journal, 21 August 1995, A4.

3 Earle Eldridge, "AutoNation Changes Gears, Car Seller Plans to put Local Names on its Dealerships," USA Today, 13 July 2000.

4 Ibid. The irony is that in this example, Florida's Maroone franchise was originally owned (and therefore sold to AutoNation) by Michael E. Maroone, the current Chief Operating Officer of AutoNation.

5 Amy Barrett, "Gucci's Big Makeover is Turning Heads," Wall Street Journal, 26 August 1997.

6 "Pegasus Launches New Corporate Identity Strategy," PR Newswire, 22 February 1999 〈http: // www.pegsinc.com〉.

11장

1 Almar Latour, "Portable Technology Takes the Next Step : Electronics You Can Wear," Wall Street Journal, 19 August 2000.

2 Thomas K. Grose, "Brand New Goods," Time, 1 November 1999, 100. The exact statistic is for licensing, but in that licensing was the most prevalent form of brand alliance at the time, it seems safe to extend the observation to all alliance.

3 A. R. Rao and Robert Ruekert, "Brand Alliances as Signals of Product Quality," Sloan Management Review, no.36 (1994) : 87.

4 Daniel C. smith, "The Effects of Brand Portfolio Chracteristics on Consumer Evaluations of Brand Extension," Journal of Marketing Researh, on. 131n2 (1994): 229. The specific Discussion was in the context of exetions whose quality was at odds with that of the overall portfolio.

5 Clare Sambrook, "Do Free Flights Really Build Brands?" Marketing (UK), 15 October 1992, 11.

6 Teri Agins and Rebecca Quick, "Behind a Bitter Lawsuit by Calvin Klein Lies Grit of Licensing," Wall Street Journal, 1 June 2000.

7 Agins and Quick, "Calvin Klein is Suing Maker of its Jeans."

8 Rao and Ruekert, "Brand Alliances as Signals of Product Quality."

9 Theresa Howard, "McDonald's Continus Search on Job That Some See as Devalued Lately," Brandweek, 12 October 1998, 43.

12장

1 Alexei Barrionuevo, "British Petroleum Plans to Remodel its Gas Stations," Wall Street Journal, 25 July 2000.

2 "Media Metrix Release the Top 50 At Home and Business Digital Media Web Sites," Business Wire, 20 January 2000.

3 Ernest Beck, "Unilever Renames Cleanser, Tidying its Brand Portfolio," Wall Street Journal, 27 December 2000.

4 "Gobal Corporate Report-Corporate Focus: Nestle Won' t Crunch its Brands-Food Giant Points to Re-organization," Wall Street Journal Europe, 24 September 1999.

5 William Glanz, "Name Change Costly for New Banks Owner," Washington Times (Washington, D.C), 26 April 1999.

6 Exhibit in the lobby of PricewaterhouseCoopers' world head-quarters.

7 James Surowieki, "You Name It : When Corporate Big Shots Should Leave Well Enough Alone," Slate, 12 July 1997, http://slate.msn.com/motleyfool/97-07-11/motleyfool/asp (accessed 9 March 2001).

8 "Sierra Inc. Introduces New Brand Strategy," Business Wire, 18 May 1998.

13장

1 Bloomberg News, "HP, Agilent Shares Soar," Seattle Times, 18 November 1999, E4.

2 Jon Fortt, "life in the Spin-Off Lane: Employees Can Undergo a Kind of

Separation Anxiety when Firms like 3Com And Palm Part Ways," San Jose Mercury News, 24 July 2000.

3 〈http://www.hp.com〉 (accessed 10 March 2000).

4 "HP Reports Third Quarter Results," 16 August, 2000, 〈http://www.hp.com /financials/quarters/2000/q3.html〉 (accessed on 28 July 2000).

5 Zeneca itself was a recent spin-off from ICI.

6 Susan Scherreik, "Ferreting Out Stealth Spin-Offs: These Offerings Tend to Fall Through the Cracks," Business Week, 13 December 1999, 196.

7 Ken Brown, "Anderen Consulting Becomes Accenture," Wall Street Journal, 27 October 2000, B6.

8 Beth Berselli, "Retooling at Black & Decker : In a Return to Core Products, the Home Appliance Line Will Go," Washington Post, 9 February 1998, 10.

9 Greg Farrell, "Dockers Sees Younger Men in Nice Pants," USA today, 13 September 1999.

10 Sam Zuckerman, "Providian to Return Millions/No Wrong doing Acknowledged," San Francisco Chronicle, 29 June 2000, B1.

11 For some, like GE, which spans everything from finance to small appliances to jet engines, it was probably a long time ago.

12 "North American Business Brief : Black & Decker;" Wall Street Journa Europe, 22 June 1994, 10.

14장

1 〈http://www.hoovers.com / hoov / about / index.html〉 (accessed 3 November 2000).

2 Shelly Branch, "Vodka on the Rocks," Wall Street Journal, 21 December 2000.

3 〈http://www.hoovers.com / hoov / about / index.html〉 (accessed 3 November 2000).

4 Clayton Christensen, "Innovator's Dilemma," (speech given to the 16th Annual International Telecom Management Forum, Venice, Italy, 7 June

1999).

5 Mark Maynard, "Power to the People : Honda Accord Gets a V-6," San Diego Union-Tribunne, 31 December 1994.

6 〈http://www.hoovers.com / hoov / about / index.html〉 (accessed 3 November 2000.

7 http://www.rolex.com (accessed 19 March 2001).

8 Judith Rehak, "Exclusive Watches: When Time is Money U.S. Market for High-End Timepieces Grows," International Herald Tribune, 18 December 1999, 15.

9 Ibid.

10 Branch, "Vodka on the Rocks," A1.

11 Sam Hill and Hlenn Rifkin, Radical Marketing (HarperCollins, 1998), 257.

15장

1 See Aaker, Building Strong Brands, Chapter 10, for a richer discussion of the various levels of brand success.

2 Based on our research of publicly available data.

3 A great engineer. Both author own PING equipment and realize that without Mr. Solheim's brilliance, we would never have finished this book, because we would still be in the woods off the seventeenth fairway looking for our balls.

4 Gerry Khermouch and Cathy Taylor, "Christening a New Flagship," Brandweek, 27 November 1995 on front cover, Continued to page 6.

5 Trevor Jensen, "Miller Beer Gets Additional Help," Adweek / National, 20 May 1996, 68.

6 Gerry Khermouch, "Miller : Focus Off Miller Beer, on Lite" Brandweek, 30 September 1996, 4.

7 Shelly Garcia, "Red Dog is About to Lose His Bite," Adweek / National, 10 June 1996, 52; media figures per Competitive Media Reporting.

8 "CDNOW, Interscope Geffen A&M records and Miller Launch Innovative

Custom CD Promotion," 27 July 1999, PR Newswire, Dow Jones Interactive.

9 Laurie Russo, "Takin' it to the Streets," Beverage World, 15 November 2000, 64.

16장

1 Scott Miller, "Revving Up Ford's Luxury Marques," Wall Street Journal, 10 July 2000.

2 In 3M terminology, this is brand management. As we note in chapter 17, in practice the define of brand management varies widely across companies. We believe most companies think of brand management using the package goods definition of "one brand, one manager." What 3M calls brand management does not meet this definition and is, in practice, very close to what we term brand portfolio management.

3 Form 10-K, U.S. Securities and Exchange Commission, December 1999.

4 3M Managers, telephone conversation with authors, 10 November 1999.

5 3M Managers, interviews with authors, Minneaspolis, MN, 31 March 2000 and 23 June 2000.

6 Again, every organization has its own vocabulary. 3M calls Post-it Software Notes, Post-it Easel Pads, and Post-it Flags Products, but by our definition they are brands, just small ones.

7 This is not just an organizational exercise. It is critical that managers create the brand portfolio vision and guidelines before they are ever needed. This may seem a bit pedantic, but the number of choices is so large, the time exigencies so pressing and the trade-offs so complex that, unless clear rules are laid out in advance, it will prove difficult or impossible to make the right call when the time comes. When Lorillard Tobacco approached Harley-Davidson about a Harley cigarett in 1986, Harley's active licensing execs signed on the dotted line. It seemed like a good idea at the time. It wasn't. Fearing its broad-based brand allure might help make cigarettes appeal to children, and with the number of liability suits against tobaco companies are

on the rise, Harley second guessed itself almost immediately and began fighting to nullify the deal. But the mistake is understandable. In business, as in life, many decisions that make sense in the moment seem less sensible later.

17장

1 Jennifer Kent, "Brands Grow like Weeds on the Shelves of Grocers," Rocky Mountain News (Denver, CO), 1 July 1993, 62a.

2 Jeff Harrington, "Lagging Brands a Challenge for Firms Like Procter & Gamble," Gannett News Service, 25 August 1994.

3 Lois Therrien, "Brands on the Run," Business Week, 9 April 1993, 26.

4 Helios proprietary research.

5 John Stauber and Sheldon Rampton, Toxic Sludge is Good For You (Common Courage Press, 1995), 74, and Charles P. Wallace with Ed Brown, "Can the Body Shop Shape Up?" Fortune, 15 April 1996, 119.

18장

1 Stephanie Thompson, "A-list: Nabisco's A1 Gets Multi-Pronged Revamp, Brandweek, 14 July 1997, 6.

2 Al Ries and Laura Reis, "Checking the Brandbook," Brandweek, 9 November 1998, 49.

3 Joe Flint, "This Reality Show Could Be Called : Who Wants to Be a Philanderer?" Wall Street Journal, 3 January 2001.

4 Hill and Rifkin, Radical Marketing, 258.

5 Associated Press Newawires, "Harley-Davidson Acquires Buell Motorcycle Co.," 21 February 1998, <http://www.Ptg.djnr.com / ccroot / asp / publib / story.asp> (accessed 15 March 2001).

19장

1 John Markof, "New Venture in Cyberspace by Silicon Graphics Founder," New York Times Abstracts, 7 May 1994.

2 Tim Clark, "Making Money off Mosaic, Silicon Graphics' Clark Forms Company to Market Internet Software," Advertising Age, 16 May 1994, 22.

3 "Netscape Communications Ships Release 1.0 of Netscape Navigator and Netsite Servers," PR Newswire, 15 December 1994, <http://www.proto. netscape.com / newsref / pr /newsrelease8. html> (accessed 18 March 2001).

4 "NETSCAPE : Introducing Netscape Navigator 2.0 and Netscape Navigator Gold 2.0," M2 Presswire, 19 September 1995.

5 Michael Moeller, "Prodigy, CompuServe to Broaden Net Reach," PC Week, 18 September 1995, 1.

6 Scott Arpajian, "Microsoft Ramps the Net," Windows Sources, 1 December 1995, 40.

7 Terry Lefton, "E*Trading Up," Brandweek, 22 November 1999, 65.

8 David Einstein, "Big Guns Backing Internet's Yahoo!" San Francisco Chronicle, 29 November 1995.

9 Ibid.

10 "Yahoo! Reports Second Quarter Financial Results," PR Newswire, 10 July 1996, and Jeffrey M. O'Brien, "Behind the Yahoo!" Brandweek, 28 June 1999, 17.

11 Seattle Times News Services, "Personal Technology Net News : Yahoo!, Turns to TV Ads for Name Recognition," Seattle Times, 28 April 1996, C2.

12 Patricia Nakache, "Secrets of the New Brand Builders : AOL, Yahoo!, Palm Computing–a few innovative Infotech stars have built poerhouse consumer brands in little time. You may be able to follow their lesd," Fortune, 22 June 1998, 167ff.

13 Information Access Company, "Sega Committed to Extending Yahoo! Brand to Consumer Products," Multimedia Entertainment & Technology Report, 26 September 1997.

14 Tish Williams, "Yahoo! Gets Personal," UPSIDE Today, 28 January 1999.

15 Karen Edwards, telephone conversation with Chris Lederer and Matthew Grimm, September 1999.

16 Yahoo! CEO Presentation at Paine Webber Internet Conference, 14 April 1997. NBC Professional Transcripts.

17 Fran Gardner, "Jiving wuth JAVA," Portland Oregonian, 8 December 1995.

18 "Microsoft Joins the Game, Firm Reveals Internet Strategy Embrace and Extend the Net," Internet Week, 11 December 1995.

19 Howard Wolinsky, "Microsoft Moves Benefit Spyglass," Chicago Sun-8 December 1995 ; "Microsoft, InContext Do Web Authoring Deal," Newsbytes News Network, 20 November 1995, "Microsoft Introduces Browser," Internet Week, 21 August 1995.

20 "Progressive Networks and Microsoft Announce Streaming Media Agreement," Business Wire, 12 March 1996.

21 "Microsoft and USWeb Form Strategic Alliance to Help Businesses Take Advantage of the Web," PR Newswire, 11 December 1996.

22 The Associated Press, "Microsoft Signs Deals with MCI, WalMart," News Tribune (Tacoma, WA, 30 January 1996.

23 "Microsoft, Mindspring Announce Agreement," Business Wire, 17 September 1996.

24 "Netcom Licenses Microsoft Internet Explorer ; The Complete Internet Services Provider Broadens Alliance With Microsoft," PR Newswire, 12 March 1996.

25 "Earthlink : Microsoft and Earthlink Neywork Announce a Joint Partnership Agreement," M2 Presswire, 30 September 1996.

26 "Newsline : Bell Atlantic, BellSouth Each Announce Internet Access Plans," Multimedia & Videodisc Monitor (Future Systems,Inc), 1 May 1996.

27 "Ameritech Teams with Microsoft to Give Consumers Faster, Easier Way to obtain ISDN," telephone IP News, 1 April 1996.

28 "AOL Alliances Imply Revenue Shift," Interactive Content, 1 March 1996.

29 "Compuserve Licenses Microsoft' s Internet Explorer Browser," Media Daily,

7 December 1995.

30 "Prodigy / Microsoft : Prodigy To Use ActiveX technology," Dow Jones News Service, 8 October 1996.

31 "Sprint Internet Passport Expands Reach With Release To The General Public," Business Wire, 4 December 1996.

32 Eric Reguly, "Business BT and Microsoft in Joint Venture," The Times of London, 5 July 1996, 26.

33 "Microsoft To Market Digital Lines With Europe Co.," Capital Markets Report, Wall Street Journal, 26 September 1996.

34 "Microsoft Makes Alliances to Quicken Internet Access," Orlando Sentinel, 10 March 1996, A18.

35 "MCI Jilts News Corp. for Microsoft," Interactive Content, 1 January 1996.

36 Audrey Choi and Don Clark, "MCI and Digital to Join Microsoft in Intranet Deal : Alliance Expected to Challenge AT&T in Corporate Data Networks," The Globe and Mai, 8 April 1996.

37 "Confertech and Microsoft Sign Agreement on Joint Development and Marketing Efforts," PR Newswire, 28 May 1996.

38 "Microsoft and Yahoo! Make Web Searches Easier For Microsoft Internet Explorer 3.0 Users," PR Newswire, 13 August 1996.

39 "Microsoft Invests $20 Million in StarSight Telecast," Multimedia Week, 26 August 1996.

40 "Major Content Providers Team with Microsoft to Attract Users," New Media Week, 19 August 1996.

41 Rebecca Buckman, "Starbucks Joins Microsoft to Serve Web With its Coffee," Wall Street Journal, 4 January 2001.

42 "Looking for the Sweet Spot : Netscape Takes on Microsoft," software Futures, 1 October 1996.

43 Kim S. Nash, "Explorer Beta Gains Ground on Navigator," ComputerWorld, 22 July 1996, 1a.

44 Stewart Alsop and Alicia Moore, "Contemplating Netscape's Funeral," Fortune, 30 September 1996, 213+.

45 “MICROSOFT : It's Official ⋯ Microsoft Internet Explorer 3.0 is the Fastest Growing Browser,” M2 Presswire, 7 February 1997.

46 PC Magazine Experts Available to Discuss Microsoft Internet Explorer 4.0 Release,” PR Newswire, 30 September 1997.

47 Jared Sandberg, “NET GAIN America Online's bold deal with Netscape is a high-stakes gamble on the Internet, e-commerce and how technology will affect your life,” Newsweek, 7 December 1998, 46–49.